ワークショップ

WORKSHOP

住民主体のまちづくりへの方法論

木下 勇

学芸出版社

まえがき

「楽しかった。」

ワークショップを開いた後によくそんな感想をいただく。普通の会議形式にちょっとワークショップ的な趣向を導入しただけでも、そんな打ち解けた雰囲気になる。

ワークショップは、子ども期に仲間と遊んでいた楽しさに似たような感覚を与えてくれる。他のメンバーからの刺激もあり、創造的な雰囲気で会場を包み、自分の脳が活性化された充足感と全体の一体感に酔いしれたような一時を与えてくれる。誰もに発言の機会があるので、思いもよらぬ人が思いもつかぬ発想で表現する。笑ったり、頷いたり、なぜか人との距離が近くなる。このように、従来の一方向の会議形式ではなく、上下の区別なく、参加者が水平的な関係で相互にコミュニケーションを活発にする方法の妙である。

「ワークショップ」という言葉が日本で使われ始めて、すでに四半世紀以上になる。まちづくりの場面でも、住民参加の方法論として、各地でさまざまな状況で使われてきた。しかしながら、普及するにつれて混乱も生じ、批判にもさらされている。大きな混乱は、「ワークショップをすれば住民参加」というように受け止められて、ワークショップが住民参加の免罪符のように使われるという問題である。その場に参加した住民は盛り上がり、大いに期待したものの、その後の展開がなく、より失望感を大きくするというような混乱である。なぜ、このようなことが起こるのか。ワークショップそのものへの理解に欠け、適した利用法がなされていない、という点につきる。道具の使い方次第で良くも悪くもなるというように、ワークショップは道具であり、道具の特性を知ることが大事である。

本書は、そういう意味で、「ワークショップとは何か」、その本質を探ることを中心に組み立てた。ワークショップの源流を探りながら、ワークショップの理論を整理することと、自身が経験した事例を入れながらワークショップの方法を解説した。

すでにワークショップに関する本がいくつか出版されている。本書は、それらの書物に比べて、幾分理屈っぽいと見受けられるかもしれない。方法論を平易に紹介することは、また誤った使い方をされる危険性も感じ、現代の社会において、ワークショップが必要なところで適した形で応用されていくために、その意味を掘り下げ、注意する点などを浮かび上がらせようとした。先行して発行されたワークショップに関する書物は、ワークショップを新しい方法論として紹介する立場を基本的にとっている。本書では、何も特別な方法ではなく、過去からの蓄積の上にある人類の知の創造的方法の一形態として、日常に気軽に応用できるものとして捉えようとしている。

ワークショップは、特段新しいものでもなく、人類の知として蓄積されてきた集団の力を発揮する方法であり、そういった要素は、子どもの遊びにも、伝統行事にも、ありとあらゆる日常に本来見出されるものである。そのように特別なものではないという点を、第一に力説したい。そのことを意識するとしないとでは、格段の差がある。ワークショップが身近な生活の場に応用される試行錯誤の創造的実践となるか、またはワークショップという道具に振り回されてしまうか、という差が生じるであろう。人間一人よりも三人寄れば文殊の知恵というように、集団の創造力を生かす工夫は、代々、さまざまになされてきた歴史がある。そういった昔からの知恵を評価し、それらとワークショップを組み合わせていくことが、地域に根づく方法となろう。

第二に、ワークショップは、未知な世界を広げる可能性もある。個々の人間一人一人の脳が刺激され、個人の有する未知な潜在的力を発揮することにもなる。

人間の力を信じること。その力を発揮して、多くの課題解決に向かうことが、人間社会の基本的な原理でありながら、今そのことが大変行いにくい状況になっている。裏返せば、社会は必ずしも進歩しているわけではない、ということかもしれない。それ故に、この基本的な原理が、今日重要な意味を持つ。

平和や人権、環境に関わるグローバルな課題と、身近な地域にも犯罪や少子高齢社会における福祉のあり方など課題が山積みな状況である。社会の変化にどう立ち向かっていくのか。人の連帯が必要とされているが、身近な地域での人の連帯が薄れて、まちづくりにもこのような一般的課題が突きつけられている。ワークショップは、その課題解決に、人間の力を結集して取り組む道具となる。

第三に、「楽しかった」と参加者が感じる集会。それがワークショップの持つ魅力である。まちづくりも楽しくなければ長続きしない。楽しくなければ多くの人が参加しない。薄れてきた地域の伝統的な共同作業にもそういう楽しい要素はたくさんあった。それを人と共有する安心感があった。とはいえ、昔に戻れ、というのではない。問題が複雑化している現在の状況下では、多様な価値観のもとに多様な主体が存在し、葛藤はつきものである。葛藤の表れ方によって、人は傷つきやすいので、他者との連帯を断ち切ってしまう方向に進みやすい。世の中、便利になり、他人の手を借りなくても一人で生きていけるように思い、葛藤を恐れて他者との関係を切っていく。しかし、その方向は次第に他者という存在を忘れてしまうような錯覚を人に与えてしまう。ワークショップは、他者との出会い、異なる価値観との出会いでもあり、社会の持つ葛藤に向きあう主体を形成する契機ともなる場を提供する。それも楽しさのうちにである。葛藤も対象化して、人と共有して解決を目指そうとするなかで、何らかの方向性が見出されてくる。

ワークショップを合意形成の方法というような誤解がされているが、以上の主な特徴からわかるように、決して合意形成を目的とした方法ではない。

専門が専門の枠の中に閉じこもる発想は、現代に効力を発揮しない。ワークショップを、まちづくりワークショップ、演劇ワークショップ、癒しのワークショップと類型化することも可能であるが、筆者には違いよりも類似性にこそ意味があると思われる。本書は、根源的に人間と集団の知恵をいかに発揮して問題解決に取り組むか、ワークショップはそういう助けとなる道具であるというスタンスで、今日、NPOなど市民主体の新しい公共の担い手に役立つ道具となるような期待を込めてまとめた。

特に、今日、競争原理が人間を活気づけるという、新自由主義的考え方がはびこっている。強いものが弱いものを食う、他を押しのけて勝ち残っていく、そういう市場経済を支配する論理が、福祉や教育、環境など他の領域にじわじわと浸透している。NPOやまちづくり組織は、本来ならば、そういう競争原理とは対極にある協働の原理に立つものである。他者とつながり、他者との討議や協働の営みによって新しい価値を生み出していく。ワークショップが、そういう集団による創造的社会を再び形成するための道具として広まっていくことを期待したい。

目次

4章 ワークショップを考える重要なキーワード 55

5章 まちづくりにおけるワークショップの事例 72

7章 ワークショップの危機を乗り越えるために 214

CHAPTER 1

ワークショップとは何か

1 ワークショップって作業着売り場？

「ワークショップって、ほら、あれ、作業着を売っている店かい。」

ある地方でまちづくりのワークショップを開始しようとした時に会場から出た質問である。そういえば、実際に作業着を売っている店には、そう呼ばれている所もある。

「なるほど、頭より身体を動かして作業着を着てやるようなものなので、感覚的には近いかもしれません」ととぼけた答えをしたが、あながち「作業着を売っている店」というのはワークショップを表すものとして悪くないかもしれない。

これまでの会議形式は、特定の人が話して、多くの人はただ聞くだけという形態が多かった。ワークショップは、人が集まった時に、せっかく集まったのだから、それぞれの力を結集してより創造的にその場を使おうと考えられたものだ。当然、集まった人はただ聞くだけではなく、自分も話したり、書いたり、手足を動かしたり、作業をする。耳や口ばかりでなく身体全体の動きもあり、身体全体で感じ、発想し、提案するような主体的・能動的作業に参加者を誘い出す。そのためには、背広にネクタイで会議に参加するより、作業着風の服装の方が動きやすいし、個人も窮屈さが抜け解放されて自由に発想ができるというものだ。そういう面から、あながち作業着を売る店というのも間違いではない。「ワークショップ」を辞書で引くと、最初に「作業場」とか「工房」の意味が出てくるが、そういう作業の場のイメージである。

また「店」というのも、それほどずれたものでもない。ショーケースで見せて売り込み、それは「買い」か「いまいち」かなど、買い物客に評価されるような設定は、ワークショップの随所にある。作業の成果を見せあい（プレゼンテーション。ショーケースとも言う）、それを評価（エヴァリュエーション）しあう。これは大変大事なことで、その評価のもとに次の課題が見えてきてステップアップを図っていく。評価やモニタリングの必要性は、ずっと前から言われてきたことだが、実は私たちの日本社会では、批判を避けるように曖昧表現を好む傾向もあり、この評価と直接向きあうことを苦手としてきた。しかし、虚飾をとって生身の人間同士が本音で感じたことを伝えあうなかでの評価は、集団の中で共有（シェアリング）された時に、まさに次のステップアップへの創造性を働かすエネルギーの源となる。

というように、単に作業をすればよいのではなく、このような評価の場もあって次につないでいく、ある流れのプログラムにのって行うのがワークショップである。

作業着の店というイメージからもう一つ。農村部では、この作業着を着て皆で共同作業をする場面がある。いわゆる道普請や山道の草払い、その他入会地の管理、川や水路の清掃、祭りや伝統行事などいろいろな共同作業である。

新潟県の小国町《おぐにまち》（現在の長岡市）で、小正月の塞の神祭りの藁を使った巨大な人形づくりをしている時であった。山から心棒の木を切り出してくる者、藁を積む者、顔をつくる者、それぞれ役割分担が事前に決まっているのか、広場にはいくつかの島状に分かれて作業を黙々と行っているグループがいる。最後にはそれぞれつくっているパーツを組み合わせて、あっという間に巨大藁人形ができあがった。そのパーツの一つらしきものを、おばあさんとおじいさんが藁で棒状のものをつくり俵を二つ巻きつけてつくっていた。「何ですか」と聞くと、「男の○○や」とおばあさんが笑って言った。聞くと、毎年、その○○づくりの役だという。そのように、誰が指揮するのでなく、それぞれが部分を組み立て、つなぎあわせて全体ができる。ここにワークショップの真髄的な要素を見出した。完成後に儀式が始まると、その藁人形のその大事な部分から火をつけ、それぞれ持ち寄った餅やスルメをあぶり、周りを囲んで、御詠歌を歌いだした[*1]（図1）。

ワークショップは、言葉、頭中心に行うのではなく、身体の動きも含めて、全身で感じたものを個人個人が出しあいながら、集団でつくりあげていく方法であり、なぜか農山漁村の村落共同体が持っている共同作業にも似た要素がある。

図1　村人たちが共同で巨大な藁人形をつくる塞の神祭り（新潟県小国町）

2 ワークショップの特徴

まずワークショップの特徴の第一は、この「身体性」にある。人間の創造性というのは、もちろん頭脳に大きな働きがあるが、しかし、手の動きや指先に触れた感覚、歩きまわり、足の疲れとともに見える風景の心理的影響、諸々に自身の知覚からそれをどう捉えるかという印象や感じ方など、頭脳の働きは身体の状態や動きと密接につながりがある。ある行為の積み重ねで身体ごと会得する知というものを、実は我々の社会でも重きを置いてきた。口先ばかりで身体が動かないやつは信頼されないのと同じである。職人の世界や村落共同体などでは、技能知もしくは身体知とでもいうべき、もう一つの知の体系がある。左脳ばかりでなく右脳も働かして問題に接近すれば、言葉だけで議論しているよりも理解が促進し、問題解決に迫ったり、創造的に提案を導くことができる。ワークショップはそんな身体まるごとの知覚と働きを活用する（図2）。

二番目の特徴としては、「協働性」である。先に挙げた農

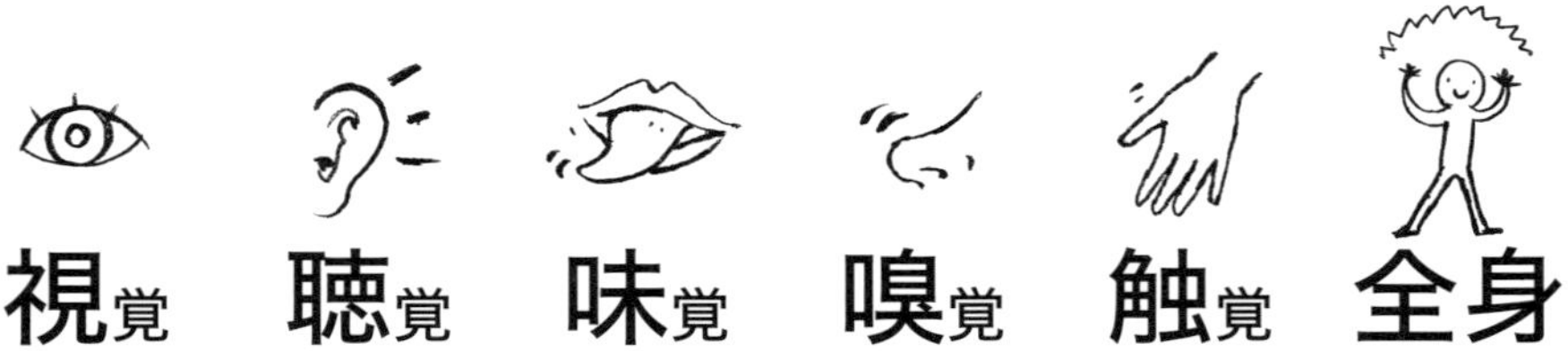

図２　身体性

村の例のように、各自役割分担をして適材適所で協働の作業ができる。農村の「きょうどう」作業には、村落共同体の構成員が負担を平等に分かちあう共同作業もあれば、適材適所に働く協働作業もある。この作業面の協働性を、ワークショップは大事にする（図３）。

三番目には、「創造性」である。ワークショップは、常に前向きに目標に向かって積み重ねてつくっていく過程である。グループのメンバーが出しあいながらつくりあげていくので、集団創造性といった方がふさわしいが、他の要素と重なりあってこの集団創造が生まれる。それは、グループ・ダイナミズムともいわれる集団内での相互作用によって、脳が刺激を受けて、発想が豊かに展開するからである。ワークショップは、ある作業結果の次にそれを使った次の作業を展開し、成果を積み重ねて、螺旋的に目標に向かっていく。その積み重ねが創造性にもつながる（図４）。

四番目には、「共有性」である。ワークショップは、それぞれの考えや意見、情報をメンバーで分かちあう（シェアする）ことから創造性につながっていく。メンバー間は水平的関係であり、個々人の感じ方、考え方などを出しあい、それを共有化して組み立てる。価値観の対立があれば、それ

図３　協働性

図４　創造性

図５　共有性

図６　プロセス重視

は最初かなり重い緊張感を伴うが、やがてそういう対立する考え方の存在に気づき、それも同じ舞台に乗せて議論することから、問題を共有化して、その対立の論点を考え、課題解決への創造的な道が開かれる（図５）。

　五番目には、「過程、プロセス重視」の点である。ワークショップは、結果そのものよりも、プロセスが意味を持つ場合が少なくない。これは、ワークショップの根本原理が各人の主体性の契機にあるからである。もちろん、結果は目的を持って進むために必要であり、それを否定しているのではなく、その目標に向かって、できるだけ多くの成員が納得する形で、あらゆる可能性や課題を吟味しながら進む、つまり一元的に合理的に進むわけではなく、問題の事象は複雑であり、関連性を解き明かしながら課題解決の総合的な道を歩む広がりを持っているだけに、過程そのものも、実際に生きている感覚に満ちあふれた世界として意味がある（図６）。

3 ワークショップの意味

以上のような特徴を挙げても、初めて聞く人にはピンとこないだろう。ワークショップは、言葉で説明するよりも、体験してみてわかるものである。

　辞書を引くと、「①仕事場、作業場」のほか、「②研究集会（講義方式を改めて参加者に自主的に活動させる方式の講習会）」（『新英和中辞典』研究社）とある。

　ここでは、「構成員が水平的な関係のもとに経験や意見、情報を分かちあい、身体の動きを伴った作業を積み重ねる過程において、集団の相互作用による主体の意識化がなされ、目標に向かって集団で創造していく方法」としておく。

これを実際の事例にあてはめて、ワークショップの意味はどういうところにあるか、見てみよう。定義にあるように、一方向の講義方式ではない。また会議でも、特定の声が大きい者だけの発言に終わることがなく、全員が参加する形式にある。この方式を採用すると、特に従来の会議で発言をリードしている層からは反発や物足りなさを感じられるかもしれない。

ある町の市民参加のまちづくり推進のために、行政主導で公募による五十数名の市民検討会議が開かれた。なかには、行政が警戒していた市民運動家もいて、行政職員は驚いていたが、むしろそれは、古い行政の体質に染まった職員の先入観や住民主体に対する職員の認識不足によるものであることが、結果としてわかった。

ただし、一回目の会合は普通の会議形式で行い、その紛糾ぶりからは職員が心配するのも無理がない結果であった。形式的な問題一つとっても議論が紛糾した。そのことだけで時間が費やされ、発言しなかった人の中には、それでもう嫌気をさしたということを後に言う人もいた。発言をしている人は気持ちがよいであろうが、黙っている人には気持ちよくないと思っている人もいる。五十数人の議論をまとめていくには、議論して多数決という方法もあろうが、それで一つ一つの課題をこなしていたら、いくら時間があっても足りない。発言には、行政に文句を言う陳情型、持論を披露する自慢型、発言して仲間が拍手する動員型など、従来の市民活動の型が背後に見られる。

そこで、二回目以降をワークショップ型で進めた。ワークショップを三回ほど行ってから、ワークショップ形式に対する不満の声が寄せられた。やはり、発言をリードする弁が立つ人たちが中心であるが、しかしその雰囲気は、第一回目の発言のような敵対的な不満ではなく、またワークショップを敵視している表現でもなく、もっと検討したい、話しあいたいという、どちらかというと主体的な雰囲気が感じられた。どうやら、考えることが混沌と沸き起こってきたので整理したいということのようだ。そこで、定期的な会合以外に各グループで自主的な会合を開くようになった。このような主体性の契機という点では、ワークショップは普通の会議と違って前向きに働く。この間にグループ内の人間関係もできあがっている。皆でつくりあげる楽しさみたいなものか、仲間意識のような集団の相互作用も働いている。もし、これを従来通りの会議形式で行ったら、会議は紛糾し、空回りをするばかりで、出席者が減っていくことが予想される。それと異なり、この委員会の場合には、ワークショップの結果、さらに検討を進めるためにワークショップでまとめたテーマごとのワーキンググループが組織され、全体会議以外に小グループが毎週のように集まって検討を始めた。また、自発的に記録係や進行の補佐をする人たちが現れた。そして、この委員会の進行と検討は、すべて住民グループが担うようになった。

ワークショップの意味は、このように主体の形成にある（図7）。

図7　会議形式（上）とワークショップ形式（下）の違い

4 ワークショップは研究集会か？

ワークショップを日本語で言うと何か。なかなか良い翻訳語がないので、そのまま使っている。国立国語研究所のカタカナ語を日本語にする提案では、「研究集会」であった。[*2] なるほど、国際会議などでテーマ別の分科会などをワークショップと言う場合が少なくない。先ほどの英和辞書にも「作業場」のほかに「研究集会」と訳されているので、無理からぬ。英語では、「作業場」も「研究集会」もワークショップという言葉のイメージとしては重なっているものであり、無理に一対一に対応する日本語をあてる方が混乱を招くことになるのであろう。ではカタカナ語をそのまま使うしかないのだろうか。それも浸透の度合いによるのであろう。

例えば、まちづくりの現場で公園づくりのワークショップを企画し、住民向けの案内を国語研究所の言い換え案に従い、「公園づくりの研究集会を開きます」としたら、参加者はどのように受け止めるだろうか。このような時には「ワークショップ」という言葉を使うか使わないかにかかわらず、「利用者である皆さん一人一人がこんな公園にしたいという思いを出しあって公園をつくる集まりを開催します」というような具体的な中身を伝える方が大切である。

　このように内容が大事であることは言うまでもないが、言葉は生き物であり、あてはめられる具体例、意味作用の広がりとともに、当初の批判精神や斬新性も薄れ、力を失っていく。「ワークショップ」という言葉も「研究集会」と受け止められると、そういう危険性を感じざるをえない。

　今や、いろいろな場面に「ワークショップ」という言葉が使われ、混乱もきたしているのは事実である。言葉は音と意味が合わさったものであるが、特に新しい言葉は実態が変容するにつれ、言葉の意味も変化してくる。特にわが国ではその変化が激しい。言葉の定義の固い講釈は嫌われ、それにこだわらない、イメージ先行型で広まっていく。よって、言葉は原型の意味から徐々に変容していく。言葉は記号であり、意味される内容は使われ方の広がりとともに変わっていく。特に社会に対して批判的に新しい方向なりを示すような力を持った言葉も、意味が増幅する実態が重なるにつれ、その時間経過とともに言葉の力を失っていく。そして社会に対して意味をなさなくなった時に、その言葉も時代遅れの流行語のようなレッテルを貼られて、死滅する。社会の諸々の速度が速くなるにつれ、言葉の寿命もますます短くなっている。ワークショップにもそのことが心配される（図8）。

　それ故に、「ワークショップ」という言葉を死滅させないためにも、そもそもどのような意味で注目されてきたのかを整理したい。単なる研究集会であったら、これほど使われる訳はないので、ワークショップの名誉回復のためというか、そもそも論がやはり必要であろう。

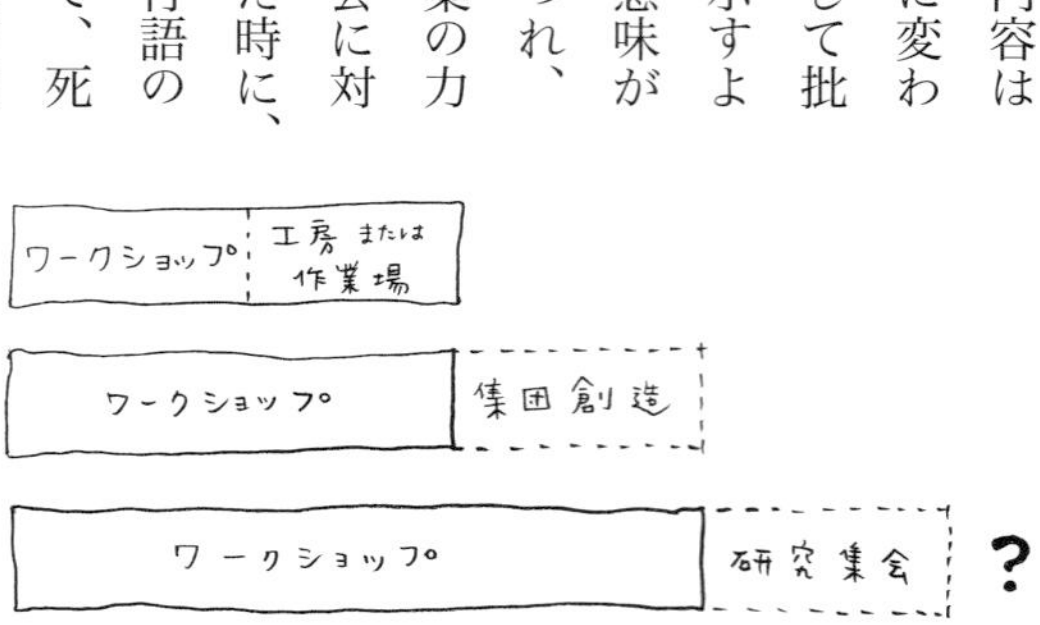

図８　言葉の意味の増幅

CHAPTER 2

なぜ今、ワークショップか

1 進みゆく「疎外」状況

「民主主義は、理念と制度と運動の三位一体」（図1）と言ったのは、丸山眞男であるが、常に平和で民主的な社会が維持されるとか、社会は常により民主的な社会へ進化していると思ったら大間違いである。丸山眞男は、明治から昭和初期にかけて、いかに日本が戦争への道を歩んできたか、そこに思想の操作や掛け違いがあり、大衆が軍国主義に染まっていく思考形式を儒学や国学といった歴史的思想の系譜の上に解明していったが、根本に主体の喪失があることを洞察していた。[*1] 軍国主義に染まる前に大正デモクラシーがあり、自由と華やかさを謳歌する時代に、実は軍国主義に染まる主体喪失という伏線が内在していたのだ。

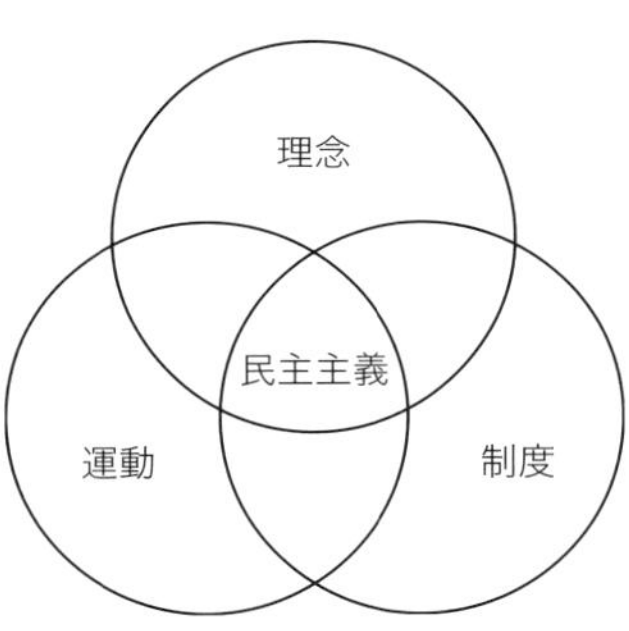

図１　三位一体による民主主義

今日、誰もが、昔より

は民主的で自由な社会になっていると胸を張って言うだろう。しかし、その豊かさに潜む陰の部分にも目を見張る必要がある。我々は、物質的に豊かな社会にどっぷりつかっているうちに、与えられた牧草地の中を牧人に誘導されるままに動く羊の群れになってしまう。現代はそういう危機にあるが、このことはすでに約一七〇年前に言われていた。

アレクシス・トクヴィルはフランスの貴族出身の社会学者であるが、フランス革命後の貴族政治の没落、市民社会の台頭期にアメリカに渡り、アメリカにおける自由経済の発展する社会を目の当たりにし、その活力に驚き、それを本にまとめた。彼の興味深い点は、アメリカの自由で平等な社会の経済的活力を評価しながらも、その将来の行く末に一抹の不安を抱いて、次のように述べている点である。

「民主的な国民を脅かす抑圧は、これまで世界に現れたどれとも似ても似つかぬ種類のものだろう。(中略)そこにみられるのは、こころを満たす矮小・卑俗な快楽を手に入れようと休み無く動きまわる、無数の相似的で平等な人間の群れである。だれもが自分の世界にひきこもり、他のすべての人の運命にかかわりを持たないかのようである。だれにとっても、自分の子どもと特別の友人とが人類のすべてである。その他の同胞に関しては、傍らに立ってはいても、その姿は目に映らない。(中略)これらの人々の上には一つの巨大な後見的な権力がそびえ、それだけが彼らの享楽を保障し、彼らの運命を見守る任にあたる。それは絶対的で、微細にわたり几帳面で、用心深く柔和である。(中略)決して弾圧はしないが、人を妨害し圧迫し無気力にし、意欲を失わせ、感覚を麻痺させる。そしてついにはどの国民も、小心で働き好きな動物の群れにすぎなくさせられ、政府がその牧人となるのだ。[*2]」

主体の疎外、喪失は、社会学や哲学において古くから中心課題として議論されている事柄である。ポストモダンの哲学においては、認識する「主体の死」が問題提起されている。ボードリヤールは著書『消費社会の神話と構造』の中で、消費社会の豊かさの中で、記号の消費に突き進む社会を明示した。[*3] 彼の著にもトクヴィルが引用されているように、自由で物的に豊かな社会に潜む空虚な意識を形成する構造が解き明かされている。つまり、トクヴィルの言う「人々の上には一つの巨大な後見的な権力がそびえ、それだけが彼らの享楽を保障し、彼らの運命を見守る任にある」という後見的な権力というのは、為政者の意図というよりも、諸々の記号の総体として人間の無意識界に働きかけ、人の行動や意識を規定する構造となって、我々人間社会のより深い部分に根づいている。

彼の論は、フランスよりも日本の方にこそ当てはまるのではないかと言われるように、商品のブランド品信仰、マスメディアに左右される行動原理など、頷ける点が少なくない。人がブランド品のバッグを持つと、自分も同じブランドのものを持ちたくなるが、人と同じではつまらないので少し違ったタイプのもので自分を主張するという行動原理。それはあらゆる部分にあてはまるかのようである。そもそも日本の社会に根強い同質性志向の中での自己同一性の確認という精神文化は、マスメディアを通じてさらに強化され、今日の精神構造に大きく巣食っている。その結果、人間自身が社会を動かす主体としての意識が削がれ、記号によって組み立てられた構造自体に動かされているような状況となっている。それがボードリヤールをはじめとする記号論によってうまく説明されるかのような印象を与えてくれるのである。

ボードリヤールはマスメディアを記号消費社会の神話形成の装置として説明したが、アメリカ社会におけるマスメディアの今日の脅威を指摘しているのが、言語学者のノーム・チョムスキーである。二〇〇一年九月一一日のテロリズムの後にアメリカがイラクに軍を侵攻する、そこにメディアのコントロールが働いていたのは、今日知られるところであるが、彼はそれ以前からアメリカのメディアに働いているコントロールを批判していた。[*4] チョムスキーの偉大さは、言語学者としてトップ級の優れた業績を有しているが、社会問題に対して発言を繰り返し、さらに行動する科学者としての姿勢を貫いている点である。ベトナム戦争への反戦運動の街頭デモにも立ち、二回ほど拘留された経験も持つ。彼のマサチューセッツ工科大学（ＭＩＴ）の研究室には、やはり行動する科学者として歴史に名を残すバートランド・ラッセルの肖像が掲げられているという。九・一一の事件の後、アメリカが反テロの抗戦論に一丸となる状況において、彼はそれに対する異議を唱えた、きわめて少数派の科学者であったことでも知られる。

チョムスキーは、アメリカの体制を批判したが、一方でアメリカの救いは異議申し立て文化が存在する点であると言う。反対の意見を述べる自由が保障されている。わが国にも、本来ならそれは保障されているはずであるが、メディアによってある発言が誇張されると、一斉にバッシングが起こり、反対意見は黙殺される。イラクの人質となった若者たちへのバッシングがその象徴でもあった。

今、大学で授業を受けている学生たちがあまりに大人しいので、理由を聞くと、「目立ちたくない」と言う。友達から変な風に見られるのが嫌だ、ある発言で仲間外れにされるのではというような心理が働くようである。イジメを恐れて、なるべく目立たないように小学校、中学校、高校と過ごしてきた彼らの処世術なのだろうか。なぜか、村八分を恐れるあまり、目立つことをしないという日本人的意識がより強まっているかのようだ。果たしてこのような状況で異議申し立ての文化が育つであろうか。

日本もアメリカに追随する姿勢が常に見られるように、メディアコントロールの影響を受けやすい社会と言える。それは別な言い方をすれば、画面に映るモノを通じて社会と関わっているような錯覚を覚え、そこに思考形式も左右されているということである。これを「観客民主主義」とも言う。中村雄二郎は、それを「疎外的客体性」と名づけた。[*5]

観客民主主義、疎外的客体性は、都市計画、まちづくりの現場においても大きな障壁となって現れる。公共事業に次第に住民参加への配慮がなされるようになってきたが、いざ住民参加の場面を設定しても、参加する住民が少ないという現状がある。圧倒的多数は地域のことに無関心であり、どのようにその無関心層をまちづくりに巻き込むことができるかということに現場の人間は常に思い悩む。

今日の現象として見れば、主体の人間疎外は次の四つの相において見られる。一つは、「社会的疎外」であり、これは社会構成単位制の崩壊に起因する。ヘーゲルの「家族」―「市民社会」―「民族国家」という段階構成[*6]はもはや成り立たない感が強い。個人主義の台頭とともに家族の単位制は崩壊し、また町内会・自治会の近隣社会の単位としての機能も衰退しているのが現実である。

二つ目は、「空間的疎外」である。都市の構造は領域が不明瞭であり、人々の空間への帰属意識、地に足がついたアイデンティティも消滅しつつある。市街地が連坦している都市部のみならず、郊外の新興住宅地、虫食い的にスプロールが進行する地域においては、領域が明瞭にあったとしても、歴史性や地域性との断絶が空間的疎外を生み出している。

三つ目は、「政治的疎外」である。言うまでもないが、政治への無関心層の増大は、汚染された政治そのものに起因するが、あきらめや無気力感の増大は、政治への主体の放棄となり、悪循環を繰り返す。

四つ目は、「制度的疎外」である。法制度の実定法は形式言語であるが、それは身体性から離れたところにある。形式の上に形式を積み上げる法の条文は、何度読んでも頭に具体的にイメージしえない。そのために、法理論といっても解釈学ではないかと思えるほどに、その制度の世界は生活世界から離れている。都市計画においてもしかり、市民参加の場面において、都市計画法に基づく用語の説明は一般市民にはなかなか理解しがたいところが障害となる。

この四つ目の課題については、まちづくりとの関連で、さらに突き詰めてみる必要がある。そもそも、制度／法／言語の身体性を離れた言語構造に、疎外の大きな要因がある。形式言語による制度は、形式によるために、構築している形式論理と現実とのズレが生じ、それが疎外の拡大へとつながり、また法の網を抜ける行為も生じてくることになる。これはまた、わが国の建て前（形式）と本音（本質）の使い分けという精神構造と相まって、ますます社会や制度から疎外が進展する事態を生み出している。

これに対して、自然言語による自然法は、生活に根ざした身体性に近い表現で、身体ごと理解を得られて行動規範となりやすい。しかし慣習法ならともかくも、このような生活言語というか自然言語を明文化し法制度的なものができるのか、という点が問題となる。

このような取り組みとして、神奈川県真鶴《まなづる》町が「美の条例」において参考としたクリストファー・アレグザンダーのパタン・ランゲージ[*7]がある。言語学のチョムスキーの生成文法を参考にした点もあり、自然言語のパタンを綴りながら、参加者がそのプロセスにおいて自らルールを生成する創造的な方法として注目される。ただしそれは、参加者の主体的参画を前提とした性善説に基づいていると言えなくもない。

　形式言語による制度自体が人間疎外に進む方向をユルゲン・ハーバーマスは問題にして、マックス・ウェーバーの蓄積の上にコミュニケーション理論を唱えている。[*8] それは、制度の世界から生活世界に引き戻し、公共性を再構築するという課題にも対応し、生活世界での対話行為やドラマトゥルギー的行為（身ぶり手ぶりなど身体の表現から伝わるコミュニケーション）、そして協定や条例などルールを市民主体で築いていく地平を切り開く理論として注目されている。ここに、ワークショップの必要性や有効性が示されているが、その点については後で詳しく述べることにする。ここでは、ハーバーマスのコミュニケーション理論が対話を重んじて、対話によって人々が諒解を達成し、わかりあうこと、そのこと自体に価値を見出し、そのプロセスを重視した点を強調しておくにとどめる。対話が人間の疎外を克服するという点は、ソクラテスに遡ることができる哲学的命題であるが、ワークショップもその系譜に位置するのである。

2 人間一人で何でもできると思ったら大間違い？

　ワークショップは、そのように主体の意識が削がれた（削がされた）人々に、（再び）主体としての「やる気」「やればできるという気」を起こさせてくれる。例えば、先の制度によってすべて決まっているからと半ばあきらめて言う人々にも、自治体の条例などの制度を変えていく、つくっていく主体としての意識を目覚めさせてくれる。

　前章で述べたように、ワークショップは個人の意識化の道具であり、個人の創造性が集団内で相互に作用しあうことから集団の創造力を発揮していく方法である。そもそも、人々があきらめや無気力に陥るのは、個人と個人の関係が断ち切られてきたところに起因する。この個人主義の発展は、一方では能力ある個人の活躍を保障するが、一方で人々の絆を弱め、他人に対する不信感を増大させていく。

　ＰＥＴＡ（フィリピン教育演劇協会）のワークショップの一場面のことである。ファシリテーターが説明に描いた図は、個人の間に大きな壁が描かれたものであった（図

2）。その壁を取り払うことが、ワークショップを使う意味であるという説明である。まさに、そのように人が無意識にも立ち上げている壁を取り払い、他者の存在を意識するところから、社会的存在としての自分の存在に気がつき、内発的な動機が生まれてくる。また、集団内で自身の存在が位置づけられることから、自信も生まれ、また他者の応答があることから、表現することへの創造的意欲が増してくる。

図２　人の間の壁

ある地方でのワークショップでの経験であるが、初めてこのような場に参加した主婦が次のように語った。「今まで、わが子を育てることに一所懸命でした。三人の子のうち一人が障害を抱えていて、このような場に出ることもありませんでした。しかし今回、役所の方から誘われて、このような場に参加して、グループの方々が私の話を聞いて下さることで、救われたような、なんか認めていただいたような嬉しさがこみあげてきました」と。

これは、後述するハーバーマスのコミュニケーション理論にもあてはまることであるが、存在を諒解してもらうという根源的な関係が対話の行為によって構築される。もともと人間社会が有している関係であるが、それが分断されている現在の状況において、その関係性が再構築される（図３）。情報も集会の機会も増えているが、表面的にやり過ごすコミュニケーションの中で、そういう根源的な出会いの場が意外とないのである。ワークショップは、そういう関係性の再構築の機会ともなるのである。

図３　壁を壊して関係性を再構築する

関係性の再構築は、なん

らかの心の障害を受けた被害者への癒しや、リハビリのワークショップで特に強調して印象づけられる。竹内敏晴の演劇教室は、その面でよく知られた存在であり、声が出ない患者が、身体の動きを重視した精緻なプログラムによって、他者との関係性を再び取り戻し、声を発するまでになる過程が報告されている。[*9] 竹内の言葉を借りると、彼のもとに来る患者のみでなく、「現代において私たち皆が病んでいる」状況であることになる。

初めてフィリピンから日本に来たPETAの友人が都心の電車に乗った時に、「なぜ、皆の目に輝きがないのか、空虚な目だ」と言ったことを印象強く記憶しているが、竹内の言葉とどこか通じるところがある。我々は皆、健全だと思っているだろうが、異なる文化圏から見ると異常に映る。他人は目に入らず、自身のことにしか関心を示さない。トクヴィルが約一七〇年前に予見した「だれにとっても、自分の子どもと特別の友人とが人類のすべてである。その他の同胞に関しては、傍らに立ってはいても、その姿は目に映らない」という言葉が当てはまるかのようである。

他人の世話にならない代わりに、他人の干渉も嫌う、そういうプライバシー重視の都市社会の行き着く先が、犯罪の発生に対して防止力の弱いコミュニティとなっている。

近隣の共同作業も薄れたなか、近所の異なる仲間との遊びの体験や共同作業の経験のない子どもたちは、若者、大人へと成長しても集団の人間関係のとり方が不得手であるという傾向と無縁ではなさそうである。これは当事者だけの問題ではない。

トクヴィルやボードリヤールの論によれば、これは豊かさ故の現象なのだろうか。同じ次元ではないが、山本周五郎の小説を好んで読んだ筆者には、黒澤明の映画「どですかでん」の原作『季節のない街』の長屋のシーンが想起される。自分の家に醤油はあるのだが、あえて隣に醤油を借りに行くシーンがある。すると「おめえんとこは醤油もないのか」と相手は得意気に醤油を貸し、こじれた関係が修復されるというくだりである。[*10]

筆者も地域のまちづくりの活動で、町会との関係がこじれて、頭を下げに行ったことがある。ひたすら頭を下げて、まちづくりのイベントの協力を願う。商店会にもイベントの景品の寄付をお願いして頭を下げてまわる。そういうなかで、その後町会から金一封が届き、また商店会からも景品とお祝いの酒が届くというような関係性ができると同時に、イベントもまちづくりの協議会だけのものにならない、認知の広がりができた。これは、構造主義の人類学でよく言われるように、未開社会に見られるポトラッチ（贈与）型コミュニケーションによる関係性の構造であるかもしれないが、そういった原理も古くからのコミュニティには息づいている。また別な見方をすれば、金子郁容がネットワーク論の中で述べた「バルネラビリティ」に通じるものである。彼は「ボランティアとしてのかかわり方を選択するということは自発性パラドックスの渦中に自分自身を投げ込むこと、つまり、自分自身をひ弱い立場に立たせることを意味する」と言い、この「ひ弱い」「他からの攻撃を受けやすい」ないし「傷つきやすい」状態を表すのが、「バルネラブル（vulnerable）」、名詞形を「バルネラビリティ（vulnerability）」と言う。それは、自らをバルネラブルにすることで窓が開かれて、「意外な展開や、不思議な魅力のある関係性がプレゼントされることを、ボランティアは経験的に知っているからだ」と説明する。[*11]

　このことは、市民団体のネットワークの議論につながる。ある一つの団体が、何でもできると思い込んで、その団体だけで完結して、他の団体に対して閉ざしてしまうことよりも、むしろ何かが足りないと他の団体に助けを求めて、団体が開いた方が連携を結びやすいという論理である。このことは、コミュニティデザインに関するアジア太平洋国際会議で、台湾の中部地方で起こった大地震の後にさまざまなボランティア団体の連携で復興に従事した経験から報告された議論である。[*12] そこで、組織の連携として図4に描くようなチェーンのつながりがイメージされたのである。

　組織が完全であると思うと、他の団体の足を引っ張ったり、出る杭を打つ心理が働く。日本でネットワークが弱いのは、そういった心理が働くのであり、むしろ自分たちの団体をバルネ

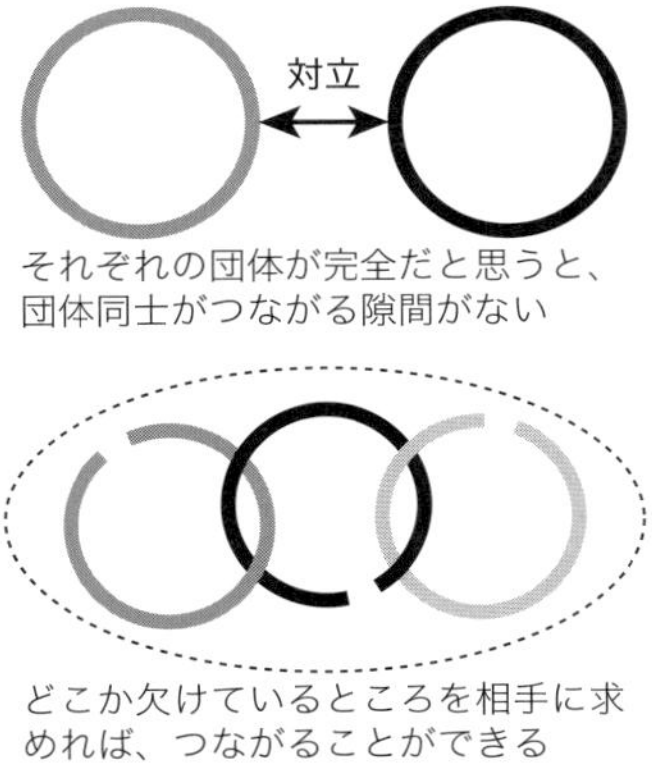

対立
それぞれの団体が完全だと思うと、団体同士がつながる隙間がない
どこか欠けているところを相手に求めれば、つながることができる

図４　欠けた部分でつながる輪

ラブルに捉えた方が、相手との関係性を築きやすいのではないだろうか。

さて、そのような原理が働くとしても、それぞれが個々に閉じこもっていたら、出会いもなく、つながりが生まれない。ワークショップは、そういった個人や組織の出会いの場としても働き、ワークショップによって、各人や組織は「自発性パラドックスの渦中に自分自身を投げ込む」状況に入り、自らをバルネラブルにすることから関係が組まれていく。それが、大きな課題に取り組む意欲を引き出していくことにつながるのである。

3 会議や組織の創造性

「会議は踊る」というように、会議はなかなか生産的に進まないことは、すでに誰もが経験していることでもある。それを避けるために、大筋の事項は事務局で叩き台をつくり、会議はそれを承認するだけというような会議も少なくない。まるで議論百出するのを嫌い、静かに事なきに終わるのをよしとするような会議文化というものがあるようだ。時に、その状況を知らずに異議申し立てをしようものなら白い目で見られる。

○○委員会など行政の諮問委員会などの会議となると二時間程度の会議で、発言する機会はせいぜいあったとしても一、二回程度、資料説明に一時間半程度かかり、議論は三〇分程度などというものもある。またこの種の委員会は、行政の隠れ蓑的な役割を演じたり、どちらかというと決定と責任の所在の曖昧な構造に与することにもなる。本来なら、その委員会の構成員一人一人の自覚のもとに与えられた使命を果たすことによって、会議も十分に機能するものであるのだが、果たしてそういう自覚よりも会議は参加することに意義があると思っているのか、退屈な会議に仕方なくつきあっているというメンバーも少なくないのではないだろうか。

また会議には、○○団体からの推薦など、その関連団体の当て職的な役割で出席している者もいる。このような構成になっていても、当の本人にその関連業界の代表という自覚もなく、また会議の進め方も、その背後の関連業界や団体に持ち帰り、検討を頼むというような運営もない。

会議というのは、本来ならさまざまな角度から検討を重ねるために行うものである。そのために、関連する業界や団体から委員就任を願っている。それが、その団体からの意見も聴きましたという既成事実として利用するだけの会議に終わっている。

そこで、会議をワークショップ方式で行ったらどうなるか。各委員は最初は戸惑いを見せるかもしれないが、委員会への参加が楽しくなり、達成感を得られるものである。

図５　松戸市教育委員会の学校施設整備推進協議会のワークショップ

筆者は、いくつかの行政の諮問委員会の会議をそのようにワークショップで進めたことがある。委員同士のコミュニケーションも活発になり、連帯感も生まれる。すると、各委員が創造的に動きだすのである（図５）。

そして、なかには自分の母体に持ち帰って意見を聴いてくるというような宿題もやってのける。

眠る会議を覚醒の会議に、踊る会議を働く会議に、成果物を生み出す会議に変える。ワークショップは、会議を創造的に進める道具ともなる。しかし、二時間の会議をワークショップで進めるには時間が足らないという向きもある。そこは考えようであり、完全なワークショップ形式でなくても、応用的に工夫するだけでも、効果的な進め方ができるのである。それでも三時間、ないし二時間半程度は必要であると思うが、グループ作業と全体発表の組み合わせだけでも、十分な成果が得られるはずである。

例えば、グループ討議に一時間、発表に三〇分、全体討議に三〇分（理想的にはもう三〇分ほしい）という組み合わせだけでも、何も発言しないで帰るという人はいないはずであり、各メンバーが参加した充実感を得て、また課題に対する認識を深めて帰ることができるのである。

しかしながら、既成の会議形式に慣れた行政文化のところに、この種のワークショップをいきなり導入することに反発が生じることもありえる。特に部長、課長、課長補佐、係長、主査など階層制によって縛られているところに、ワークショップを用いると、混乱は上層部ほど生じるようだ。会議の前に、担当者が上層部に説明をして、了解を得ておくことが慣行になっているようなところではなおさらである。前もって方向性なり、落とし所を想定して、万全を期して会議の進行をする。答え、見通しが持てないと安心できない官僚的体質があるのかとも思う。議長が述べる会議の進行のシナリオまでも、役所の担当者が下書きをして準備をしている（国会や都道府県、市町村の議会までも、答弁書の下書きを職員に任せているところが少なくない）。

この準備作業にかける時間と労力の割に、果たして会議は十分な効果を上げているのであろうか。筆者は何度か、そういうシナリオを無視して会議を進め、担当者にもそのようなシナリオを書く必要はないと提案して、ワークショップ方式で進めるようにしたことがある。このようにして、会議を創造的に、しかも参加委員たちが主体的に動くように委員会を進めることができ、また担当者も無駄なシナリオを書く必要もなくなり、喜んだ。

だが、ワークショップの過程に参加しているメンバーの間では意思疎通も図られ、効果的なのだが、その過程に参加していないメンバーが途中から参加する場合に、十分にその経緯の説明をして、理解をしてもらうことと、途中からでも進行に乗れるような気遣いが求められる。

筆者自身も、次のような経験がある。ワークショップの途中に来た課長さんが、ちょうど各グループの発表を聞いて、急に怒りだした。多分に想定していた方向性と異なったのであろう。ワークショップは、必ずしも予定調和的に進むものではない。また、相手の発言をけなすということも差し控えて、問題提起の言い方に気をつける。しかし、この場合は違った。これまで各グループが集団でつくりあげた成果を否定しているのである。この政策担当の実務的最高責任者から否定されては、若手職員は萎縮し、他の参加者は当惑してしまう。こうなっては、ワークショップの今までの積み重ねも台無しである。

どうやらこの課長さんの場合、このような積み上げ的な方式は、今まで自分が仕事をしてきた枠組みの中にないようで混乱をしている感じであった。部下も萎縮しているような組織で、このように外部からの委員会で全員参加型の仕組みを設けたのであるが、やはりぶつかる時にはぶつかるものである。

しかし、これはそれで終わったわけではなく、その後、この成果はまた復活して利用されることになる。やはり、多様な参加者から、多面的な角度から検討されているだけのことはある。当初の敷かれたレールでは進みえなくなった時に、この時の成果が役に立ったわけである。若手の職員たちは、この時の経験から、萎縮することなく積極的に動くようになった。

ワークショップは、このように組織の成員個々に働きかけ、集団創造の力を発揮するので、企業等にも応用可能である。実際、企業にはKJ法（6章参照）などの方法は浸透しているし、またTQC（Total Quality Control）など品質管理や商品開発などにグループ・ダイナミックス（4章参照）の力が発揮されているところもある。そして今や、企業の職員研修にもいろいろなワークショップが取り入れられてもいる。

繰り返し述べるように、ワークショップは、集団内のメンバーの相互のコミュニケーションを活発にし、その相互作用から個人の力を引き出し、全体の創造性を高める。企業や役所の会議においても、ワークショップを応用することによって、メンバーの意欲や主体性を高めて、生産的に物事を進めることができる。

4 住民参加のまちづくりの方法論として

「まちづくり」という言葉は、住環境改善の運動、反公害運動、日照権運動など、住民運動として使われてきた言葉であることはよく知られる。このような住民運動によって、制度の改正も行われ、今日の都市計画をはじめとして、都市開発の事業や、その他河川などの公共事業にも住民参加が謳われるようになり、また「まちづくり」という言葉も、住民運動としてのまちづくりのみを指すのではなく、行政主導型の都市整備にも使われるようになった。

このように、都市施設整備から地区の計画、市町村のマスタープラン策定、または総合計画策定など、さまざまな場面で住民参加が謳われてきたが、実際のところ、その進め方をどのようにしたらよいのかわからなかったところに、注目されたのが、ワークショップである。

例えば、普通に行われる住民参加の方法としては、公聴会的な説明会が行われる（図6）。この方法においては、参加した住民から、行政への苦情や質問、場合によっては詰問、またある時は陳情型の意見が寄せられる形態となるのがしばしばである。それを恐れる行政側の担当者は、説明に時間を費やし、結果として十分な質疑も行われず、参加した住民には不満が残るだけという場合も少なくない。

そのような一方通行の説明会ではなく、住民の主体的な参加による実質的な方法論として注目されたのがワークショップである（図7）。これは後述するように、アメリカの実践に学ぶことが多かった。その方法は各種いろいろあるが、用意周到に準備されたワークショップ・プログラムにおいては、参加者一人一人の経験や知識からの声が整理されて、計画案を自分たちがつくったものとして認識し、達成感や満足感を共有している例が数多く報告されている。[*13]

ただし、やみくもにワークショップを行えばよいというものでもなく、地域の状況、場の状況において、参加者の集め方や設定の仕方などの工夫が必要である。その点さえ怠ることなく進めれば、はるかに高い成果を上げるものである。

しかしながら、前述の会議の進め方と同じように、施設の計画案やまちづくり計画案の青写真的なものがないと、住民を集めての会合に不安を感じる行政側の精神構造が働くのが常である。何も案を持たずに、住民の会合を開くと、住民からも行政側の考えている案は何かとか、挙句の果て、白紙で何も考えていないのは行政側の怠慢ではないか、などと突き上げるような声が挙がることもしばしばである。たいがい、そのような声は従来の構造の中で慣れ親しんできた地域の権力者か、もしくはまったく逆に行政と対立しながらも苦情を言うだけであった人たちから発せられる。

このような行政と住民との関係性は、過去の長い歴史の中で築かれてきた精神文化的側面を持ち（丸山眞男は、明治期にその構造が強化されたことを指摘しているが[*14]）、一昼夜で変えられるようなものではないのは確かである。つまり、社会的構造としてだけでなく、精神的構造としても成り立っている構築物を変えるのはそう簡単なことではない。

しかし、ワークショップの理論の中核をなすのは、「意識化」（パウロ・フレイレの言葉。6章参照）という、人の意識の広がりや覚醒、いわば人の認識が変わることにある。人が変われば、社会の構造を変えていくことにもなる。では、ワークショップのプログラムが人を変えるのか、それは操作や誘導にならないか、宗教的な誘惑に人を陥れることと同じではないか、という心配も起きるであろう。

実際は、違うのである。ワークショップが人を変えるのではなく、人が人を変えるのである。ワークショップの場におけるグループ内の対話により、他者の経験や情報を分かちあい、共に作業をするなかで課題解決に取り組む、そういった連帯感のようなものから内なる自信も強化されて、人は動きだす。そういう内発的な作用が人を変えていく。他者との関係において自分が認められることは、さらに役割を演じることに自信を与え、人を積極的にする。これまでの無関心やあきらめから、他者とともに変化をなそうとする舞台に立つ喜びや生きがいを感じさせてくれるのである。これは、次に述べるハーバーマスのコミュニケーション理論からも説明される。

図６　公聴会的な説明会

図７　ワークショップでの参加者の変化

この他者との関係における意識化は、集団心理操作としてそれこそ宗教などで常套手段として使っていることではないか、とまた反論も出よう。いわゆる洗脳という操作は、ワークショップにはない。それは、集団の構成メンバーの自由な討議が保障されている限り、排除できるものである。また、ファシリテーターがメンバーの声や表情、動きなどに敏感に対応する体制が整えてあれば、臨機応変にプログラムを修正して進めていくことができる。そのように進行役、ファシリテーターも参加者と水平的関係で、進行についても応答しながら進めていくことが保障されていれば、洗脳という心配はない。

「市民参加は権力側の『包絡（involvement）』作用とつねに裏合わせになっている」[*15]とは、篠原一の言葉であるが、そのようにならないためにも、ワークショップが効果的に使われる必要がある。参加者の主体性を引き出し、主体的な取り組みがワークショップの特徴であり、市民主体のまちづくりの展開にワークショップは十分に役立つ道具となるのである。

5 新しい公共圏の形成のために

NPO法（特定非営利活動促進法）が制定され、法定NPOたる特定非営利活動法人または法定でない非営利団体が、行政の手の届かないサービスや問題解決に取り組んだり、行政に代わり、専門的に課題に対応する社会の創生が期待されている。このように、NPO等の市民団体が社会の問題解決やサービスに取り組む分野は公共的使命を有し、「新しい公共」とか「新しい公共圏」という言葉で説明されてもいる。

このような言葉が使われる背景には、いわゆる官僚制批判がある。行き過ぎた官僚制は、非効率な形式主義を生み出し、さらには社会の現実から遠く離れたところに行ってしまう。ウェーバーは社会の全般的官僚制化の問題を提起した。[*16] 佐藤慶幸は、詳しくウェーバーの論をなぞり、それを官僚制化対ヴォランタリー・アソシエーション

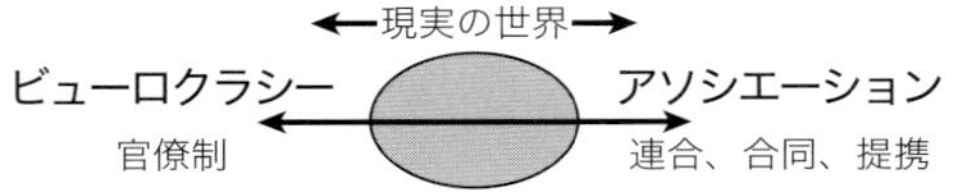

図８　社会の官僚制化とアソシエーション化の対置

（連合、合同、提携）の図式で説明する[*17]（図8）。このアソシエーションは、古くはギルドのような組合の形態にも当てはめられる。またウェーバーは、一九世紀半ばにアメリカに渡り、当時アメリカで活発な動きをし活力の源になっていたアソシエーションに注目したのである。これらアソシエーションは、民間企業として営利に働くものもある。それ故、ウェーバーの図式は、行政対民間という、今ではよく見る図式とも重なる。当時の彼の考え方によると、プロテスタントの倫理観から、どのように営利企業が是とされるのか解き明かしている。営利をなしても、蓄積した富をいずれ公共に還元するという深層意識から、社会全体の底上げになるという見方でもある[*18]。

現在、アソシエーションとしてはNPO、NGOなど非営利団体、市民団体が注目されている。これらの団体が新しい公共圏における担い手として、行政に代わり、または行政とともにパートナーシップを組んで課題解決に取り組むという形態が世界各地で目立つようになってきた。例えば、世界規模で起こる環境問題に関するNGOの連帯に見るように、政治・経済の行政対NGOという図式に発展してきたことは、環境サミットなどでおなじみの光景となってきた。わが国の身近な地域レベルでも、福祉、環境、教育、まちづくりなど、特定の課題解決に取り組むNPOの設立が、NPO法制定以降、急激に増加してきている（一九九八年一二月一日より二〇〇六年七月末までに合計二万七八〇七団体が認証された。内閣府データより）。

行政とNPOとのパートナーシップという掛け声も最近よく耳にするが、そのパートナーシップを組むには、ウェーバーの図式では相反する両極に位置しているだけに、そう簡単ではないようだ。しかし、ドイツをはじめヨーロッパでは、一八世紀のカトリックの福祉事業で培われた自立支援の原理が、補完性の原理として、今日の行政とNPOとの関係にも当てはめられている。つまり、小さい組織ができることを大きな組織が取り上げてはいけない。そこには、NPOの専門的業務に任せて足らないところを行政が補完するという、NPOと行政の関わりの基本原理がある。そういう背景を持たないわが国では、これまでの市民運動と行政との対立の構図からも、そう簡単にできることであろうか、と一抹の不安を感じざるをえない。その要因としては次の点が考えられる。

一つには、行政の制度、仕組みが住民の生活の構造と合わない点である。いわゆる行政の縦割り行政に対して、住民の生活は総合である。しかしながら、生活を総合的に捉え、生活の論理から行政を説得できるだけの材料や方策を提示できるまでには至っていないのが現状である。

二つ目には、行政の価値が住民の生活上の価値と異なる点である。行政は施策、事業の目的を合理的に達成することに価値を置くが、住民の側は諒解達成に価値を置くという対立は、ハーバーマスの指摘する点でもあるが、構造的にそのような違いが存在する。

三つ目には、住民側が行政側に組み込まれることによって、対立によって有していた緊張感や批判精神というものが失われていくのではないかという心配である。「市民参加は権力側の『包絡』作用とつねに裏合わせになっている」という篠原一の言葉の通り、その心配は常につきまとう。例えば、土木関連の分野で見られたような従来の利権構造の利益代表にNPOが取って代わっただけというような結果にならないか、という心配である。

四つ目は、NPOなど市民団体間の連携である。NPO、市民団体の公共性を担保するには、組織が常に開かれた存在である必要がある。しかしながら、わが国の組織はとかく足の引っ張りあいなど、他の組織との連携がとりにくい方向に心理が働く。

以上の心配される点を回避するために、ワークショップを道具として随所に活用するとよい。特に一番目の課題に対しては、生活のあらゆる場面の問題をワークショップにおいてすべて出し切って、課題を共有するところから出発することができるかどうかにかかっている。特に、市民側が根拠とする生活の総合性をどのように論理づけるかが、課題である。

しかし、これは意外と難しいのである。ぶつかる行政側は縦割りという強力な枠組を設定している。一方、住民側の生活というのは枠がないに等しい。例えば、道路の問題も、福祉や子育て、近隣コミュニケーションの面、犯罪防止の面、災害の安全性の面などいろいろに関わる。道路を広げることを目的に事業を引っ下げて来た職員に住民があれこれ言っても、住民は枠組から外れたことを言うので、彼らにはそれは制度の枠の外の雑音にしか聞こえない。法の番人とでもいうように、背後に法制度を背負った行政の構造と、現実の日々の生活を営む構造とは、根本には次元が異なるので噛みあうわけがない。

とはいえ、多次元の生活を、行政の担当事業の次元の面に投影して説明しなければ彼らは納得しない。そういった行政マンに説得力ある形に総合化するには、ブレーンストーミング（参加者が、他者の発言を否定・批判しないというルールで、テーマに関して思い思いに発想したことを発言する）からKJ法というように、あらゆるものを出し切って集団でまとめていく方法なりが有効であろう。できるなら、行政職員も参加したワークショップが開催されるとよい。ワークショップは、オープンスコア（4章参照）から始めるように、誰もが持っている事柄から積み重ねていく。枠組に慣れた行政職員は混乱するかもしれないが、その枠をいったん壊すだけの価値は、ワークショップに参加してみるとわかるであろう。ワークショップに住民と行政職員が対等に参加し、行政の機構や政策の情報も住民側の参加者が共有する。その場には、関連する行政の部局も横断的に参加することがないと、縦割り行政が後で障害となる。関係部局の職員が構えることなくワークショップに参加することが、問題解決に創造的に取り組む機会となる。

二番目の問題の価値意識の違いも、そう簡単に解決するものではない。まずは、そのように違いを認識するまでに、双方に時間がかかる。それもワークショップの場において、互いの価値の違いを前提に、どのようにそれぞれの価値に貢献する解決策の一致点を見出すか、そういう共同戦線が組まれるかどうかにかかっている。

三番目の課題は、密室を避けて、ガラス張りの会議とすることである。しかもできるだけワークショップの方法を組み入れることによって、参加者が役割分担しあい、まさに住民間、住民と行政間の協働が可能となる。

四番目の団体間の連携は、ワークショップによる対話の積み重ねによって、共有の問題意識と将来像を得ることで可能となる。小異を捨てて大同を得るということは、表面的では意味がない。ワークショップの過程では、対立点や共通点を客観化した評価の場面で、より大きな次元に横たわる問題を再確認する。そしてその問題解決に知恵を出しあう。そういうように、対話を重ねて理念を固めていくことを対話の連携（ディスコース・コアリション）とも言い、欧米のNPO連携の手段でもある。

ワークショップは、このように新しい公共を担う問題解決の論理や方策、そして人々の連携を組むのに役立つ方法ともなりえるのである。

さて、その「公共」「公共圏」というものをさらに掘り下げてみるために、ハーバーマスの提起をもう少し考えてみよう。

ハーバーマスの言う公共圏は、行為、行為者、集団、団体などと同様の基本的な社会現象であるが、制度、組織ではなく、また規範でも、システムでもない。「せいぜい、内容と態度決定、つまり意見についてのコミュニケーションのためのネットワークだと言いうるにすぎない」と言う。それは「特定の主題のために集約された公共的意見としてまとめあげられるよう、十分に選別され、整えられねばならない」と言う。そして「生活世界が総じてそうであるように、公共圏もまた、自然言語の流通で十分可能となるコミュニケーション的行為によって、自らを再生産する。つまり公共圏とは、コミュニケーション的日常実践のもつ一般的了解可能性に依拠している」と言う。[*19]

この「了解」は、ドイツ語でVerstandにあたるが、「諒解」という言葉をあてて訳されている場合もある。この引用は難解なので、道路整備を例に考えてみると、道路自体は公道であるが、行政が強権によって整備した場合、それは社会的に公共圏かというと、そうはならない。市民が計画の過程に参加し、自分たちも望む道路として納得して整備し、整備後も市民の関与がないと、ハーバーマスの言う公共圏の道路とならないだろう。既存の道路でも、市民が発議し、車交通を抑制したり、防犯の目を向けたり、コミュニケーションの場としたり、といった関与があれば、それも公共圏となりうる。

ハーバーマスは、ウェーバーの〈官僚制（ビューロクラシー）VSアソシエーション〉の図式を、〈目的合理的行為VS対話的行為〉の対立図式に発展させた。佐藤慶幸の紹介するハーバーマスの理論によると、「人々の間のマクロ・ヴォランタリズム、あるいはそれにもとづく連帯的協同関係は、『成果志向的な目的合理的行為』においてではなくて、

『諒解達成志向的な対話的行為』を通して実現されるのである」ということになり、「目的合理性とは異なる価値理念によって形成される社会関係が存在する。それを我々は、〈アソシエーション〉として把握するし、ハーバーマスは『対話行為の行われる生活世界』として概念化する」とアソシエーションと対話的行為を関連づける。[*20] 佐藤はまた、対話的行為によって〈自己—他者〉の相互主観的世界を築くアソシエーションと位置づける。

なお、ハーバーマスの行為類型の〈成果志向的VS諒解達成志向的〉の二項対立概念は、それぞれサブの概念が当てはめられている。成果志向的な行為には、手段的と戦略的な行為があり、諒解達成志向的な行為は、規範規制的、ドラマトゥルギー的、対話的な行為に細分される。[*21] それを図解で示すと図9のように描くことができよう。つまり、行政側の目的は、事業により、成果志向的であるが、住民側の目指すところは、まず第一に諒解しあう点にあり、結果よりもプロセスを重視するという対立である。そのプロセスをどのように行うのか、それが「討議的デザイン」といわれるものであり、そこにワークショップが果たす役割がある。

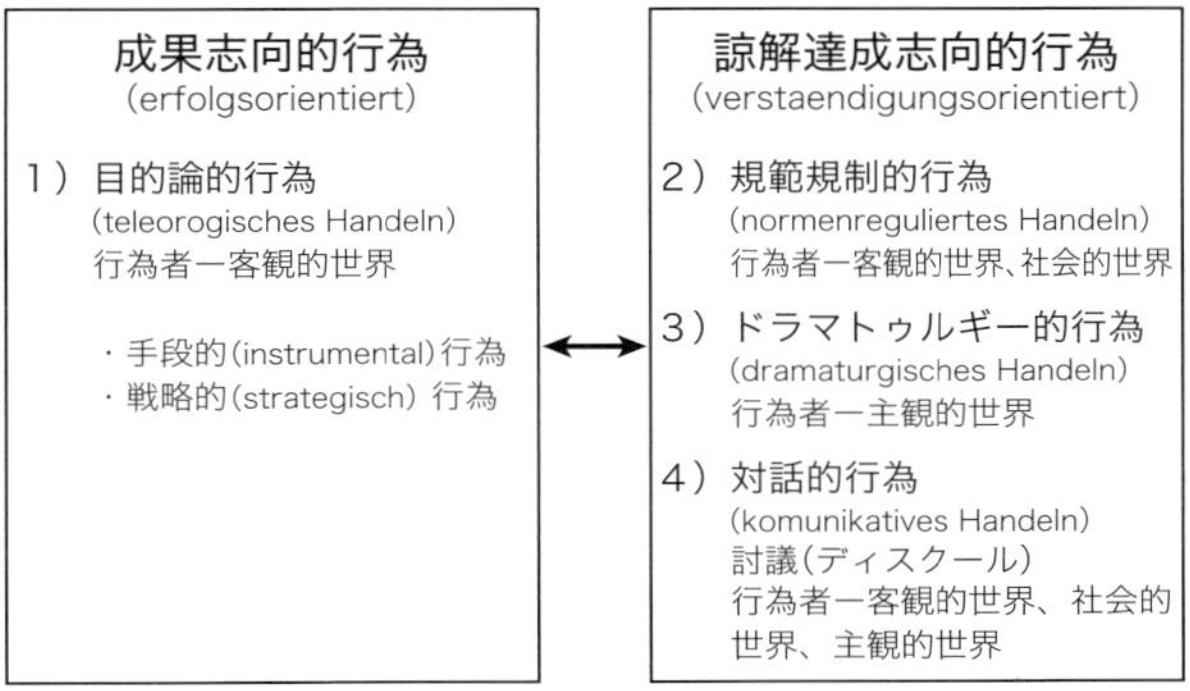

図９　J・ハーバーマスの行為類型

ハーバーマスは次のように述べている。

「いずれにせよ自主的に成立した団体・組織・運動は、社会的問題状況について私的生活領域のなかに存在する共感を取り上げ、集約し、増幅して政治的公共圏へと流し込むのであるが、このような団体・組織・運動によって市民社会（Zivilgeselschaft）は成り立っているのである」。

「こうした『討議的デザイン』は、平等主義的で開かれた組織化形式を有する点に、コミュニケーションを軸として形づくられ、コミュニケーションに連続性と継続性を付与するのである」。[*22]

CHAPTER 3

まちづくりにおけるワークショップの広がりと危機

1 まちづくりにおけるワークショップの広がり

◆ハルプリン流ワークショップの紹介

わが国のまちづくりや施設づくりにおけるワークショップの普及は、一九七〇年代に始まる。一九七九年にローレンス・ハルプリンが来日し（東急総帥・五島昇氏の招聘）、箱根で公募による日本の専門家を招いて五泊六日のワークショップが開かれた（図1）。それに参加した高野ランドスケーププランニング事務所長の高野文彰氏によって紹介され、八二年に同事務所の石村敏哉氏（現在、台湾事務所）らとともに横浜市港北区の公園づくりで実践された（図2）。高野氏がハルプリンと出会ったのはそれよりも遡り、七一年にセントルイスで開かれたASLA（アメリカ造園家協会）の会議でハルプリンがバークレーで起こったピープルズ・パークの映画（図3）を見せてくれた時である。「当時いかに格好のいいデザインをするかに日々明け暮れていた私にとって、市民が協力して公園をつくりあげ

図1　L・ハルプリンを招いて行われた箱根のワークショップ。左写真の右奥、右写真で挨拶しているのがハルプリン

図2　港北ニュータウンでの子ども・住民の参加による公園づくり

図3　ピープルズ・パークの映画

てゆく姿に感動し、またその運動のなかで命を落とした人もいたと聞き、我々の仕事は人が命を捧げるほどのものかと思い、戦慄が走ったのを覚えています。それ以来、公園って何だろう？　デザインって何だろう？　そのプロセスはどうあるべきだろう？　デザインの質と参加のプロセスは？　などと考え続けているうちに今に至りました」と高野氏は語る。[*1]

村づくりでは、かねてより住民主体を唱えていた東京工業大学の青木志郎研究室が、一九八〇年の冬に山形県飯豊《いいで》町の椿地区で「椿講」と称して実践したのが、ハルプリン流のワークショップを取り入れた始まりである。当時、研究室では、助手の藤本信義氏（後に宇都宮大学教授）の指導の下、ハルプリンとジム・バーンズによる書物『Taking Part』の読書会をゼミで催していた。そして、これまで青木研究室で考案し、実践していた点検地図づくりと、このハルプリン＋バーンズ流を合わせて、農村でワークショップを展開していくことになる（図4）。藤本は、農村部では「ワークショップ」というカタカナ言葉は受け入れられないと、農村の相互扶助の仕組みである頼母子講《たのもしこう》など「講」になぞらえて、地区名と合わせて「椿講」としたのである。農家の時間のとれる冬の間、しかも豪雪地帯であり、雪に閉ざされた中での集中的なワークショップには、地区住民も大いに燃えた。

図４　山形県飯豊町の椿講による点検地図づくり（上）と発表風景（下）

　当時、東北地域の農村に入って、住民からの信頼を得るには一〇年はかかると言われていた。青木志郎の力説する住民主体の計画は、町に一二〇人委員会という住民代表が参加する場を設けて、町の意思決定の仕組みを変えようという、当時としては画期的なものであり、集落、地区レベルでの積み重ねから全体像を描くというボトムアップの村づくりの実践を始めていた。そこにワークショップが果たした役割は、決して小さくはない。5章で詳しく述べるが、冬の間の一週間、集中して行った椿講によって住民は何かをつかんだ。筆者は、ワークショップの一年後の夏、当地で調査を行った晩に、酒の席で村人から「もう自分たちでやれる。これからは青木研の世話にならなくてもいい」とまで言われた（これは酒の席での冗談であるが）。

ワークショップは、このように次第に外部からの専門家を必要としないように、自分たちで進めていくような主体性を築いていくものかもしれない。専門家が専門家としてずっと関わる必要がない、専門家にとっては仕事を失わせることになる、ありがたくない話なのかどうか、その点は後で議論しよう。この飯豊町の椿地区では、このワークショップから一〇年後に、住民自ら、土地の一筆一筆を所有者の意向を聞きながら、全体で調整した土地利用計画をつくるに至る。大まかな土地利用計画は無数にあるが、一筆一筆を押えて色塗りをした土地利用計画は、日本広しといえども、そうありえることでなく、大変画期的なことである。そこまでの主体性を地域が持つに至ったきっかけも、このワークショップにある。

◆もともとは農村で展開していた

なおここで、藤本信義らはハルプリンの方法をそのまま取り入れたわけではないことを付け加えておかなければならない。戦後、農村の近代化に多大な働きをした生活改善運動がそのベースにあり、その現場の生活改良普及員の働きと協働した取り組みがあった。前述の点検地図づくりも、計画系の専門家とそういう生活改良普及員やその調整役の専門技術員という現場の専門家との協働によって編み出された方法であった（青木研究室出身の渡辺光雄・岐阜大学教授と岐阜県の小阪きよ子専門技術員によって考案されて始められた）[*2]。この方法は、全国の生活改善運動において、女性たちを中心に、台所改善のみならず、村の改善運動、住民主体の村づくり運動へ展開する足がかりとなった（静岡県で発展した活動例を図5に示す）[*3]。

生活改良普及員は、自分たちが黒衣になって、住民が主体的に動くための、今で言えばファシリテーターとしての能力をも併せ持った専門的な職能であった。

生活改善といえば、戦後の台所改善の印象を持つ年配者も少なくない。今どき生活改善ではないだろうという声から、生活改良普及員自体の名称も変わり、中央で指揮をとっていた生活改善課も名称を婦人・生活課と変え、現在は女性・普及課となっている。このように、生活改良普及員

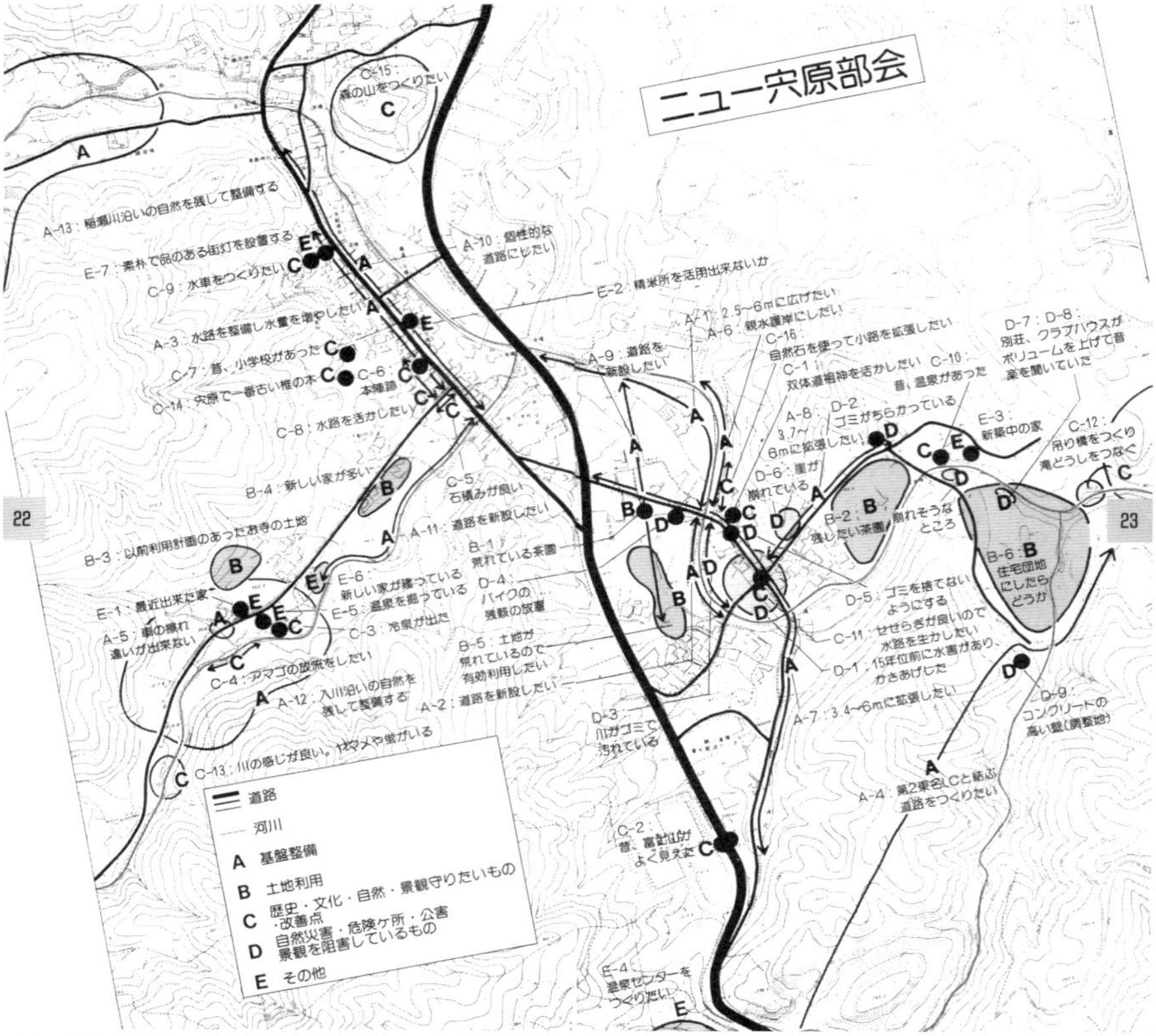

図５　静岡県の住民主体の村づくり（小長谷弥生普及員らのファシリテートによる）

の専門性が社会で評価されずに、縮小されてきたのは残念なことである。それも、根源的にワークショップの危機につながることになるので、ここで触れておかざるをえない。それは、住民の主体性を育み、住民が主体的に動くように関わる専門家は、いずれ住民が主体的に動きだすと、住民からは必要とされなくなるのか、という前述の議論につながる。そして生活改良普及員が心がけていた、黒衣に徹するというのはまさに、主役は住民であり、彼女ら（生活改良普及員はほとんどが女性）の顔は見えない。

実は、農村部の農産加工品の開発、そして現在の都市農村交流の舞台である産直売り場の開設などには、かつて生活改良普及員が女性たちを組織して主体的な動きをするようファシリテートしていた下地があったのである。当然、そういった活動の顔になるのは、それら住民のリーダーである。生活改良普及員は、一つの地区での活動が動きだすと、次の地区に移動してまた住民を組織して活動を行う。成果は住民のものとなる。一村一品などの村おこし活動が盛んな時期にも、彼女ら普及員の下支えがあった場合も少なくない。しかし、行政の目的合理的な評価からは、彼女らの作業は目に見えず、次第に生活改良普及員の仕事は、「今どき台所改善でないだろう」とか「何をしているのかわからない」という行政トップの判断で削られてきたことは前述した通りである。

生活改良普及員が、農村の近代化、そしてとりわけ農村集落にありがちな男性中心の保守的な風土の中で、女性たちを組織して、地域の活性化の主力部隊となる主体を形成してきた功績は、多大なものがある。今で言えば、男女共同参画やフェミニズムの面からも画期的なことであるが、当時の時代背景からすれば、「女性たちを組織して集落の運営に口出しをする」「余計なことをして問題をこじらせている」「女性たちを焚きつけている」など、男性中心のモノの見方から、集落の代表や議員、そして行政のトップから批判の対象とされたことも削減の背景にはある。

また、生活改良普及員の調整やコーディネート、ファシリテートの専門性が、社会的に評価されていない文化的背景もある。この点は、まだまだ日本社会では課題である。例えば、彼女らは調整のために人を訪ねて話をする。人をその気にさせるには、日常のコンタクトも大事であるが、女性たちが話しこんでいると、無駄話のおしゃべりをしている、油を売っているといった評価しか得られないという文化である。この点は、コーディネーターといった専門職が日本社会の中で位置づかない要因でもある。

このようなコミュニケーション能力や集団の力を発揮させるための方法論が、アメリカで盛んに研究され、実践されてきたことは6章で詳しく述べるが、戦後、日本にデモクラシーを植えつけたアメリカからの影響もあり、ワークショップは、実は生活改善運動の研修として導入されている。バズセッション、六・六方式（六人ずつの班構成で、小題を制限時間六分で、班ごとに競いあって意見をまとめる）などの方法を、生活改良普及員の研修として、中央の農林水産省の生活改善課時代に技術研修館において取り入れていたのである。[*4] ただし、この当時はワークショップは研修方法としての認識であり、実践にワークショップを応用するというところまでの認識には至っていなかったようである。

同様のことは、新生活運動や社会教育活動といった戦後日本の民主化と自治の活動の展開においても見られることであり、それらリーダーやスタッフの研修においても、ワークショップがアメリカから移入されてさまざまな方法で行われていた（新生活運動では青森県倉石村（現在の五戸町）の石沢地区の活動、社会教育活動では福井県上中町などの優れた実践があり、いずれも民主的な自治社会を理想とした、一九六〇年代の意欲的な取り組みとして注目される）。

さて、そのような住民の主体的な取り組みが農村の近代化や民主的で活気ある社会形成に果たした役割は大きいが、それらが評価されたのは組織論の範疇、とりわけ優れたリーダーがいたからといった特殊解で片付けられてきて、その背後にあるコーディネートやファシリテートの作業に注目がなされてこなかった点が、ソフト面の技術開発や専門的職能開拓においてアメリカに遅れた原因でもあったろう。

こういったファシリテート技術やその専門性といったものを評価する目を持たない場合に、ワークショップは生活改善運動、生活改良普及員の活動が辿った道と同じ轍を踏むことになりかねない。

筆者が学生時代に、農林水産省の技術研修館で、生活改良普及員の仕事の成果のデータ整理を手伝ったことがある。手づくりのむら整備事業と関連して、住民が公園の計画を立て、労力も自分たちで提供して築いた例、農産加工施設の建設と運営、無人販売所の設置、生ゴミの堆肥化、雨水利用の散水施設などなど、住民のアイデアを引き出し、それを普及するという彼女らの仕事ぶりをその時初めて知って驚いたことがある。しかし、それをまとめて印刷物にする費用も少なく、簡単なガリ版刷りのような報告書にしかまとめえなかった。[*5] 筆者も当時は学生のアルバイトであったので、記録の意味を十分に理解しえていなかったが、全国各地にそういったファシリテーターに近い職能が存在し、住民の熱意と創意工夫が発案された取り組みがあるということを認識した次第である。

今から思えば、この手づくりのむら整備事業自体も、最近、スローなまちづくりなどと注目されるような低成長時代の環境整備の方法でもあり、管理運営という長期的な視点からの持続的な住民参加の方法でもあった（図6）。そしてまた、むらの環境診断、点検地図づくり、むらづくり構想図作成という具体的な環境整備を手づくりで行うというシステムだった整備の体系でもあった。しかも低予算で。さらに、生活改良普及員による村の女性たちの組織化による女性の活躍の場の創出は、都市型のフェミニズム運動の系譜とは異なるが、女性の社会進出や男女共同参画といった点でも、今から思えば先駆的と言える。しかし、その先駆性が評価されなかったというか、早すぎたためか、男性中心につくりあげた社会構造の中で、普及員たちのファシリテート技術が評価されなかったのは、大変残念なことである。

図６　手づくりのむら整備事業の例

◆農村から都市へ

さて、農村部でのワークショップの方法論が東京都世田谷区の職員研修でも使われ、またアメリカのさまざまな方法が紹介されて、ワークショップは都市部のまちづくりに飛び火してから九〇年代に一挙に広がった。ワークショップを実践したり、関心のある人が全国から二〇〇人以上集まった「わくわくワークショップ全国交流会」が高知、北九州、新潟と開かれ、その広がりに拍車を掛けた（図7）。

世田谷区のまちづくりセンター（現在、㈶世田谷トラストまちづくり内まちづくりセンター部門）が、住民参加のまちづくりの推進のために一九九二年に設立され、ワークショップのマニュアル本『参加の道具箱』シリーズの出版やワークショップの研修講座を開き、ワークショップ、住民参加のまちづくりの普及に貢献してきた。世田谷のまちづくりセンターは、世田谷区で専門委員を担っていた都市計画家の林泰義氏を中心としてアメリカのコミュニティ・デザインセンターをモデルとして構想が練られた。市民のまちづくり活動の資金的支援をする世田谷まちづくりファ

図７　北九州でのわくわくワークショップ全国交流会

ンドの事務局としても大きな役割を担い、世田谷区の住民参加のまちづくりを飛躍的に発展させる推進力となった。まちづくりファンドの助成を決定する公開審査方式も、ワークショップ的に和やかな雰囲気で行われるユニークなものである（図8）。まちづくりセンター設立の前に林氏らとアメリカのコミュニティ・デザインセンター等の視察ツアーを行った時に、そのガイドを務めたのが浅海義治氏（現在、㈶世田谷トラストまちづくり内まちづくりセンター部門課長）である。浅海氏は高野ランドスケーププランニング事務所に所属した後、アメリカに渡り、カリフォルニア大学バークレー校でランディ・ヘスターの下で学び、MIG事務所で実践を重ねてきたように、アメリカ流のコミュニティ・デザイン・ワークショップに精通している実践家である。彼が世田谷区のまちづくりセンターのスタッフとして加わったことは、まちづくりセンターおよび世田谷のまちづくりの発展に大きな力となったものである。

その後、世田谷区のまちづくりセンターやまちづくりファンドを範とした住民参加のまちづくり支援組織や助成活動が他の都市にもつくられるようになった（京都、高知、浜松など）。これら各地の中間支援組織の活動においても、ワークショップは住民参加のまちづくり推進の具体的手法として、さまざまに改良されて使われてきている。

このように、ワークショップは、もともと研修的なもの

図８　世田谷まちづくりファンドの公開審査会風景

として古くから使われており、現在も研修として使われることも多い。また、公園や集会所など公共の施設計画の住民参加の場面に応用され、最近では河川や道路の整備にも使われてきている。また、農村部の集落計画、都市部の地区計画など、住民の生活圏の計画から、都市マスタープランや土地利用計画、緑の基本計画など、市町村域レベルの計画における住民参加の場面でも使われるようになった。

さらには、NPOなど市民団体がある問題について検討を重ねる会議形式としても用いられている。住民参加が、身近な小さなレベルのことから、今や市町村全域に関わることや、市町村域を超えることにも必要となってきたことから、そこでワークショップも応用されて使われる例が増えてきた。

高知市で開かれた第一回わくわくワークショップ全国交流会の一年前の一九九三年、準備段階で仕掛け人の畠中智子・洋行夫妻らが企画した催しで、橋本大二郎知事を交えて、打ち解けた雰囲気で懇談会を催していた時である。橋本知事からもワークショップが住民参加の免罪符に使われるのではないか、と提起されたのは印象的である。すでにそのワークショップが高知で進みつつある時に、行政のトップに立つ側から行政側の心を見通した立場でそういう危惧が出たのである。その危惧は今日、現実のものとなりつつある。

2 ワークショップの広がりにおける危機

今や公共事業にも住民参加が条件づけられ、良い面がある一方で、その拒絶反応ともいえるリバウンドを行政の担当者に起こさせている弊害も現れている。

その心配の一つが、ワークショップに対する過度の期待である。いや、誤解と言ってもいい。それは何かと言うと、「ワークショップは合意形成手法」と捉えている誤解である。ワークショップをやりさえすれば合意形成が図られるという誤解の上に、ワークショップを行っただけで住民参加のプロセスを踏んでいますと豪語するようなことが行われる。

ワークショップは、合意形成手法ではないし、また合意形成を目的とした方法でもない。このような誤解が生じるのは、まちづくりの場面においてはワークショップによって関係者が行動的に動き、結果として合意形成が図られるという実態があるからでもある。しかし、それは結果論であって、必ずしもワークショップをしさえすれば合意形成が得られるというものではない。

合意形成に欠かせない要素を飛ばして、ワークショップをやりさえすればいいというような態度であったら、決してうまくいかないであろう。ワークショップを住民参加の免罪符にするようなことは、是が非でも行ってはならない。

しかし、現場の行政マンの話を聞くと、次のようなことがある。

今日、さまざまな公共事業に住民参加のプロセスを設けることが配慮されつつある。そのこと自体は歓迎されるべきことだが、中央省庁から地方自治体の担当窓口に伝える指導の基準化の過程で、「住民の合意形成を図る＝ワークショップを行うこと」といった定式で、ワークショップのワの字も知らない担当者にも、「ワークショップを行わなければならない」という負担を課す。しかも、公共事業の入札において、ワークショップの経験の浅い業者も、是が非でもとりたいために聞きかじったメニューを並べる。そして実施にあたって、地域住民に呼びかけて、地域内を歩きまわるワークショップを一回行っただけという場合も少なくない。その結果を事業にどう生かすかという見通しもなく、専門家ベースで青写真が描かれ、その結果、整備された後に、住民は「あのワークショップってのは、何だったんだろう」「いろいろできるという期待を持ったが、結局、いいように使われただけではないか」と行政不信を増していく。こんなことが今、実際に起こっている。

その背景には、行政の担当者によると、次のようなことがある。「公共事業の補助金採択の決定が年度の終わり近くで、二ヶ月間で計画案をつくらなければならず、しかもワークショップをやること、アンケートを行うことなどと注文が付くと、このようにするしかない」「事業自体に制約があって、工法は大体決まっていて、住民の意見の反映といっても、反映される部分は限られている。ましてや住民に意見を聞いて、根本からひっくり返されたらどうしたらよいのか」。

このような混乱が、なぜ起こるのだろうか。やはり、事業のための合意形成としてワークショップを使うという間違った認識が根本にあるからである。

　実際、中央省庁からの指導は次のような認識によると言う（関係者へのヒアリングより）。「これまでは説明会の開催だった。そこでは住民から不満の声が挙がり、収拾がつかなくなることもあったが、ワークショップという、これで行うと合意形成が図られるという効率的な方法があるので、今ではワークショップを行うように指導している」と。

　事業の担当者が事業を円滑に進めるために、住民の合意形成に気を使うのはわかる。最も恐れるのは反対運動などが起こった場合であり、これまでは地域の有力者に事前に了解をとり、地域からの不満の声を抑えることができた。事業の利権の構造と地域の権力構造が重なり、何事もないかのように進めることができていた。しかし、今は多様な住民意識が存在し、それを地域の伝統的な権力構造は代弁しえないし、新しい層による新しい活動もある。そういった多様な主体の合意形成の方法というものを、どこも持ちえていないのである。時に、新しい層の活動は従来の構造に対する批判ともなる。新しい市民活動は行政批判にも向く。それ故にどうしたらよいかわからない行政側が、渡りに船とばかりにワークショップという方法に飛びついた。合意形成ならば、まずはどういった主体の合意形成なのかを明確にしなければならないし、どのような相克の課題があるかの事前の課題認識も大事である。そういった準備を社会調査というが、その過程を経ずしていきなりワークショップを行うのは考えものである。

　地域は、一つの権力構造によって成り立っているだろうか。少なくとも、現在は異なる。権力構造はあったとしても、地域住民すべてがその構造の中にいるわけではなく、さまざまな立場の住民が存在し、環境問題をはじめ、さまざまなグローバルな問題に対して考え、取り組む住民もいる。地域には多様な主体、価値観が存在する。しかもそれらの中には地域を越えて広範なネットワークを形成していて、地域の中では少数派でも背後に支援のネットワークが広がる場合もある。

　そのような新しい活動を展開してきた市民活動は、行政の行為にも注視し、少しでも矛盾ある行動をとると行政批判に展開することもあり、それを行政は恐れる。そのような行政の恐れる、合意形成の鍵を握る人（ステークホルダ

ー という）とどのように関係をとって、多様な主体が同じ土俵に乗り、ワークショップによる住民参加プロセスの位置づけを認知してもらうか、そういったワークショップ以前の事柄、これを日本的に根回しと言ったりするが、そういった昔ながらの方法も、地域の状況によっては必要となる。合意形成には、合意形成のための社会調査が必要なのである。

3 ワークショップの弊害を避けるには

では、どのように今、ワークショップが危機を迎えているか、どの点にその危機を乗り越えるための課題があるか、具体的な事例で詳しく見てみよう。

国のD事業の関連で、M市はそのための地域全体の環境整備の構想を策定し、その実施事業のために県に申請を行った。ペーパー二枚を書いただけだが採択されて、実施事業に向かうこととなった。実施の施工はその年度中に完成すると見込んでいた。しかしその実施事業が決まったら、そのハードの整備にあたって、住民参加によるワークショップをやらなければならないと言われた。ワークショップとは何か、担当者は知らなかった。県の担当者に問い合わせたら、その担当者もよくわからないと言う。その事業には、関連のいわゆるひもつき機関があり、そのコンサルタントに依頼するように指導されている。そこでその通りに、そのコンサルタントに相談し、ワークショップを行うこととなった。市も県も担当者はワークショップのために何をしたらよいかわからず、とりあえずコンサルタントに来てもらい、地域の自治会長らを集めて説明会を開いた。実は、ワークショップは市内の四地区でそれぞれ三回開くことと、その事業には条件づけられている。しかも一回目は地区点検で、二回目はKJ法で整理して、など型通りの進行の指導案が付いている。これでは、住民にとっては上から下りてきた事業という感があり、それに仕方なく付きあうこととなった。しかし、四地区の中のある地区は、基盤整備をしたばかりで、自分たちでも負担金を出して行った事業であったため、新しい事業への抵抗感は拭い去れなかった。

これは実際にあった話で、これがワークショップが使われている現場の状況である。ここにはいくつかの問題がある。

①構想づくりの段階で住民参加のプロセスを経ていないで、構想ができた後の実施計画の段階で住民参加を持ってきている点。できあがった構想が先にあって、途中参加であったら、参加者がそれを自分のものと感じとる主体性が半減する。

②ワークショップがハードの事業に付随する義務として必修になっている点。これでは、担当者や参加者が必然性を感じず、仕方なくという、受身的な参加しか望めず、本来の住民参加、住民主体のものとならない。

③ワークショップを各地区三回と固定化した条件やマニュアル（指導の手引き書）で縛っている点。地域によってワークショップの進捗状況も展開も異なるのが普通であり、その流れに応じてプログラムを組むべきであり、固定化した条件では、創造性が減じられてしまう。

このような問題点を抱えてワークショップは開かれ、自治会長らを集めた説明会を乗り切り、担当者は各地区のワークショップを開催して、事業の実施まで四年間かかったと言う。その間には膨大な調整作業が必要であった。担当者は、まさかそれほど膨大になるとは、当初は思っていなかった。しかし、この四年間で、その担当者は、地区との調整と、住民が主体的に動くようになるまでのお膳立ての役割を認識するようになったのである。

結果的に見れば、当初の混乱はあったものの、また時間はかかったものの、住民は主体的に取り組むようになり、担当者も住民参加の意義を十分理解するようになり、問題として、今回の事業のプログラムの企画段階での手順、およびワークショップや住民参加の経験のない現場の担当者向けの手引き書や研修の必要性を指摘してくれた。

このように、行政の公共事業にワークショップが義務としてついてまわるようになり、形骸化の危機にあることは確かである。住民参加は確かにあらゆる場面で進めねばならないが、しかし住民参加＝ワークショップなのか？　さもワークショップを行えば住民参加、住民参加を進めるにはワークショップを行えばよい、というような思い込みで進めている例は少なくないし、ワークショップをやれば合意がとれると思うような誤解が蔓延している。「住民参加の免罪符としてワークショップが使われる」と、高知県の橋本知事が危惧したような弊害も実際に生まれてきている。

そもそもこのような形骸化の問題は、新しい方法論が普及する過程でつきものであり、心配するのは、そのような問題が世間一般に広まり、ワークショップは問題であるみたいに、定式化したイメージが定着してしまい、せっかくの新しい創造の芽が潰れてしまうことである。そうならないためにも、ワークショップの正しい普及の仕方を進めなければならない。

ワークショップの誤解を受ける要因は、またワークショップにも内在している。丁寧に準備をして設定されたワークショップは、参加者があまりにも良くできた進行に対して、乗ってはみたものの、何か操作されているという疑念を抱くことがある。自身の身体が動いて右脳で感じても、左脳で懐疑が働くという具合にである。操作されているという感じを参加者が受けると、何か裏に意図があるのではないかと疑いを持ったりする誤解に発展しやすい。

この点に、ワークショップの研修を受けて、用意周到に準備をした、やり始めの頃のファシリテーションで陥りやすい罠がある。あまりにもプログラム化されたワークショップは、逆に反発を感じる参加者も生みやすい。4章で詳しく述べるように、ファシリテートの技術は参加者の反応を見ながら、時に当初の予定したメニューを変更して進めるような対応が求められる。慣れないうちは、そのように参加者の心の動きが読めないので、最初に考えたプログラムで押し切ってしまう。そういった場合に問題をきたすのである。ワークショップのメニューをあまり過信することは禁物である。

ワークショップ自体が目的化することも、気をつけなければならない点である。そもそも何のためのワークショップかが忘れ去られている。ワークショップは、あくまでも住民の主体性を育む道具である。ワークショップが契機となって、主体が目覚める。ワークショップを通じて、人がつながる。ワークショップによって、創造的に前へ進む。ワークショップは、そんな道具である。

CHAPTER 4

ワークショップを考える重要なキーワード

1 螺旋上昇プログラム

ワークショップは、ローレンス・ハルプリンが「RSVPサイクル」と言ったように、[*1] R（Resource、資源）、S（Score、スコア、総譜）、V（Valuaction、価値評価）、P（Performance、実行）のサイクルで考えると、プログラムを組み立てやすい（図1）。ただしここでは、他のワークショップで使っているEvaluation（評価）をValuactionの代わりに用いて、資源→スコア→実行→評価のサイクルで考えてみる。

例えば、まず最初に誰もが持っている「資源（R）」を使って、誰もが可能な行動の最初のステップとしてテーマに関連した「スコア（S）」を考える。それを「実行（P）」し、その結果を「評価（V）」する。これが一サイクルで、その評価の結果を次の資源として二サイクル目に実行するスコアを考える。それはまた、誰もが持っている（例えば参加した目的や期待でも）、または経験しうる広い範囲の周辺的な題材から出発しても、経験と評価の結果を資源として積み重ねていくことで、次第に目的に向かっていく流れとなる。

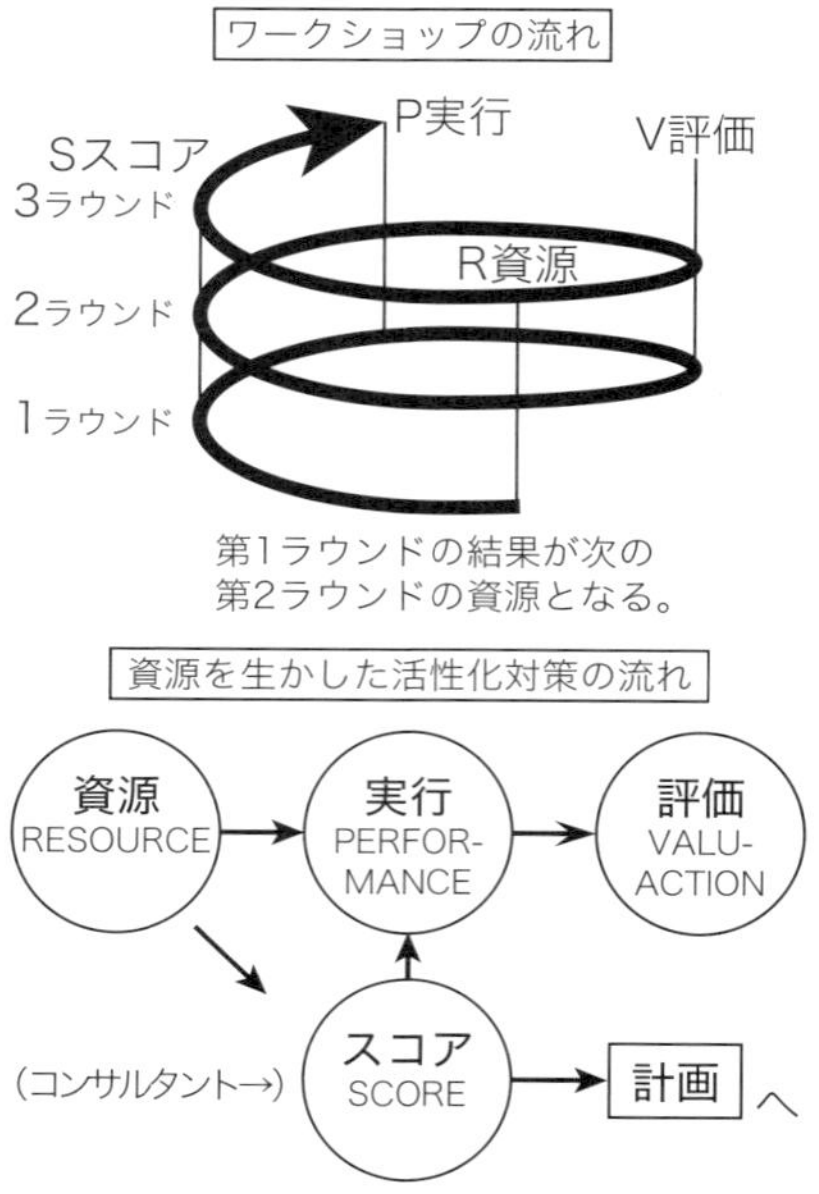

図1　L・ハルプリンのRSVPサイクル

このように螺旋を積み重ねて上昇していくような感覚でプログラムを組むと組み立てやすい。ただし、参加者になったつもりで行動を描いてみて、流れがスムーズかどうか、途中で飛躍がないかどうか、プログラムをチェックすることが大事である。慣れれば、流れを頭の中で想像できるが、慣れないうちは、スタッフで模擬的に行ってみるとよい。

2 資源

資源には、物的な資源と人的な資源、そして情報としての資源の三様の意味がある。資源は、このように何でもなりうる（図2）。つまり、使ってこそ資源となるという意味で、活用と資源は表裏一体の関係にある。まちづくりだからといって、物的な資源ばかりとは限らず、まちづくりの担い手になりうる人材も重要な資源である。そして人々の経験や知識、歴史の情報など、ありとあらゆるものが資源となりうる可能性があるなかで、なかなかそれら資源が資源として有効に働かないのが実際である。資源の多くは、このように眠っているのである。それが常態であり、それがすべて働いていたならば、膨大なエネルギーがぶつかり、資源も枯渇し、破滅するのは必至であり、人類や環境の永続性の点からも眠っているのは悪いことではない。しかし、適材適所というように、必要とされるところにうまく供給されず、眠ったままというのはよくない。

まちづくりでは、問題解決の必要があって、眠っている資源への目が注がれる。「必要は発明の母」というが、何を必要とするのか、問題と資源までの間のプロセスがないと、必要と資源も結びつかない。その前に、問題自体も顕在化していなかったり、漠然としているから必要が見えないということもある。ワークショップは、進行過程において、眠っている資源が生きた資源となって顕在化してくるということがよく起こる。それは、眠っている資源と漠然とした問題がどう結びつくかにかかっており、例えば街の良い所を探すというような単純な資源探索のプログラムでも、漠然と歩くよりも、問題意識を先に明確にして歩く時の方がより起こりやすい。そういう意味で、問題も資源という捉え方もできる。問題と資源の結びつきで資源活用が生まれることもあれば、異なる資源と資源の結びつきで新たな活用が生まれることもある。そこは、人間の創造性の予測しえない領域である。まして人材の面で、どういう人が動きだすか、というのはまったくもって予測しえない。それはドラマよりも現実の方がドラマチックな物語を生み出すようにである。

　ワークショップのプログラムは、途中で予測しえないことが起こるとしても、一応先の螺旋上昇プログラムになるように、サイクルごとにつくりだす資源を積み重ねて、目的に向かって進むように組み立てる。そういう意味で、アウトプットの成果物を並べてみて、それらの活用方法を考えてみることは、また、プログラムの再検討にも役立つ。

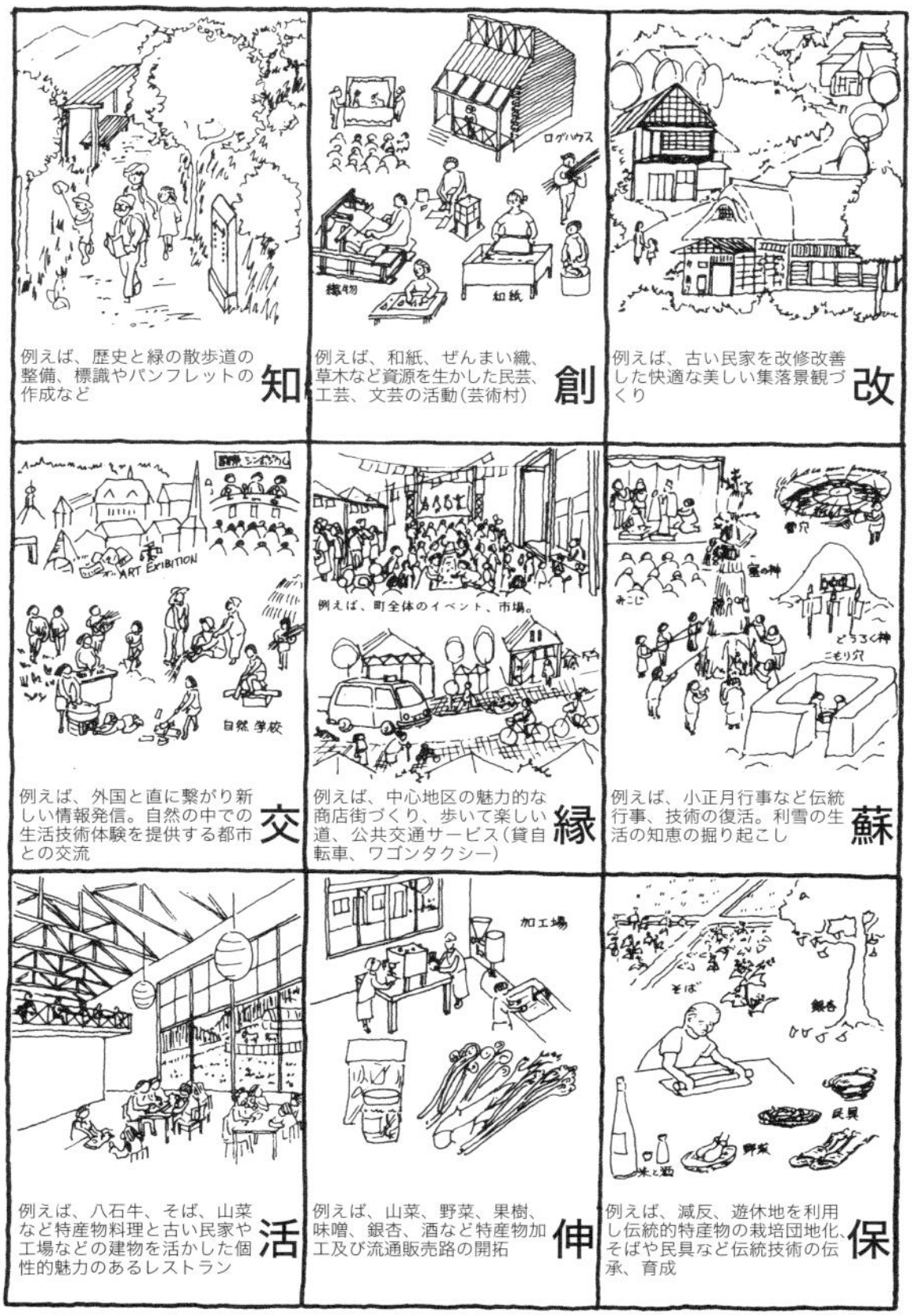

知
例えば、歴史と緑の散歩道の整備、標識やパンフレットの作成など
創
例えば、和紙、ぜんまい織、草木など資源を生かした民芸、工芸、文芸の活動（芸術村）
改
例えば、古い民家を改修改善した快適な美しい集落景観づくり
交
例えば、外国と直に繋がり新しい情報発信。自然の中での生活技術体験を提供する都市との交流
縁
例えば、中心地区の魅力的な商店街づくり、歩いて楽しい道、公共交通サービス（貸自転車、ワゴンタクシー）
例えば、町全体のイベント、市場。
蘇
例えば、小正月行事など伝統行事、技術の復活。利雪の生活の知恵の掘り起こし
活
例えば、八石牛、そば、山菜など特産物料理と古い民家や工場などの建物を活かした個性的魅力のあるレストラン
伸
例えば、山菜、野菜、果樹、味噌、銀杏、酒など特産物加工及び流通販売路の開拓
保
例えば、減反、遊休地を利用し伝統的特産物の栽培団地化、そばや民具など伝統技術の伝承、育成

図２　新潟県小国町の地域資源活用のイメージ

3 スコア

スコアという表現は、L・ハルプリンらがダンスのワークショップから取り入れた用語であり（6章で詳述）、音楽の合奏のスコアと同様に、各パートの動きを重ねて全体表示して、全体の動きが一目でわかるように示す行動表のようなものである。横文字をできるだけ避けたいが、良い言葉が見つからない。直訳では「総譜」となるが、それでは何だかわからない。やや異なるが、やはり「行動表」とでも言っておくのが今のところわかりやすい表現かもしれない。ハルプリンらは、スコアにはオープンスコアとクローズドスコアがあると言い、専門家はクローズドになりがちな点に警鐘を鳴らし、多くの参加を得るために、また広い見地から対象に向かうために、オープンスコアの考え方を提唱した（図3）。このように、誰にも開かれた経験や知識の分かちあい、それは先の資源の共有化の出発点でもあるが、ここで言う意味はさらに進行の流れもオープンに進めていく柔軟さが必要ということである。

この点は、ファシリテーションというワークショップの進行において重要な点である。最初からプログラムがカチッと固まり、その通りに進めなければならないとしたら、大変窮屈なものになる。参加者の主体性の育みにも大きな障害となる。参加者の反応や途中の成果物、そしてその評価などによって臨機応変に進行を変えていくことが重要となる。そのためにピックポケットスコア（当初の予定と違

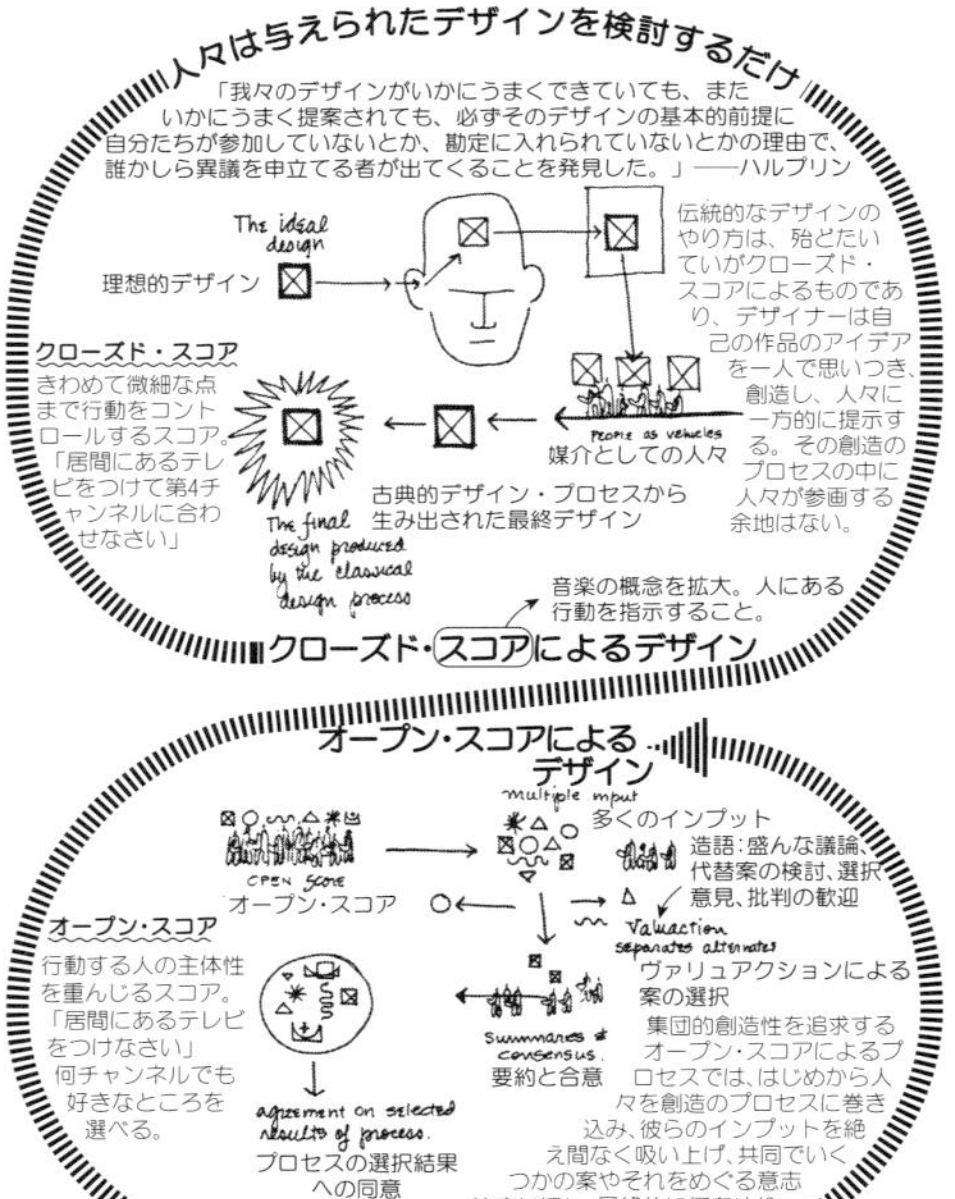

図3　L・ハルプリンによるオープンスコアとクローズドスコア（翻訳：藤本信義）

う代替のスコアをポケットから取り出すように示す）をハルプリンらは用意している。ワークショップのメニューは、経験とともに身につけられ、状況に応じて出し物を変えられるようになれば、一人前のファシリテーターといえる。

4 パフォーマンス

パフォーマンスは、行動そのもの、身体を動かして実行することを指す（図４）。ワークショップは、単に左脳のみでなく、右脳にも働きかけ、さらに身体知とでもいうべき、全身的な感覚で捉えた人間の知の領域を拡大する。そういう意味で、身体を動かす実行のことをパフォーマンスというのは意味のあることである。ワークショップが、ダンスや演劇の分野で使われてきた流れというのみでなく、「パフォーマンス」という言葉を使うのは、そんな人間の身体知を活性化する意味もある。市川浩は、身体感覚はほとんど意識されないが、意識される心理的レベルでは〝気分〟がこれに近いという。[*2] ワークショップが時にうさんくさいものと思われたり、新興宗教の類かと疑われたりするのは、この気分というものが身体に起こるからであろう。なるべく理性を保とうとすると、自身の気分に懐疑的になるのみならず、全体の雰囲気、他人の行動や意見にも懐疑的になる。ここに、西洋哲学の、いわばデカルト的二元論では捉えきれない部分がある。市川は続けて次のように言う。「だから気分は、単に自分の感覚ということはできません。なかば世界の、世界から生気する感覚です」。

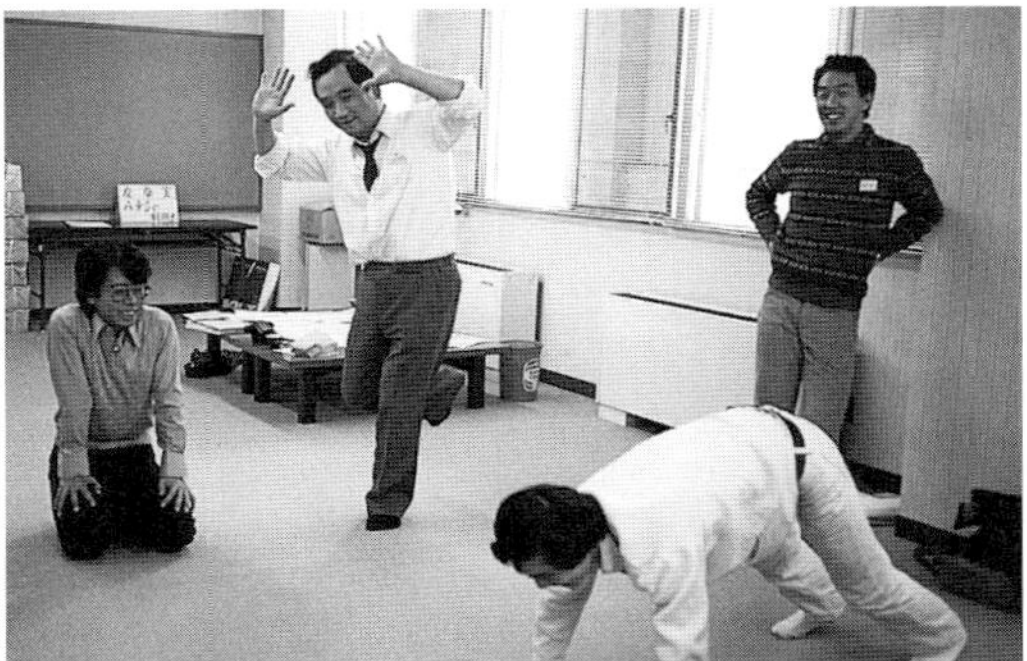

図４　東京都港区の職員研修での演劇ワークショップ

5 エヴァリュエーション（評価）

これは、我々が最も不得意とする分野かもしれない。自

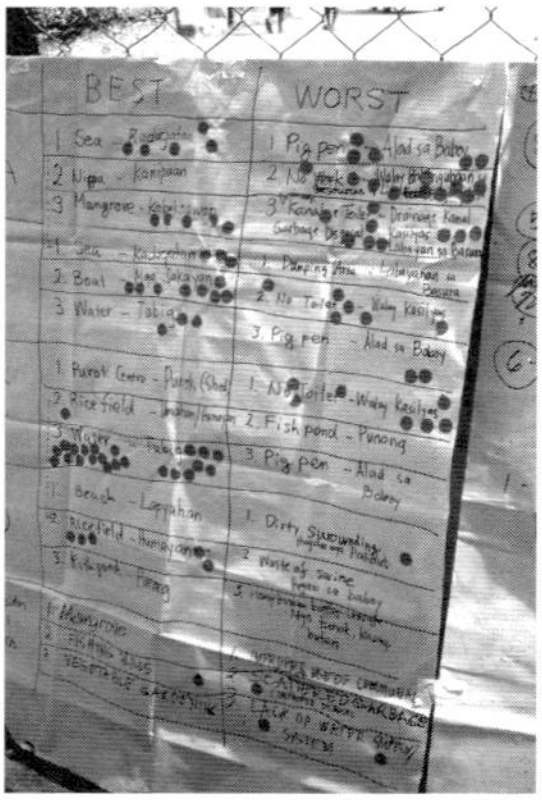

図5　(右)フィリピン・ボホール島でのワークショップにおける評価。地域点検後、各班がまとめたベスト3、ワースト3をさらに全員がシール1票ずつ貼って評価
(左)世田谷区まちづくり「ひろば」ワークショップにおける評価の場面

分たちがしてきたことを客観的に評価し、課題や成果を次のステップの糧とする。これはワークショップに限らず、どんな事柄でも成果への評価や反省があって、次の行動時にそれが反映されるという、経験に学ぶことを行っているのだが、それを明確に行うのと、漠然と個人の経験の中にしまっておくのとでは異なる。特に集団で作業を行う時には、身体知等を通じた個人の経験知を集団の知へと共有化することが、創造性への資源となる。

言葉にならない、または意識化されていない潜在的な知を顕在化させる効果が、集団での評価である。つまり評価は、単に反省会のように、リーダーが責任を取るとか、メンバーの行動の過失を問うとかいうような意識が働くからか、我々の中ではそれを避ける方に集団心理が働いていたかもしれないが、実は創造の源になるものである。このように評価を、能動的に、創造的に行う意味で、ハルプリンは「ヴァリューアクション」という造語を考えた。その造語を使わずとも、しっかりしたワークショップのプロセスで用いられている「エヴァリュエーション」という作業でも、プロセスを振り返り、模造紙なりにいくつかの指標ごとに参加者の声を書き出している場面をよく見る（図5）。

6　シェア（共有化）

集団の評価は、共有化されて次の段階に発展して使われる資源ともなる。ワークショップにおける集団創造の力を発揮するには、この共有化のプロセスが欠かせない。このプロセスを無視すると、思わぬしっぺ返しをくらうことになるだろう。ワークショップの設計においても要注意点である。独り善がりの強引なプログラムに参加者がついて行けず、何のためにこんなことをやっているのかといった反感や当惑を参加者に与えかねない。そのためにも、プログラムは個人から小集団、そして全体へと、情報や意見を共有する流れを考える必要があるし（図６）、また小グループや全体での確認の場面を用意する必要がある。なお、先の評価やパフォーマンスの作業においても、表現したものは形として目に見える、いつでも振り返って確認できるものに残しておく方がよい。

図６　個人からグループ、そして全体へ共有化

例えば、ワークショップが連続した日程で開催されない場合、月に二回で半年、毎月一回で一年間という場合など、前回のことは忘れている場合があるので、前回に模造紙に作成したものがあれば、それを冒頭に振り返ってみたり、会場に貼り出したりといった工夫があるとよい（図７）。

なお、共有化の意味には、このような集団作業のシステム的意味よりも、より個人的な意識の面の方が重要かもしれない。それは、自分がこれまで出会わなかった他者、またはこれまでの自分の観念では受け入れられなかった考えというものに出会い、認識を深めたり、広げる、いわば自分の意識を包み込む風呂敷を広げるようなことがあって成り立つものかもしれないからである。

それは、本人にとっては大事件が起こるようなことである。意見の食い違いから相克があり、価値観のぶつかりあいによって不愉快な思いをすることもあるかもしれない。そんなこ

図７　前回の内容を振り返る

とから、次の回から参加しなくなるという人もいるかもしれない（そのためにファシリテーターの役割が大事だが、それは後述）。意見の違い、争点、解決できないこと、トラブルや事件も、感情を抜き去り、対象化して共有化することが大事である。そういう意味でも、模造紙なりに書き出すことが、相克や葛藤を対象化して、個々人の意識の風呂敷を広げる作業にもなりえる。

7 広報

参加者の情報の共有化のためにもなるが、参加している人以外にワークショップの内容を知らせるためにも欠かせないのが、広報活動である。ワークショップの参加者数は適正規模があり、参加者数は限られる。特にまちづくりなど、ある地域を対象にした場合に、特定の者だけが秘密裏に事を進めているというような印象を与えては、ワークショップそのものが意味をなさなくなる。集中した日程でのワークショップではその結果を、また定期的に長期にまたがる場合はその回ごとの結果なりを、一般に公開して知らせていくことが大事である。そのメディアに長けた専門家に依頼する予算がなければ、簡単なものでよい。一枚の紙にガリ版刷りのようなものでもよいのである。情報は古くなると意味がなくなるので構えて凝ったものをつくるよりも、即効性が大事である。その点、現在はインターネットを使ってホームページ上に情報を知らせていくことができるので便利でもある。しかも即座に応答ができる。この使い方はさらに発展しうるであろうが、情報格差の問題も考えると、ホームページにすべて任せるというわけにはいかず、従来の紙媒体も必要である。

参加者にも広報することの意識を育むことが大事である。

図８　子どもたちの森づくりワークショップ（千葉市主催、菅博嗣他ファシリテート）の広報紙

ワークショップの参加者の中にはそのことに敏感な人が時折見られる。「私たちで決めていっちゃっていいのかしら」というような声を発する人たちである。それはまともな感覚で、そういう意識を大事にしてもらい、他者にどう伝えるか、常に気遣う姿勢というのは本当は大事なことである。ワークショップを進めているうちに、参加者の意識はだんだん高まり、参加していない人と、情報面でも意識面でも格差が生まれる。ワークショップの後、地域住民を広く集めた懇談会などの席で、その格差が表われ、それが相克の元になったりすることもある。議論が振り出しに戻るのを避けるためにも、ワークショップの成果をどう全体に返していくのかといった普段の応答のためにも、広報活動は大事なのである（図8）。

8 アクティブ・リスニング

話しあい、議論にぶつかりあいはつきものである。会議は踊るというような堂々巡りの議論、空中戦に嫌気をさして出てこなくなる人もいる。話しあいを創造的にもっていくためにも、議論の中で争点を明確にして、そのことを時間を区切って話しあい、中間点である程度整理することが必要である。そのような時間を区切ったシステムだった進め方がワークショップの特徴であるが、参加者の中には、まだ言い足りない、本心が伝わっていないという気持ちの人もいるであろうし、また裏返せば、議論を乱すようなことを言った人に対して、何にこだわっているのかといった白い目で見る人もいるだろう。ワークショップをシステムだって進めるなかに、抜け落ちていく大事なこと、見逃せない問題もあるかもしれない。特に、反対や異議申し立てを主張する人が言わんとする根っ子にはどんな問題があるのかを突き止めるには、もう少し主張を聞くことが必要である。また反対する人も、聞いてくれる人がいて、話をするなかで、自身の気持ちが整理されることもある（図9）。

筆者は、ある都市計画道路の問題に関する沿道会議のワークショップが定例的に月一回開催される場でファシリテーターの役割を担ったことがあるが、毎回、同じような主張をして、議論をかき乱す人がいた。その人は他の参加者からも煙たがれる人になっていったが、ある時、その人が

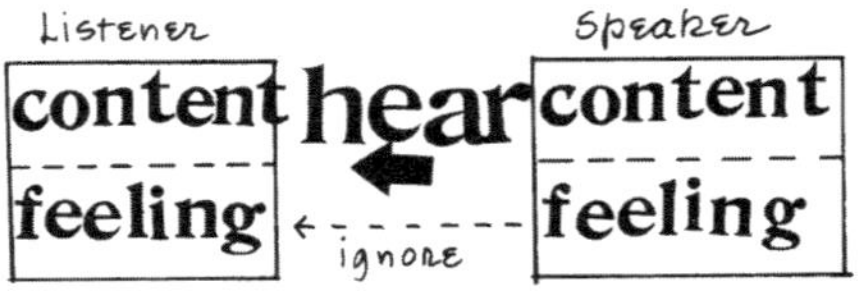

図９　Ｌ・ハルプリンのアクティブ・リスニングの意味。主張したい人は、気持ちをわかってほしいというところが根っ子にあるが、とかくそれは無視されがち

またそのことを話しだしたので、全体の進行は他のファシリテーターに任せて、その人が問題にしていることをじっくりと聞いたところ、問題にしている背後には違う問題があることに気がついた。それは、相手の話に異議を唱えることなく、ひたすら相槌を打ちながら聞くだけであり、それを書き留め、そして最後の方に疑問やこちらが知らなかった事実を確認するだけである。その人は、聞いてくれる人がいたというだけで、最初の感情的高まりは薄れて、最後の方で全体のワークショップに投げかける課題を整理することで納得がいったようである。しかもそれは、全体のワークショップにも意味のある投げかけとなった。

まちづくりなど、そのワークショップの目的のために欠かせない人物がワークショップに参加していない場合には、そういう人物にも意見や考えを積極的に聞いておくことが大事である。それは、ワークショップ以前の過程において大事なことかもしれないが、そういう人々に当事者意識を持ってもらうためにも大事であるし、重要な問題を掘り起こす意味でも必要である。このような人物を「ステークホルダー」と言うが、アメリカのロビン・ムーアらが行っているワークショップでは、まず先にステークホルダー・ワークショップを行う。なぜ一回だけかと問うたら、「彼らは忙しいから。しかしまず先にやることが大事だ」と、ムーアは答えた。なるほどと思ったが、わが国の場合も、地域コミュニティには権力の構造があり、先に話を通しておかないと話がこじれることもよくある。ただ、先に話を通しても、形式的仁義に終わるのが実情であり、やはり先にじっくり話を聞く、または先に挨拶だけしておいて、ワークショップの過程でヒアリングをする、またはワークショップの参加者とともに話を聞くなどの行為があるとよい。

9 ドゥラトゥラ

ドゥラトゥラ（Dula Tula）とは、フィリピンのＰＥＴＡ

（教育演劇協会）の演劇的手法の一つであり、「ドラマタイズド・ポエトリー」、直訳は「演劇化された詩」、つまり詩をドラマ化するようなことである。タガログ語で、ドゥラが劇、トゥラが詩を意味する。詩劇というように、詩の朗読に合わせて身体の動き、寸劇を行う。[*3] ヒアリングなどからの展開にも応用できる。ヒアリングや観察、経験内容などから言葉を詩のように短いフレーズで表す。例えば、五行詩を各人が書き記し、それを六人程度のグループで、合わせて全体の詩として再構成する（図10）。それらの言葉を、身体で形づくり、動きを加えて表していく。それをいくつかの場面の静止画のように構成し、場面の展開につなげていく。そこに台詞をアドリブのように発してもらう。するとちょっとした寸劇ができあがる。それをまた観客側から見た評価を加えて修正していく。このように言うと、簡単なことのようであるが、中身は非常に集中していて濃い。

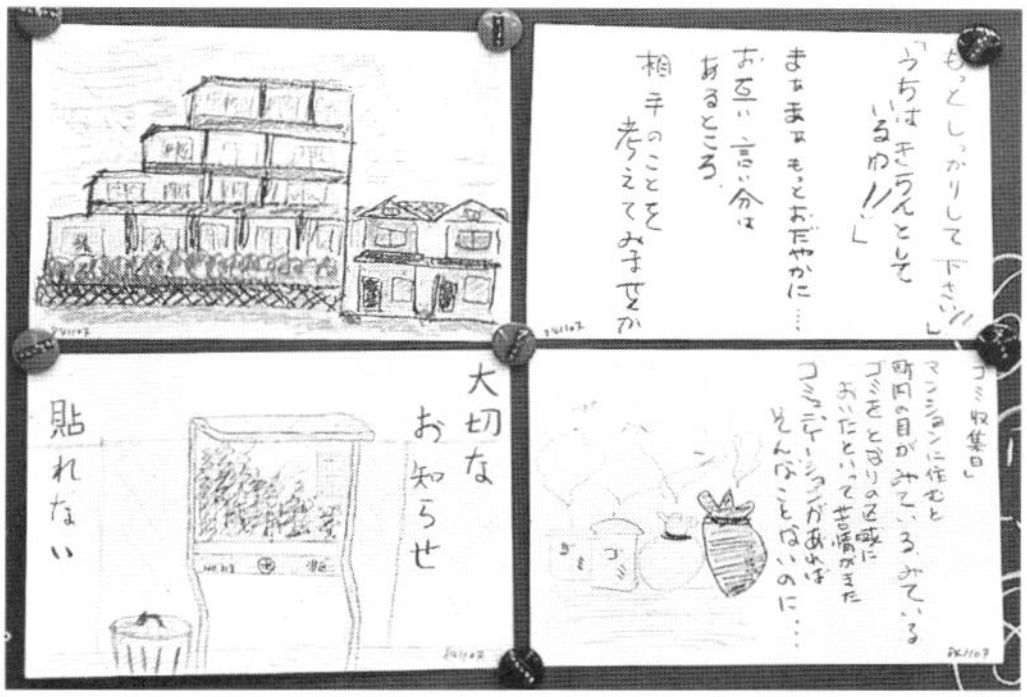

図10　住民の聞き取りから印象に残った言葉を使いながら５行詩をつくり、それをつなげる

ＰＥＴＡのワークショップでは、これを原則的というか理想的ワークショップのモデュールとしている。その理由の一つには、詩が即興によって創造的に翻訳されることがある。二つ目には、参加者の身体の動きや声の発生を促し、創造的なサウンドを生み出し、イマジネーション豊かに何かを表す小道具や衣装を考え出させるからである。またドゥラトゥラは、創造的に言葉を書き、それを集団詩にしていき、さらにその言葉に身体の動きを加味していくなかで、言葉が血肉化し、意識もより強く芽生えてくるという。

10　グループ・ダイナミックスと集団創造

グループ・ダイナミズム、もしくはグループ・ダイナミックスとは、文字通りに言えば「集団力学」。後述するク

図11　大人と子どもの年齢差を感じさせなくなる集団創造

ルト・レヴィンの場の力学や集団理論に基づく。わが国の諺にも「三人寄れば文殊の知恵」とあるように、個人よりも集団の方がより良い考えや方策が生まれやすい。特に集団内のやりとり、コミュニケーションの相互作用が、発想を高めていく（図11）。NASAの開発した「月に迷ったゲーム」[*4]は、月に不時着したクルーが生還するために、役に立つ物の優先順位を考えるというゲームであり、一人で行った場合と三人で行った場合とで比較して、たいがいの場合には後者の方が優れているということが体感できるゲームである。ただし、チームワークが良くない場合は、三人の場合の方が悪くなるということもありえるので、チームワークの良さを判断するゲームでもある。

意識化されることによって人が主体的に動きだすということは、人が創造的に動きだすということである。この創造性がグループによって発揮されることを、ハルプリンやジム・バーンズは「コレクティブ・クリエイティビティ(collective creativity)」と言った。ここではわかりやすく「集団創造」と言う。ワークショップは集団の創造的作業であり、ワークショップの意味を簡単に言い表している言葉でもある。

11 意識化

ワークショップは何のためにあるのかといったら、まず、この意識化(conscientization)であろう。「意識化」というのは、パウロ・フレイレの造語である(6章参照)。人が主体的に動きだすその背後には、それなりの意識がある。対して、人が動かないのは、それに対する意識がない。無関心はどこから来るかといえば、それを知らない、または誤解している、既成概念のある枠の中にはめ込んでいるといった、知らないことに起因する。しかし、情報として知っているだけでは、人は動かない。情動の働きが人を行動に駆り立てる。情動、まさにその言葉のように、我々は気持ちがエンジンオイルのように働いて動きだす。そのかかり方にも、腰が重い人、フットワークの軽い人、人それぞれである。ワークショップは、そのようないろいろな人がいる集団の動きの中で人が動きだす。そこには、他人がやるから自分もやるという単純な働きもあるだろうが、集団で共有している雰囲気、またさらに展開すれば、集団で獲得した意識というものが行動へのエンジンオイルの働きをする。

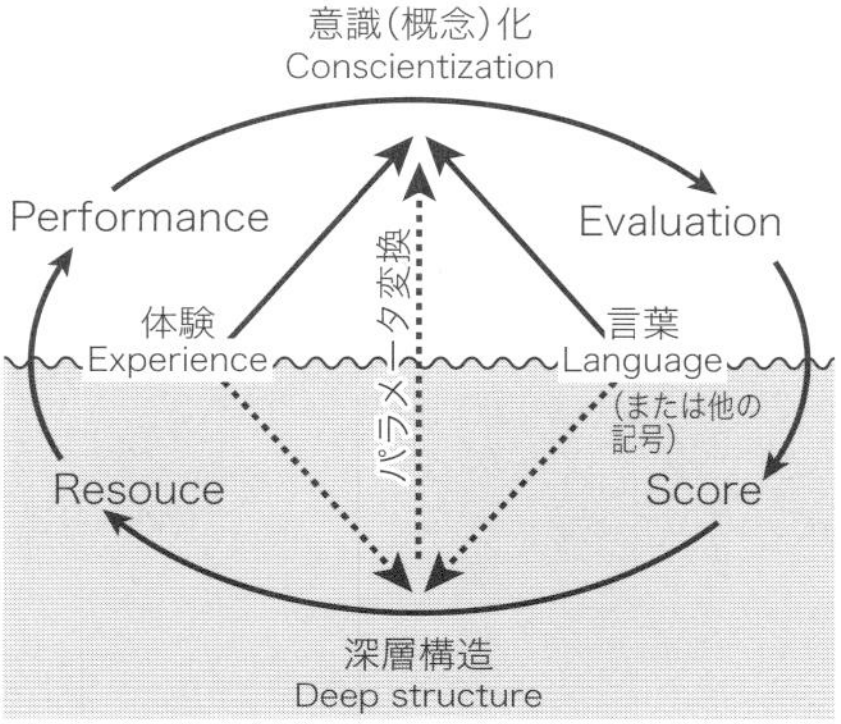

図12　言葉と体験〜意識化のプロセス

しかし、人間の行動は気持ちだけでは長続きしない。時に障害にぶつかると途端に気持ちも萎えてしまって挫折ということになりかねない。意識化というのは、もっと深いところに根ざした情動であり、それは情報を腹に飲みこんで理解した知識の働きも合わさったものといえる。知識が身体を通して情動として働くような意識である（図12）。それによって主体性の契機となる意識である。ワークショップにはよく身体の動きを伴う。この身体性は、ワークショップの特性でもある。人間は左脳ばかりでなく右脳も刺激を得て、その右と左の脳がパルスを飛ばしてつながりあって初めて、持続的な強い意志が形成されるのではないだろうか。ワークショップの集団での相互作用や身体の知覚等のプロセスによって、人は主体性を取り戻す。

12 ファシリテート、ファシリテーター

ファシリテートとは「促進」、ファシリテーターは「促進役」が直訳となるが、なかなか良い訳がない。ワークショ

図13　ファシリテーター、進行役、記録係

ップにおいて、参加者が意欲的に取り組むように手助けする役割である（図13）。決してリーダーではないし、またリーダーになってはいけない。グループのメンバーが主役として動くように縁の下で支える役割であり、黒衣のような役割である。それ故、冗談でファシリテーターでなく「走りてーたー」などと言われる。プログラムの流れを全体の進行管理役（後述するプロセスマネージャー）とともに検討しながら、その流れを熟知した上で各グループにはりつく。参加者の反応を見ながら、進行の流れに問題があると、全体の進行管理役に相談して、流れの変更も場合によって検討する。ファシリテーターが肝に銘じておかなければならない点として、ハルプリンとバーンズは「決して落ちこぼれを出さない」という点を強調する。グループ内で進行に乗れない人がいる時は、その人が乗りやすいように、グループ全体の進行にそれとなく働きかけたりといった配慮を働かせる。こうした配慮には熟練が必要であり、経験で培うしかない。参加者の顔色をうかがいながら発言を促すが、決して強制であってはならず、自然に違和感なく進むように雰囲気を盛り上げていく太鼓持ちのような役割をもこなす感じである。

また、全体の進行管理役もファシリテーターと言い、順番に交代しながら、全体進行とグループファシリテートを受け持つ場合もある。その方が、単調な流れを変えて、新鮮さとリズム感ある流れを生み出すことがある。

13　プロセスマネージャー（進行管理）

ハルプリンらのワークショップ手法では、全体の進行管理をする役割とグループのファシリテーターとを分ける。プロセスマネージャーは全体の進行管理を司る役割であり、ファシリテーター内で分担しあってもよいが、中心として

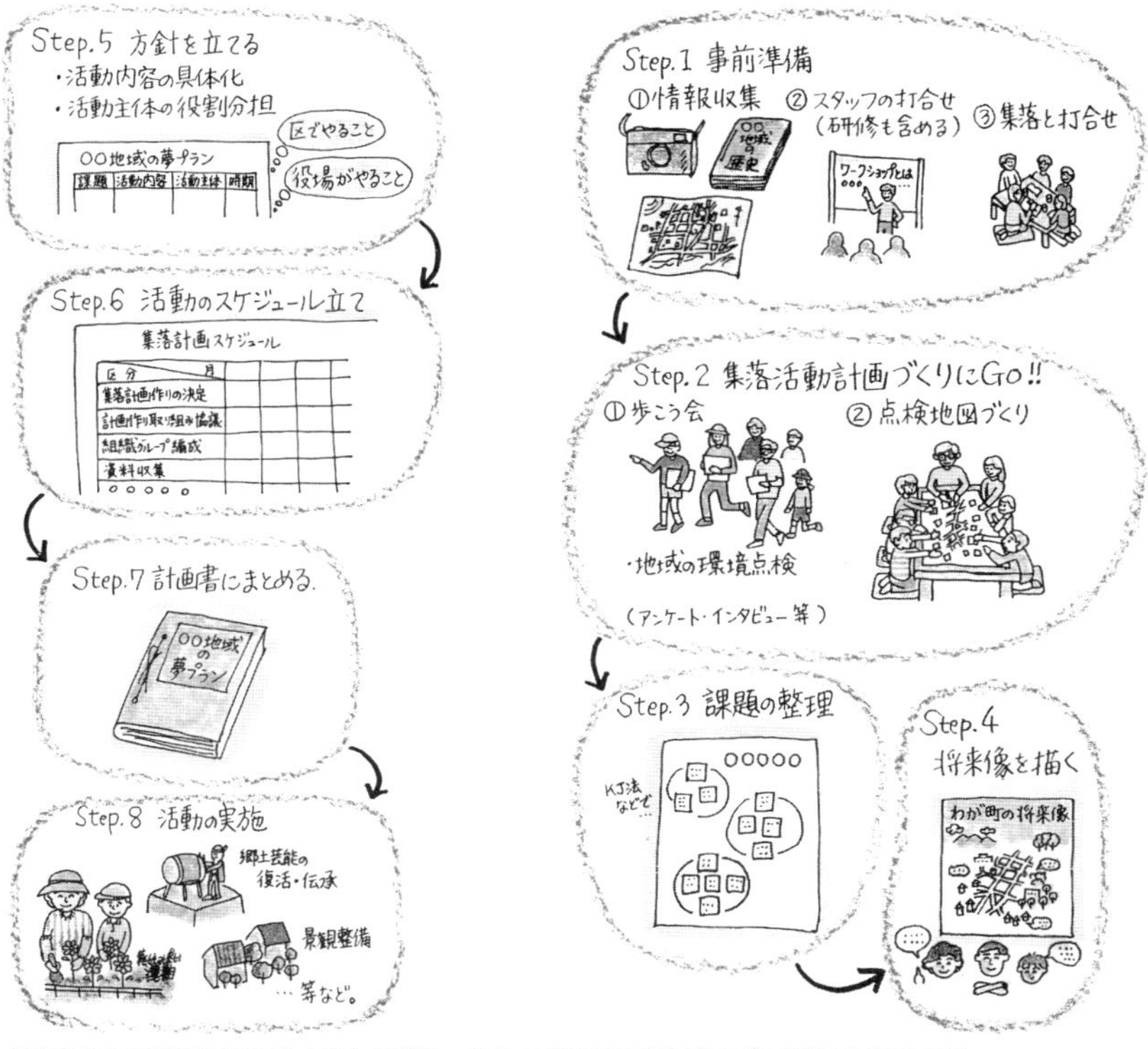

図14　集落計画の手順（まちづくりも同様）。全体の進行を見ながらプログラムを考える

進行の流れに責任を持つ役割である。[*5] 参加者の反応を見ながら、またグループファシリテーターとコミュニケーションをとりながら、当初のプログラムを途中で変更する必要があったら、適宜、適切な判断で変更を加える。プログラムの進行中に次の手を考えて判断するには、かなりの緊張を伴う。参加者の反応を見ながら、かつ先を読みながら判断して、次の指示を考えるわけであり、それに慣れるにはある程度の経験を積むしかない。

進行を追って、参加者の気持ちがどう展開するか、そういう仮想のシミュレーションを行いながら流れをチェックできる力量が求められる（図14）。ただし、進行の説明をする役割を一人にするのは避けた方がよい。参加者が緊張して話を聞いているのは五分が限界であり、ファシリテーターで分担しあって代わる代わる説明役が変わった方が、ワークショップのリズムも変化があって動的になる。また、グループファシリテーターがグループごとに詳細の説明をするというような分担もできる。いずれも、プロセスマネージャー、その他のファシリテーターや後述するロジスティック係、レコーダー係などスタッフ全員で全体の進行をつくり、流れについて共有しておくことが大事である。

14 レコーダー（記録係）

文字通り記録係であり、進行と参加者の反応を記録していく。時間の進行も、後にプログラムを検討する時の判断材料となる。人数が多ければ、各グループに一人記録係をつけると、参加者の反応がわかり、発言内容などの記録が重要な資料となりうる。ただし、ワークショップのスタッフとしてそれほどの人数を抱えることは、費用と労力の負担が大きいので、多くはファシリテーターと兼ね合わせて行っているのが実情であるが、理想的には役割は別に設けるにこしたことはない。最低限、全体の記録係は必要である。

また、模造紙に発言を記録していくと、目に見えて自分の発言が記録されることで、参加者に安心感を与え、自分の発言が位置づけられて参加意識が高まる利点がある（図15）。もちろん記録された模造紙自体が次回に確認する資料ともなる。また、この模造紙を使った高度な手法では、色を使い、イラストなども入れてわかりやすく書くファシリテーション・グラフィックの手法がある（6章図20参照）。

図15　模造紙に発言を記録する

15 後方業務（ロジスティックス）

ロジスティックスとは、もともとは軍事上の物品輸送や食糧調達などの後方業務のことを意味していたが、一般に物品の調達しやすい仕組みを考えることに使われてきた。ワークショップでは、会場の設営、模造紙、マジックやカード、その他いろいろな物の調達から、それらが取りやすいような配置、そして参加者に対する受付、ネームカードのデザインなどによって、プログラムの進行や参加者の参加意識が高まるような道具の工夫までを含めて考えるようなことに対して使われる（図16）。机や椅子の並べ方など会場の雰囲気によって、参加者の参加の度合いが違ってくることから、人々の積極的参加の度合いを強める会場設定のあり方などを検討することもこの業務である。

また、会場にお茶やスナックを用意し、休憩時間にリラックスし、談笑が弾むような楽しさの演出をするのもこの業務の範疇である（図17）。このようなお茶、コーヒーやスナックのコーナーは、海外ではワークショップにつきものであるが、わが国ではまだ馴染みが薄いようだ。これも会場をくつろいだ雰囲気にするし、人はお腹が満たされている時の方が穏やかになるので、険悪な雰囲気になることを避ける効果もあるかもしれない（定かではないが）。

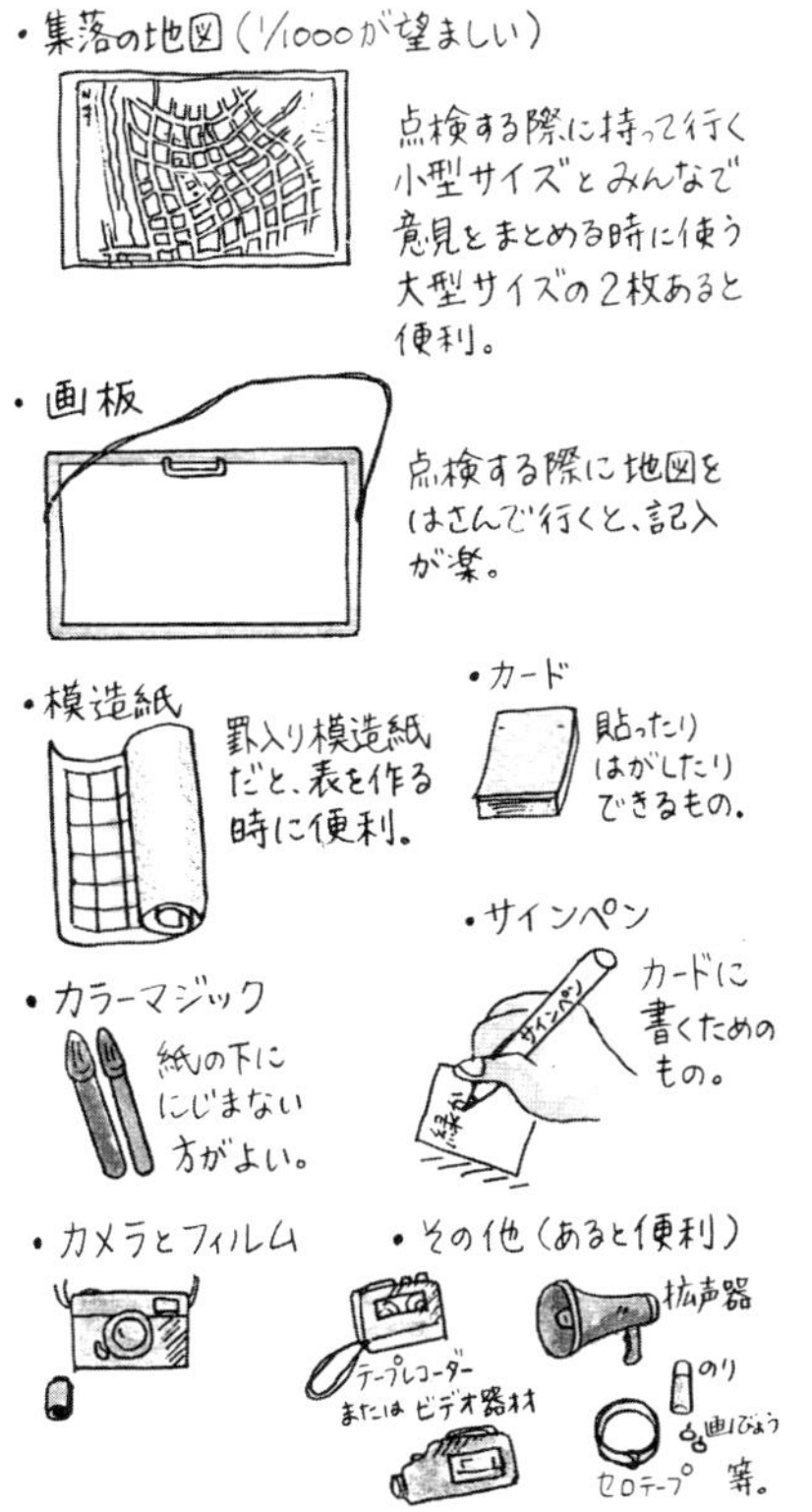

図16　ワークショップの必需品

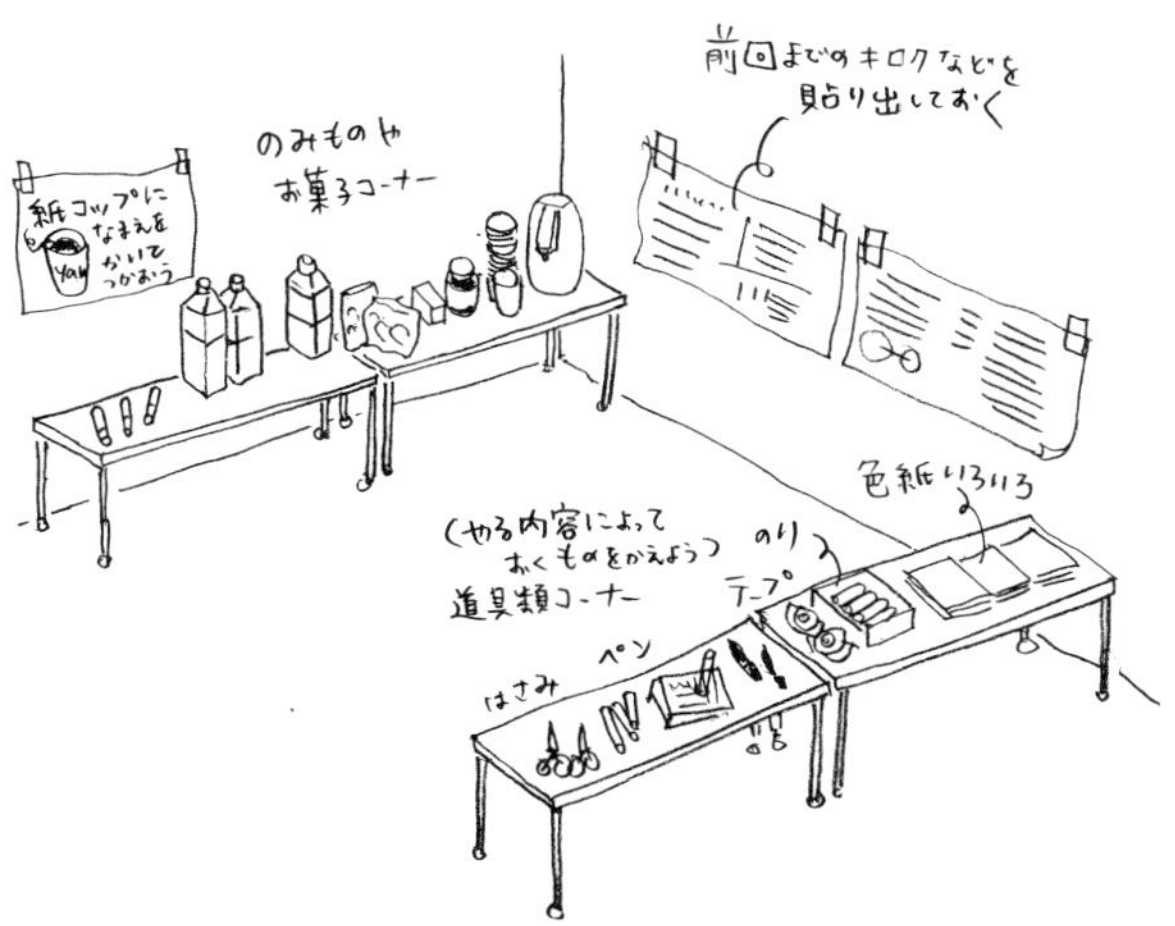

図17　楽しさを演出する会場の設営

CHAPTER 5

まちづくりにおけるワークショップの事例

住民参加のまちづくりに定式はない。特に反対運動が起こった場合などにおいては。行政と住民の対立の時代からパートナーシップの時代へと掛け声のように言われる今であるが、だからといって対立を避けて、皆仲良く進むとしたら、事なかれ主義が蔓延する事態も心配される。住民と行政、また住民同士でも、それぞれ立場や価値観の違いか

CASE 01

反対運動が起こった場合の活用

【世田谷区烏山川緑道せせらぎ整備】

ワークショップの位置づけ 旧水路の暗渠化されていた緑道に水の流れを復活する計画に、沿道住民から反対運動が起こり、その協議の場面にワークショップを活用。

事前準備 反対派への参加の呼びかけ。

工夫 反対派も推進派も互いに話を聞きあう。問題を具体的に検討するためにワークショップを開催。毎回、沿道で、前回の簡単なまとめと次回に話しあう内容を記載した案内のチラシを配る。

時期 1985～1992年。

参加者数 15～40人の範囲で回によって異なる。

ファシリテーター 木下勇、時に子どもの遊びと街研究会メンバーの協力。

ら対立はつきものである。
しかし、行政の職員はとかく住民の反対運動を恐れる。恐れるあまりに変な妥協に落ち着いてしまい、良いものができないということも往々にして見られる。また実際の現場においては、住民同士の対立にまで進展することもある。こじれてしまった問題は、腫れ物に触るように扱われ、膠着状態のまま続いていってしまうということもある。これが地域のしこりとなってずっと残ったら堪らない。後の地域社会の運営にまで響くのであるから。

討論に慣れていない私たちは、相手を全否定するまでに感情的に対立してしまいがちである。また、面子にこだわり、聞く耳持たずという態度もよく見られる。しかしながら、あくまでも考え方の違いをぶつけあう緊張感をもった論争は、双方に気がつかない問題を明示し、真剣に取り組めば、考えを創造的に発展させ、より良い解決策を見出すことにつながる。対立をもっと創造的に見て扱う手段はないものか。

図1　緑道せせらぎ。完成直後（1992年。上）と現在（下）

東京都世田谷区太子堂二・三丁目のまちづくりにおける烏山川緑道せせらぎの整備（図1、2）は、まちづくり協議会の中間提案一〇項目の一つであり、行政が事業化をしたところで沿道住民の反対運動に遭い、協議に三年半を費やした（表1）。このプロセスは、以下のように、まさにま

表1　緑道せせらぎ整備計画過程

	行政	協議会住民	沿道住民	
1985 年				
1 月	まちづくり計画の中でせせらぎの再生を提案	まちづくり中間提案10項目を「協議会ニュース6号」で周知。その中に烏山川の再生 →	しかし、ニュースに目を通さない人も多い	無関心
7 月	13 日　毎日新聞夕刊で報道 →	→	新聞で知り、反対署名運動起こる	反対派対推進派の対立
10 月	次年度より国土庁「防災緑地網モデル整備事業」決定	いきなりの計画実現に向けた動きに当惑		
12 月	基本構想委託	広場・緑道部会発足		
1986 年				
1 月		10 日　広場・緑道部会会合。対策を考える 27 日　第1回考える会（以降、第○会）。以降、沿道住民を交えて開催		
2 月		10 日　第2会		
4 月	10 日　昼夜地元懇談会 → 21 日 ←	→ / ←	反対意見書提出	
5 月	意見書に対する回答 →	→ 9 日　第3会		
6 月	← 沿道住民へアンケート →	9 日　第4会　緑道の問題点を地図に落とす 点検地図づくり →	→	両者の対話　問題遡及
7 月		9 日　第5会　管理の問題、区調査結果		
8 月		29 日　第6会　せせらぎ他事例見学会		
9 月		5 日　第7会　ワークショップ緑道点検会 緑道での焼き鳥の夕べ		
10 月	住民の合意に対する ← 区の考えを整理	8 日　第8会　問題整理。住民の使い方など 14 日　第9会　まとめに向けた方向づけ 8 項目の合意確認事項 中間まとめの図 ←	拒否	
11 月	→	12 日　第10会　問題整理の確認		地下水問題
1987 年				
1 月	←	28 日　第11会　残された問題点・一坪花壇		
4 月	計画素案 → 温水プール排水利用前提 ←	7 日　第12会　区の全体計画素案、地下水問題 温水プールへの水利用の不安 17 日　第13会　地下水問題の検討、地下水利用へ		
5 月	←	6 日　第14会　アイデアの持ち寄り 16 日　第15会　緑道フェア ワークショップ「子供シンポジウム」 「住民懇談会」		
8 月	整備計画の全体説明会 →	工事日程、管理問題		逆提案
9 月		29 日　第16会　住民参加のあり方、具体的設計条件、地下水位		
10 月	沿道住居との ← 関係調査企画	2 日　まとめとして区への要望と提案 6 点（第1点に8項目の合意確認事項）		
1988 年				
1 月	貯留層設置工事説明会 →	プールの水の浄化、水質について討議		住民対行政・制度
2 月	裏口が緑道に接する世帯へのヒアリング			
4 月	22 日　実施設計案について全体説明会	4 日　第17会　実施計画案の検討		
5 月	修正不可能 ←	9 日　第18会　商店街との関係 井戸水・雨水利用の逆提案 ←	協議会有志、上総掘り視察。代替案作成	
6 月	3 日　第3回整備計画説明会。修正案 →	地下水・雨水利用は考えられず。住民提案のおよそ半分が取り入れられる		妥協

ちづくりの問題を浮かび上がらせ、そしてまた方向性をより創造的に示すものでもあった。当時、筆者はまちづくり協議会の広場・緑道部会長をしていた。

◆まちづくり協議会は地域の代表か?

一九八五年七月のある日の朝のことである。当時筆者が住んでいたアパートの窓の下が騒々しい。女性たちの井戸端会議にしてはかなり大きな声だ。各家を訪問して、何やら訴えている。署名活動らしい。遊歩道がどうのとかいう声であった。気にはなっていたものの、まさかそれが緑道せせらぎの反対運動の始まりであったとは後で知ったことである。

事の発端は、一九八五年一月にまちづくり協議会が出した中間提案の一つである「烏山川の再生」である。烏山川は、かつて地区の中央を横切って流れていた農業用水で、昭和三〇年代よりどぶ川となり、昭和五〇年に暗渠化されて、その上が緑道として歩行者の散歩道となっていた。子どもの遊びと街研究会の行っていた三世代遊び場マップづくり(詳細は後述)では、かつての川のそばに水車小屋があり、堰の所で子どもらが泳ぎ、魚をつかまえたりした昭和の初め頃の様子が地区のお年寄りから語られていた。そういった昔の水辺を取り戻したいという願いが地域にはあった。協議会がこの川の再生をまちづくりの目標の一つに置いたのは、当時、江戸川区の親水公園が話題を呼ぶなど親水性が注目されている時勢を反映してもいた。

そのため、誰もが賛同する願いであると思っていただけに、反対運動が起こったのは協議会のメンバーには衝撃的なことであった。協議会に相談なく、中学校の温水プールの水を引いて緑道せせらぎをつくる事業化のメドを立てて、構想図の絵を新聞に発表してしまった行政の責任を問う声も聞かれたが、行政の方も水辺の再生は誰もが喜ぶに違いないと、昔の水車を復活させるような夢を描いていた。

そんなわけで、寝耳に水のような反対運動であったが、反対運動の人たちは一体誰がこのようなことを考えたのかと行政に詰め寄ったのであろう、その提案をした協議会の存在を知ることになる。反対運動のリーダーにとっては初めて知る協議会であった。当然、疑問は、協議会が地区住民の意向を反映した代表かという点に向けられる。協議会

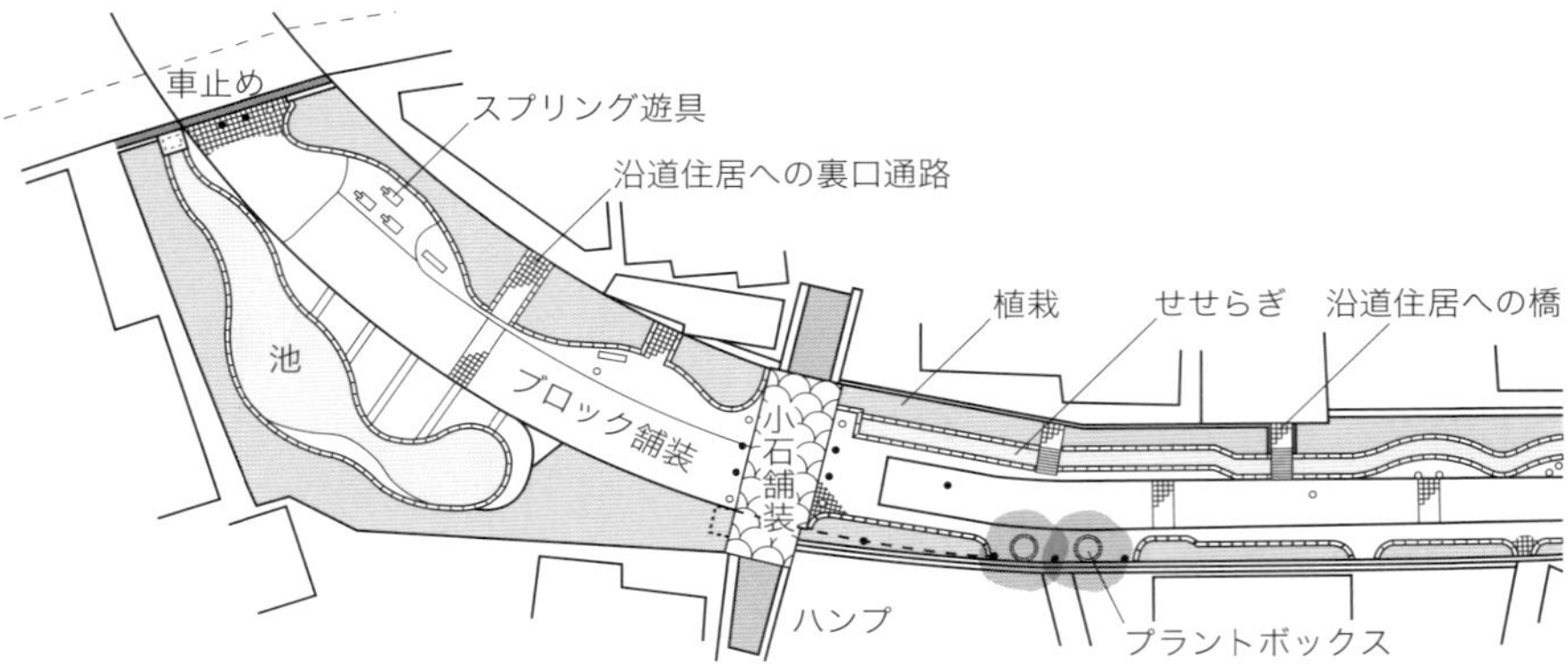

図２　緑道せせらぎ整備計画（一部）

は、広報活動として独自の通信も発行し、会員有志が分担して各家のポストに配っている。また区の方でも、まちづくり通信を発行している。それによって中間提案の内容も記載して、意見がある場合の返信用カードもつけている。協議会や区にとっては何を今さら、という思いもある。しかし情報過多で、ポストに入れても見てもらえずゴミ箱に棄てられてしまうという広報活動の難しさも認識はしている。

◆現場協議

そこで、反対派の人たちに協議会の成り立ちを説明し、住民の誰にも門戸を開いた協議の場であることを強調して「反対する人たちもぜひ入ってください」と参加を薦めた。これには相手方もひるみ、そんな時間はとれないと躊躇しながらも、協議会への誤解を解いてきた。その結果、協議会の広場・緑道部会の活動として、反対派の人たちと毎月一、二回は会合をしていくことになった。

協議会では、このように問題が起こるたびに個別に、なるべく現場近くで関係者を交えて協議するスタイルがとられた。ワンルームマンション反対運動が起こるたびに、このようなスタイルが現場でとられてきた実績もある。本体の協議会の毎月の例会への出席者が少ない点が、いつも行政からは問題とされるが、地区全体のまちづくりに関心がなくても、自分の身近に火の粉がふりかかって考えるのが大多数という状況では、むしろそれが自然なスタイルではないかと、協議会運営に携わるメンバーは考えて、このような現場協議を進めるようになった。

◆ワークショップの使い方

その現場協議でも、会議室で話しあいをしているだけでは、特に対立している場合などは論点も堂々巡りして、会議は進展しないどころか、言葉が刺々しくなり、感情的対立に進んでしまう危険もある。そこで、当時は「ワークショップ」という言葉はまだ早かったが、ワークショップの方法を活用し、実際に現場を歩いて点検したり、現地の屋外で会合を開いたりするといった工夫がなされた。

反対派の主張する問題一つ一つを、反対派、推進派が一緒に、実際に現地の状況を見ながら、点検する会を実施した（図3）。地図の上に気がついた点や意見をカードに書いて貼り出して整理するという簡単な方法である（図4）。

このように対立する双方が、同じ対象を見て意見を言いあうという方法は、きわめて具体的に問題を理解するのに効果がある。また、ともに身体を動かしている共同作業の

図３　反対派、推進派が一緒に行った点検会

図４　完成した点検地図

図５　作業後の宴会

連帯感のようなものも生まれてくるのが、日本ないしアジア的農耕民族の血なのか、理屈を超えた関係性が生まれる。それは一作業した後の夕暮れ時に、予定になかったことであるが、緑道に座り込んで、自然と宴会が開かれたことに表れている（図5）。反対派の中に割烹料理屋を営む人がおり、焼き鳥を持ってきて炭火で焼き、ビールで咽を潤し、日が暮れて暗くなるまで両者が初めて打ち解けた雰囲気で話しあいが続いた。

　このような酒の力を借りた伝統的な合意形成の方法というものも完全に否定しきれないが、そのような雰囲気にさせたワークショップの力というものも無視できない。ワークショップは、その後、先進事例の見学会、子どもたちの参加による緑道の未来を考える会（図8）、中間的なまとめなど随所に活用されて、単なる言葉での会合とは違い、より具体的かつ創造的に進めることに効果を発揮した。しかし、ここでは一切「ワークショップ」という言葉を使っていない。対立したこのような状況のなかで、認知されていない言葉を使うことは、誤解を招くもとであるし、またその方法にとらわれると方向を見失うこともあるからで、状況で必要とされた時のみに活用するという姿勢に徹した。

◆公と私の中間領域での公共性の意味の転換

　反対派の論点の一つに、まちづくりではなかなか対処しきれない大きな問題があった。公共空間の利用者モラルの低下である。ゴミの散乱、夜間の騒音、器物破損などである。今でも使い方がひどいのに、整備されて、より人通りが多くなったら、このような被害がより増大されるのではないかという危惧である。つまり、利用者モラルの低下した匿名性が強い公共空間への恐れというようなものである。

現地を点検した時の結果から、ゴミの散乱は人の目の届かない所の植え込みの陰で、接している家も裏側で閉じた形の所に集中し、逆にゴミがまったく落ちていなくて、植え込みが手入れされ、きれいな所は、接する家の出入口があったり、人の目が届きやすい所であることがわかった。鉢植えが並んでいたり、洗い物をするといった生活行為が溢れているような風景に対して、公共空間の私的利用で問題だとする意見も参加者の中にはあったが、このような生活の関わりが公共空間の自主的な管理に寄与している面は、一般に肯定的に受け止められた。

これが、整備後の、接する各住戸とのつながりをつくる橋や個性ある出入口につながっている（図12）。

◆情報過多の中での広報活動

協議会通信や区のまちづくり通信を配布しても、必ずしも読まれていない、記憶に残っていないという問題を解決するため、この反対派と推進派との協議の会合で工夫した点は、チラシである。開催案内のチラシは手書きの一枚物である。それに、前回の話しあいの結果と、次回話しあう議題を載せて、特に重要な協議と決定を行う事項には、参加しないと大変なことになるという雰囲気を匂わせて図入りで、毎回各家をまわって配布した。

◆本音と建て前

協議を八回ほど重ね、一つ一つ問題を解決する方向が見えてきたところで、八項目の合意事項が確認された。そこで、審議を進めるために案の絵を描いて次の会合に臨んだ。しかし、これが致命的なミスとなった。一応はすべての条件を満たす形で描いたつもりであったが、狭まった水路を部分部分に描いてあったのが、反対派の人たちの反感を買ったのか、「裏切ったわね！」という言葉を残して反対派の人たちは会議を途中でボイコットして出て行った。

眠れぬ夜を過ごした翌日、一軒一軒まわって、事情を聞いた。そういったなかで気がついたのは、集団として反対の声を表明している理由とは別の、個別の理由があるということである。それは個人的なことであり、表明しにくい、しかし自分にとっては一大事という理由である。ある家は、接道義務を果たしていない既存建物で、建て替えが不安で

図６　お年寄りの記憶に残る洪水被害

あるという点、またある家は、姑から言われて反対運動に出ていて、そのお年寄りには昔の洪水被害の記憶が鮮明にあり（図６）、とにかく水の流れというだけで拒否反応を示すといったものである。しかし、この聞き取りで数軒に共通していた問題が浮かび上がった。雨が降ると敷地の水はけが悪く、建物の土台にも影響を与えて、築一〇年の住宅でも玄関の建てつけがひどいということである。緩やかな傾斜で谷状に下がっているこの地では、かつて湧水をつなげて用水としたという記録がある。それが暗渠化されて、地下鉄一本分が入るボックスカルバートが雨水の浸みた地下の浅い層の水の流れを押し止めて、水はけの悪さにつながっているのではと想像される。だが、地下のことは見えないだけによくわからないところがある。周辺の井戸水の水深も一メートル以下ということがわかったぐらいで、それによる推測の域を出ない。

そのような経緯から、次第に協議会の中から地下水利用と雨水利用のアイデアが出てきた。反対派が主張するように、プールの排水では川の再生とは言えないということも、実感してきたことによる。今までの建て前での主張から本音の声が聞こえるようになって、何か新たな方向性が見えてきたような感じであった。

◆代替案作成へ

そこで協議の場では、沿道に接する各住戸の屋根から雨水を集める工夫と、地下水利用のため井戸を掘るアイデアが出された。行政当局は井戸を掘るスペースがないと拒むので、メンバー数人で千葉の上総掘りを視察して、機械によらない、わずかな装備で可能な方法を提案した（図７）。

◆公開された協議

代替案も含みながら、今後の進め方を協議する必要と、これまでの過程の情報を地域に公開して協議する必要から、緑道フェアを開催した。これまで確認されたことを箇条書きにして、現地に張り出して展示した。代替案は、当時としては先駆的だった環境問題を考慮したもので、併せて子どもたちの参加するシンポジウムも開催した（図8）。その後に、反対派と推進派との合意事項の確認をする懇談会を開いた（図9）。また、この問題に対して、話しあいの参加者以外に緑道に関する意見をもらうべく、現地に意見箱を設置した（図10）。

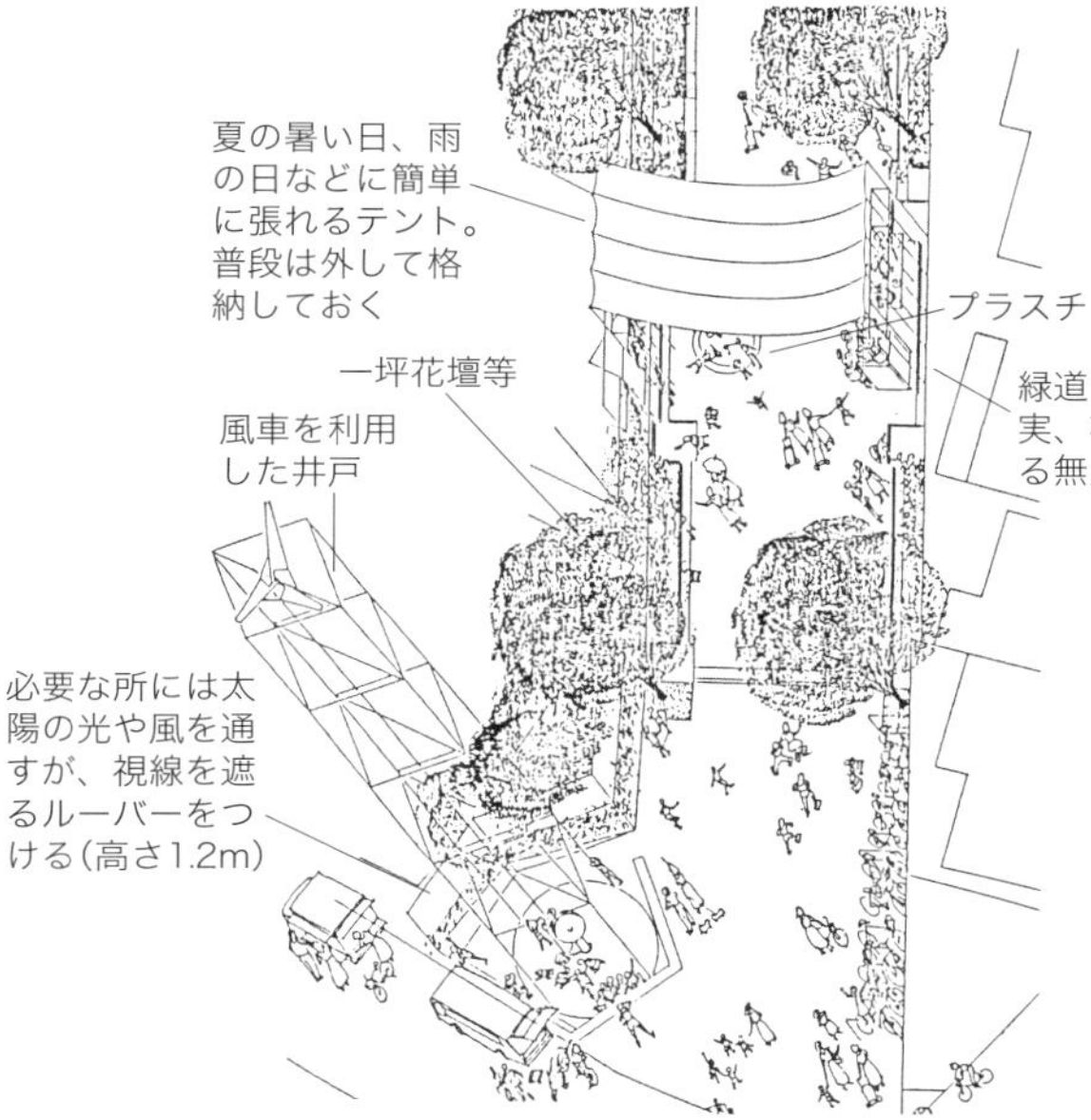

図7　緑道せせらぎ整備計画、地下水・雨水利用の代替案

◆事業の制約の中での参加

結局、代替案に行政は難色を示した。今さら根本から変えることはできない、協議に二年も費やして、事業を延ばしているので、もう時間的な限界である、さらにもうプールの排水を引く工事の準備に入っているので後

図8　緑道の未来を考える、子どもたちのシンポジウム

戻りできない、という回答である。行政に対して、今度は協議会および沿道住民が一体となって対立する構図となったが、結局は事業の時間的制約から代替案は諦めることとなった。事業制度の枠の中での参加の限界を思い知らされた。

図９　反対派と推進派との合意事項を確認する懇談会

◆プロセスがまちづくり

完成された緑道せせらぎには、提案のすべてが生かされたわけではないが、子どもたちの絵タイルや井戸など、提案が具現化されたものもある（図11）。何より独特の表情をつくっているのが、せせらぎと接する各住戸との関係である（図12）。各家が管理する一坪花壇は実現しなかったが、生垣やバラのアーチ状の出入口などがそれぞれの生活の表情を演出する。この中間領域をどうするか、個別に各家と協議しながら進めた成果である。これには、行政担当職員が丁寧にあたった。

図10　参加者以外からも意見を求める意見箱

以上のように、プロセスには時間がかかったが、その分、味のある個性的な形となったのか、「普通とはなんか違いますね」というような評価を完成後によく耳にした。起こった反対運動から気がつかされて、それを反映させようとした成果でもある。反対派の当事者も、整備後にそこをウォーキングなどで利用している姿を見かけた。また、会合に出ていた沿道の住人で自発的に緑道の掃除や植栽の管理をするようになった人もいる。

後に、隣の三宿地区でも緑道整備を願う声が挙がり、延長して整備された。その頃、太子堂地区と三宿地区にまたがって、一年間をかけて実施された「老後も住み続けられるまちづくり」（梅津政之輔氏企画）のワークショップで、「楽働クラブ」という高齢者を中心とした自発的な組織が生まれ、地域の公共空間や空地を花で飾るなど、活発に活動を展開していた。その活動のベースとして緑道が使われるようになった。緑道の完成を祝い「大道芸術展」（詳細は後述）というイベントが開かれたり、花壇の花植えに小学校を巻き込みながら展開したり、緑道を舞台に野鳥観察の会を開いたりといった、後々の利用管理にも携わる自主的な動きが生まれたことも、この緑道整備のプロセスと無関係ではない。

図 11　住民の提案が生かされた井戸

成果物の結果に悔いは残っても、プロセスにおける意見のやりとりから、住民自身の考え方やイメージが広がったことにこそまちづくりの本質的な部分があろう。プロセスが大事だとはよく言われることであるが、まだその方法論は試行錯誤で行う以外になく、制度的な保障も不十分である。しかし、ますます希薄になる地域のコミュニケーションを再活性化するには、この例のように、身近な問題に思い思いの意見をぶつけあうことから丁寧に協議を重ねていくことが必要とされよう。

図 12　緑道せせらぎと住戸の関係

CASE 02

中心市街地活性化の導入として
【飯田市りんご並木再整備】

ワークショップの位置づけ 中心市街地活性化の最初の起爆剤として、45年以上にわたり中学生が世話をしているりんご並木の再整備が持ち上がり、沿道市民らが参加し、その構想を練るりんご並木市民フォーラムが組織された。そのフォーラムでワークショップを実施し、中学生も参加して構想づくりを行った。
事前準備 行政では、りんご並木市民フォーラムなどの組織にステークホルダーが参加する仕組みを構築。そこに中学生参加のワークショップを位置づける。中学校での位置づけも重要。
工夫 中学生が学校で作業をすると、あまり発言がないため、自由参加で演劇ワークショップを実施し、そこから中学生が自発的にりんご並木市民フォーラムのワークショップに参加し、大人とともに計画づくりに関わるようになった。
時期 1992年。
参加者数 30～40人、中学生は十数名。
ファシリテーター 木下勇、郡山雅史ほか。奥村玄（実施設計段階）。

長野県飯田市は、戦後間もなく市街地の四〇〇〇平方メートルを焼き尽くす大火に見舞われた。瓦礫に埋め尽くされた市街地の復興計画でメインストリートに中学生がりんごの並木をつくりだした話は有名である。その後、中学生が代々守り続けて四五年になろうとしていた時、この再整備計画の話が持ち上がり、沿道住民や中学生が参加してりんご並木構想づくりのワークショップが開催された（表1）。

◆中心市街地再生の起爆剤に

飯田市の中心市街地は「丘の上」と呼ばれて、大火後の復興に、アメリカ軍の指導によって格子状の街路網が整備されたが、旧城下町の風情をどことなく残している。この中心市街地の商店街は床面積で三万平方メートルほどあるが、郊外にはそれと匹敵するかそれ以上の大型店の進出の攻勢に遭っていた。モータリゼーションは郊外農村部の宅地開発を促進し、新道沿いにパーク&ショッピングの店舗群を創設し、中心市街地を危機的状況に追いやった。

どこの地方都市も現在、中心市街地活性化の課題を抱えている。家族世帯の郊外への転出、高齢化といった課題を、飯田市の「丘の上」も抱えていた。そこで中心市街地活性化の突破口として、四十数年の伝統を持つりんご並木の再整備が考えられた。りんご並木は山本有三が紹介した文章[*1]を小学校の教科書で読んだ覚えのある人もおられるかと思うが、戦後の大火の後に、瓦礫の上にりんご並木をつくることを中学生が思いつき、幾多の困難を経て実現し、代々

図1　中学生が管理するりんごの木

図2　飯田市のシンボル、再整備前のりんごの並木道

表1　りんご並木再整備の流れ

1990年 3月31日	中心市街地活性化のための市民からの提案 ↓ 中心市街地活性化のための再開発提案（行政） ↓ りんご並木道路改造計画を市民に委ねる（行政）
1991年 9月21日	りんご並木まちづくりフォーラム設立（15団体代表によって結成）
1992年 5月21日	**東中学校での点検地図づくりワークショップ**
8月6〜8日	**人形劇フェスティバルに向けたりんご並木演劇ワークショップ** 中学生の自主参加
9月26日	**りんご並木市民フォーラム** 4グループ研究会 ・りんご並木市民フォーラム ・りんご並木を考える会（市民グループ） ・まちづくりデザイン会議（専門家グループ） ・中学生（飯田市立東中学校グループ）
10月6日	**りんご並木市民フォーラムワークショップ** 構想づくり
10月31日	**東中学校文化祭にて各クラスからのりんご並木再整備構想案展示**
12月22日	**りんご並木市民フォーラムワークショップ** 七つの整備案の検討
1993年 2月4日	**りんご並木市民フォーラムワークショップ** 三つの選択案の検討
3月31日	**りんご並木市民フォーラムワークショップ** 最終案の検討
1993年4月〜1995年3月	実施設計業務、公安委員会との協議
1995年 1月	詳細設計
4月	完成模型を市役所ロビーに展示
1996年 7月	工事着工
1999年 3月31日	全線竣工

管理を継続してきている（図1）、飯田市のシンボルとなっている並木道である（図2）。ただし、このりんご並木は、これまで二回ほど、中心市街地の活性化のために駐車場にする案などが出て、危ういところ、中学生の声で中止したいきさつがある。そこで、三度目の並木再整備の相談を受け、筆者らの提案の下に、商店や町会など関係者が参加する「りんご並木市民フォーラム」と同時に、中学生参加のワークショップを開催するプログラムを考えた。そしてこれは、並木道脇の一区画の再開発事業と平行して進められ、この両者が合わさって飯田市中心市街地の再生の起爆剤となる期待が込められていた（図3）。

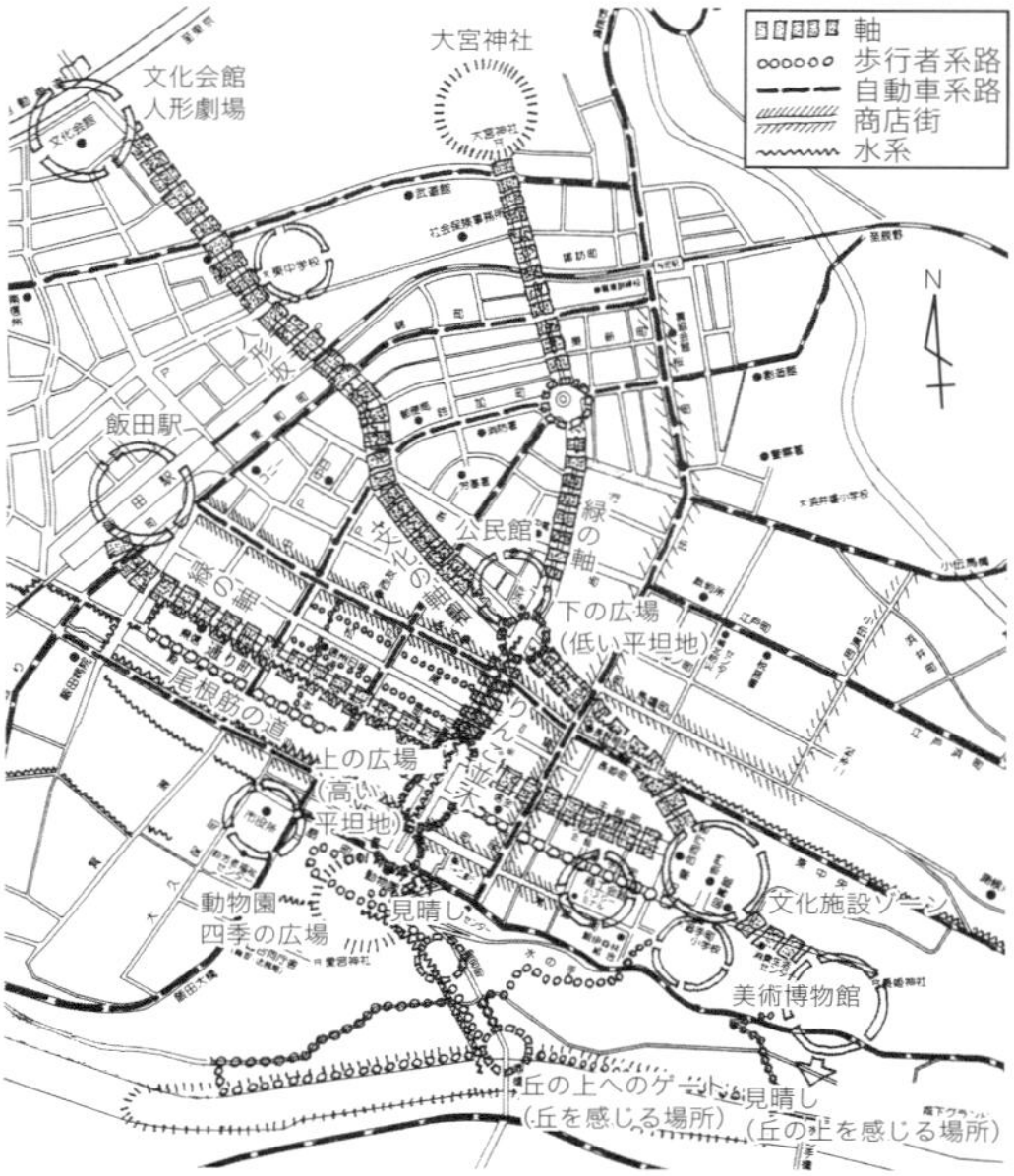

図３　りんご並木にかかる丘の上全体の計画

◆中学生の主体的参加を引き出す

しかし、学校へのアプローチとなると、なかなか敷居が高くて考えたようには事が運ばない。中学生も市民も一緒になってワークショップによって構想図を描いていくことが理想であるが、学校側からそのことの理解を得られず、中学生だけでのワークショップを学校で実施する羽目となった。結果、学校を会場にしたワークショップでは、生徒が自由に発想して、発言するという雰囲気にならなかった。

そこで、自由参加の学校外のワークショップの開催を急遽考えた。飯田市では夏に、全国から人形劇団体が集まって市内のあちこちで公演する人形劇フェスティバルという大イベントがある。それに照準を当てた、三日間の演劇ワークショップのプログラムを開いた。周辺住民へ過去の並木道の様子をヒアリングし（図4）、集めた話を材料に寸劇

図５　ヒアリングで集めた話を寸劇に

図４　過去の並木道の様子をヒアリング

にしていくという内容である（図５）。中学生十数名が参加し、その結果は期待した通り、参加した中学生の主体性を喚起したようだった。ワークショップに参加した中学生は生徒会を通して、市民フォーラムで開催するりんご並木再整備の構想づくりのワークショップにも参加し、大人と対等に意見を交わすことができた（図６）。大人も中学生の構想、想像力に刺激を受けた。

後に、中学生は生徒会で話しあい、りんご並木を文化祭でテーマにし、各クラスが構想を練り展示する催しを独自に行った（図７）。これにもワークショップの影響を見ることができる。後にアンケートを実施したら、ワークショップ経験者やその活動を知っていた者は、今後のワークショップへの参加意欲が高いという結果が出ている。[*2]

このように、ワークショップは中学生

図７　中学生の文化祭での展示

図６　りんご並木再整備の構想づくり

の主体性の喚起に大いに功を奏した。また、ワークショップの過程で、車を抑制することへのいろいろな問題が提起されていた時に大きな方向転換が生じた。ある女性が「りんごが主役である。りんごの身になって考える」という中学生の演劇ワークショップからのメッセージを受け止めて、「りんごにやさしい道づくり」という発言をした。それは穏やかながら、胸を打つ表現であり、中学生も市民フォーラムの大人もそのイメージを共有するようになった。

◆予想しえぬ住民の選択案

ワークショップで描かれた構想図やこれまでの検討で出されていた事柄をいったん言葉に整理し、それを計画方針や設計条件に翻訳していくプロセスを行った。それらは一つの方向とは限らないので、選択案として数パタンの構想図として表し、それを提示して協議を重ね、選択するという形で意志決定を図っていった。それを一度に行うのではなく、まず七案の提示、次に三案の提示、そして最終的に一案に絞るというプロセスである。

ここで予期せぬ結果が起こった。選択案は、我々絵を描く側も、片側二車線の道路のうち、一車線分は車道として、たとえそれが歩車共存道路でも、クランク状にでもしてスピードを抑制し、一応の車道と歩道の区別をする計画案が妥当なところと見ていた。

しかし、ワークショップ参加者、沿道住民はじめ中学生も含めた市民が最終的に選んだのは、歩道、車道の区別がない、全面モール上の歩行者優先道路であった。それは意外であったが、「りんごにやさしい道路」というコ

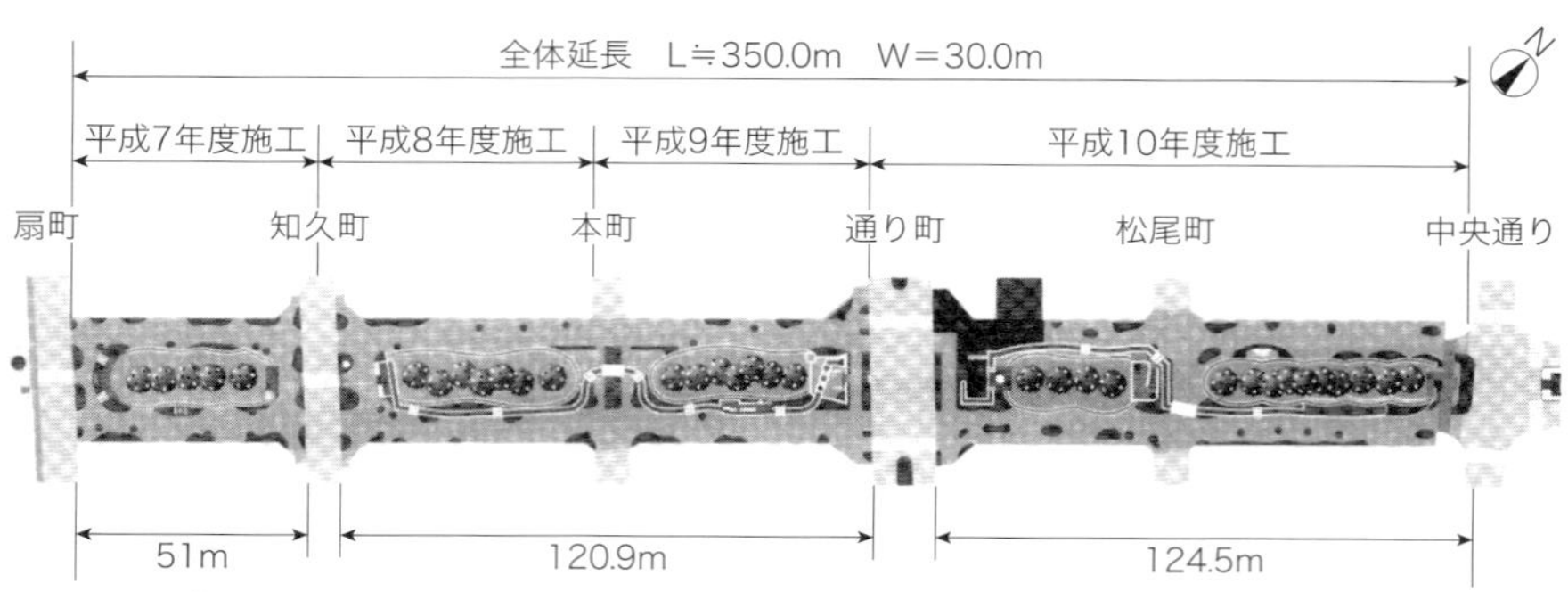

図８　りんご並木の平面図

ンセプトからしてみれば、そのコンセプトに素直な選択であった。中学校では、生徒の中に「せっかく道路にりんごの木があることがりんご並木の特徴なのに、公園のような道にしては、公園の中にりんごの木があるようになり、その特徴がなくなる。今のままでよい」という意見もあったが、中学校でも議論の末、この公園通りのような歩道、車道の区別のない道路が選ばれた。

このように、ワークショップで皆が描いたラフな構想から選択案をどのように絞り、選定していくかという具体化のプロセスは、まだ未知数とも言える。選択案をどのように描くかを誘導することも不可能とは言えない。具体的な絵を描くという点では、しかも専門の技術的な面も含めて落とし所に描いていく点では、専門家の方がイニシアチブを握っている。ここで住民が選択した案は、実現性に困難が伴うと住民を説得して、落とし所に引っ張るということも強行すればできるだろう。しかし、それは専門家の権力を行使することになる。もちろん専門的に、技術的に不可能ということがあれば、専門家は言うべきであろう。ただし、一〇〇%不可能でない限り、数%でも可能性があれば、住民が望む方向に努力するべきであろう。特に道路は、どこかが詰まれば、他へ流れ、全体の交通計画のあり方とも絡む。当然、中心市街地の活性化のためにここを歩行者の中心ゾーンとするならば、それぐらい常識を超えた思い切ったことが必要であるかもしれない。

そこで、この住民案を具体化するための基本設計、実施設計に入った。ところがやはり、県の公安委員会から許可が出ない。交渉の過程で修正の上に修正を

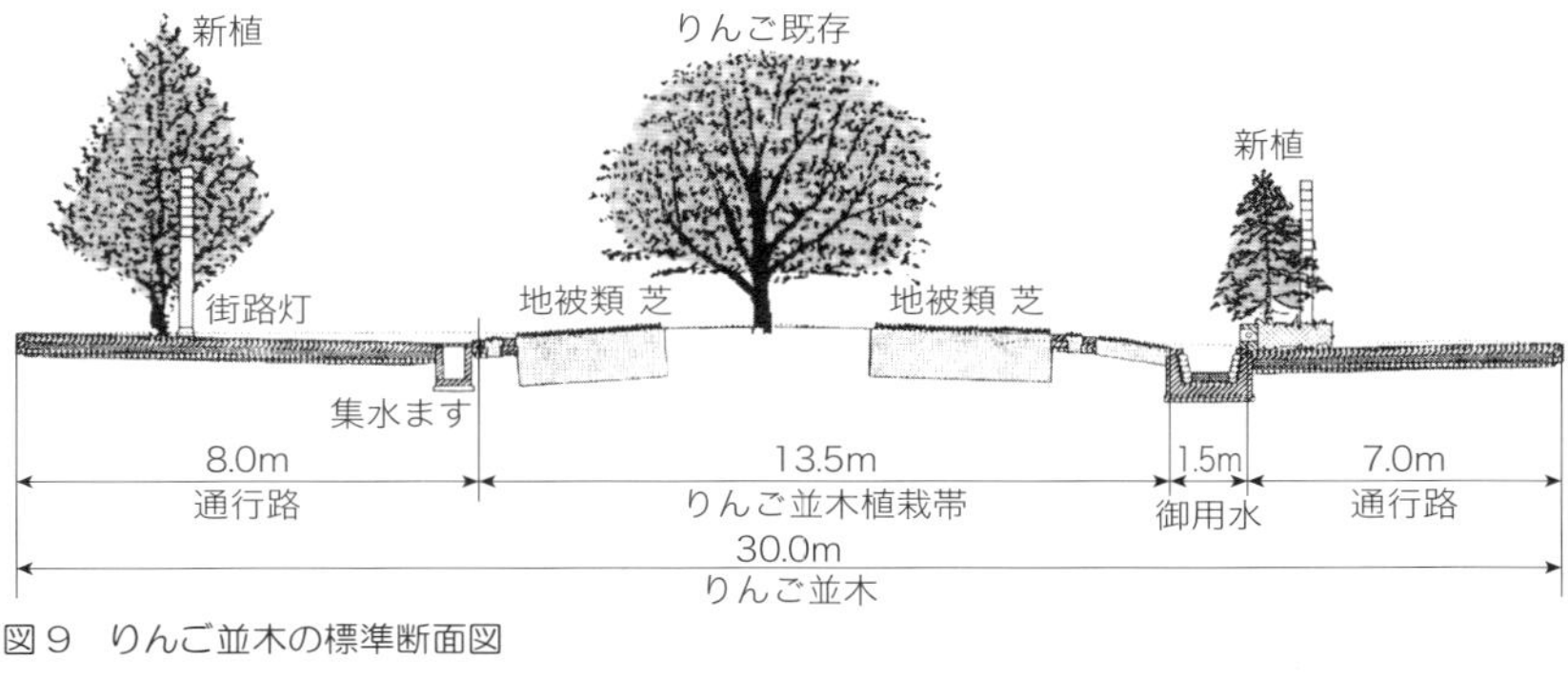

図９　りんご並木の標準断面図

重ねて、市の道路担当、県の道路担当や公安委員会と協議の末に、一年後には、こちらが当初考えていたようなりんご並木を挟み、両側に一車線ずつ車道を設けた一般のコミュニティ道路の案になっていた。それを再び、りんご並木市民フォーラムで見せた時に市民から猛反発があった。それは「我々が描いた案ではない」と。

実施設計を担った農村・都市計画研究所の奥村玄氏が公安委員会に再度交渉して、住民の思いを伝え、住民が描いた案を見せて、そこまで言うならばと、住民自身が道路を管理することを条件に許可が出た。それを地域に持ち帰り、引き続きりんご並木の管理をどうするか検討も重ねながら、全面モール状の案で再び進めることになった(図8、9)。

◆プログラムに乗らない合意形成のプロセス

さて、このようなワークショップ以外の場でも地域および関連機関の合意を得るプロセスが必要なのは、行政や地域社会の仕組みを熟知していれば、当然推測できよう。飯田市の場合も、これまでりんご並木には数々の人々が関わっており、また中心市街地の活性化という戦略の中でさまざまな調整が必要となる。この点においては、当時担当だった飯田市商業観光課の高橋寛治氏をはじめとする市担当職員の力量に負うところが大きい。町会関係、地域実力者等との合意の取り方、話の持っていき方にボタンの掛け違いなどがあると後に尾を引く。そういった事柄への気の配り方や調整は、実際のところ大変な労力を必要としただろう。筆者はその一部に同席したぐらいなので、あまり大きな事は言えないが、ワークショップ信奉の空気が全国に広まるなか、この裏の作業の重要性も指摘しておきたい。

もう一方の大きな壁は、行政内や許認可権を持つ上位行政機関、関係機関の調整である。りんご並木の構想は、中心市街地の交通計画にまで広がり、そして再開発事業との関連もある。全体のまちづくりの考え方、ビジョンというものを明確にし、関係機関を説得し協力を得ていくことが必要である。この点については、飯田市の担当職員や実施設計を担った奥村氏らの努力によるところが大きい。

◆実施および伝達・継承の課題

さて、構想に続く実施設計や施工の段階において、住民が続けて参加していく機会は急激に少なくなる。このりんご並木の再整備の場合も同様である。住民参加によって構想は描けても、専門的な詳細の設計や施工になると、住民が関わるプログラムはあまり用意されていない。あったとしても装飾的なものになってしまう。むしろ現場周辺の出来事や意志によって、当初の設計が変更されるという危険の方が大きい。りんご並木の再整備の場合も、幅員三〇メートルの都市計画道路をほぼモールのように歩行者優先の道路に改造する、いまだかつてない変更である。今までの計画プロセスに参加していない市民がその施工現場を見ることになる。特に今回の計画は、交通に変化を及ぼす。その当事者からさまざまな苦情が寄せられる。ブロックごとに期間をずらして施工を行うので、未完成の状態で起こる苦情も寄せられることになる。役所の担当者も人事異動で変わってしまっているので、当初の意図が十分に伝わっていないこともあり、ディテールがそれらの意見によって変えられてしまう。例えば、車のスピード抑制のための橋の幅、ハンプの高さなどが変えられると、本質的な歩行者優先という性格まで脅かすことになる。

このように、構想づくりのワークショップ以降のプログラムが、課題として浮かび上がってくる。またワークショップ参加者以外の住民にどのようにワークショップの経験を伝えていくかという技術も課題である。中学生の場合、ワークショップを経験した生徒が卒業した後に、どのようにその初期の動機づけや思い入れを後輩たちに伝承し、主体的な関わりを継承していくかという点も課題としてある。りんご並木の再整備は、一九九九年に竣工し（図10）、その

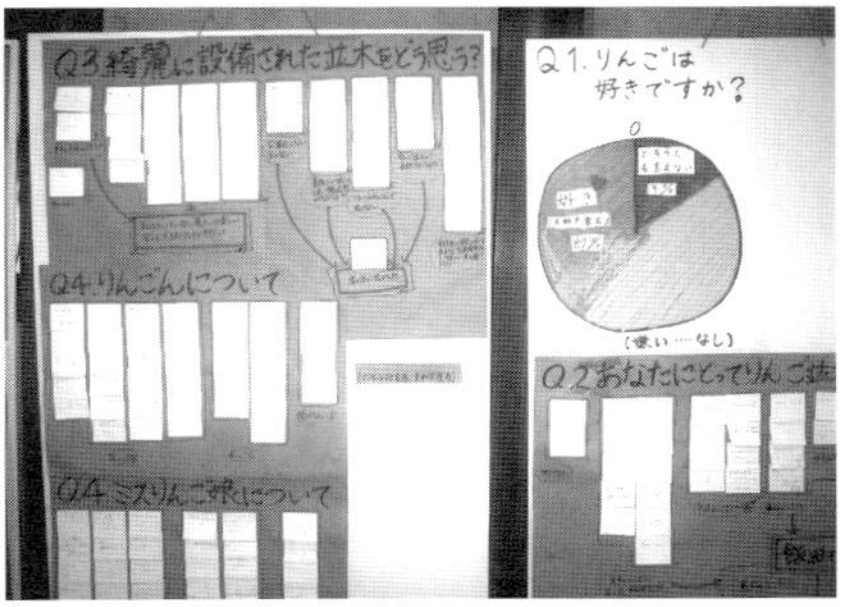

図11　りんご並木資料館の中学生の展示

図10　再整備されたりんごの並木道

後、イベント等に活用したり、花づくりや清掃の世話をする会も設置され、また以前と同様に中学生の管理も継続され、後述する三連蔵の二階に中学生によるりんご並木の情報を掲示する展示室が設けられた（図11）。

◆整備後のその後

以上のことから明らかなように、まちづくりは永続的なものであり、そこに一過性のワークショップがどの程度効果をなすのか、と疑問も出てこよう。しかし、ワークショップは関わった者の主体性を喚起するという点で、これまでの表面的な会議形式よりは一歩抜きん出たものがある。

このりんご並木ワークショップの開催時から、市は本格的にやる気があるということが市民に伝わった。そして、全体構想で描いたように、市が有しているりんご並木沿いの市営駐車場を種地に市街地再開発事業が立ち上がった。そのデベロッパーは、地元から有志が出資しあって設立した「飯田まちづくりカンパニー」が担った。外からデベロッパーを入れるのではなく、地元市民が出資して自らデベロッパーになるという、きわめて稀有な例と言える。

りんご並木沿いの三連蔵の土地を市が買収し、その元所有者から三連蔵の建物と中にあった漆器類などを寄付してもらい、その改修と新たな店舗の設置で、ちょっと立ち寄れるお休み処を整備した（図12）。

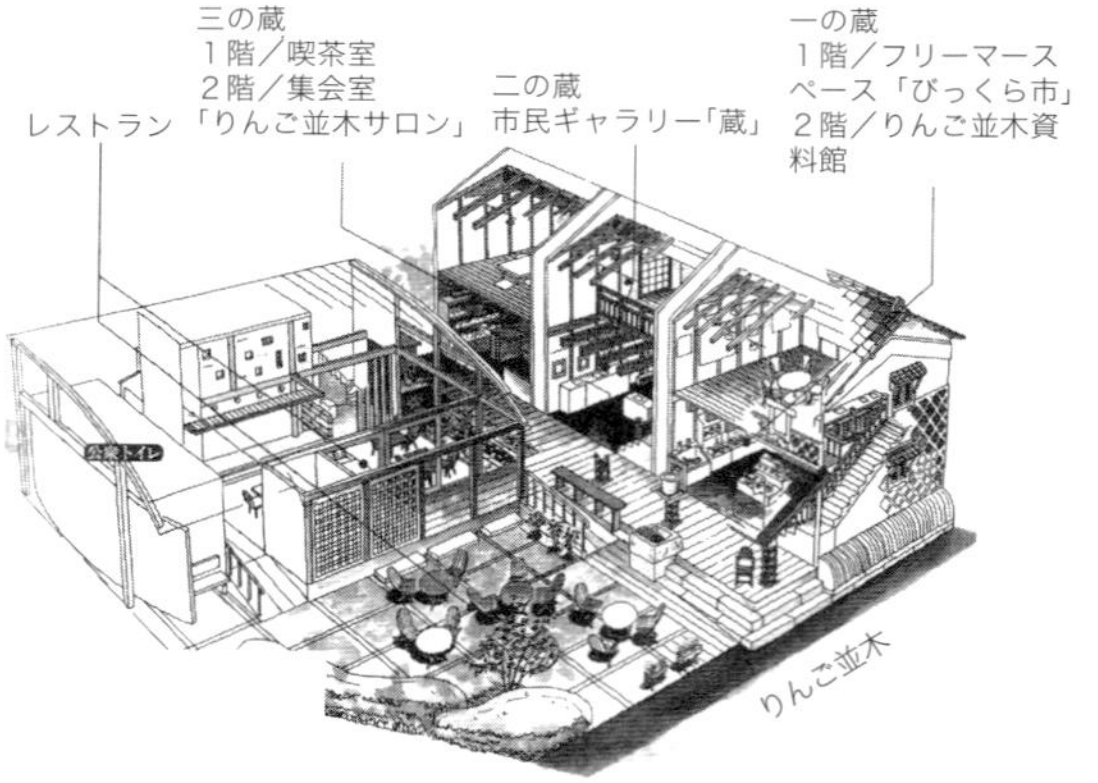

図12　りんご並木沿いにある三連蔵の内部

中心市街地に歩行者の回遊性を増すという活性化の戦略に沿って、第二の再開発事業も立ち上がり、事業によってできるパティオや小広場を裏界線《りかいせん》という昔ながらの路地とつなげる、そんな形ができあがる頃になって、りんご並木の人通りが多くなっているという声を聞くようになった。

国際協力事業での演劇を取り入れたビジョンづくり

【フィリピン・ボホール島の村落開発】

ワークショップの位置づけ JICA（当時、国際協力事業団）と農林水産省の婦人・生活課（現在、女性・普及課）によるフィリピンへの支援プログラムの一貫。

事前準備 長期専門家派遣で現地にいる片倉和人氏と富田祥之亮氏（当時、㈳農村生活総合研究センター所属）より、元同僚の筆者に参加要請があり、両氏に必要な準備を依頼。2年目には地元行政団体、NGOとの調整、地域の社会構造を構成する各層から均等に参加者を選定するよう依頼した。

工夫 アメリカ流コミュニティ・デザインのワークショップ手法とフィリピンのPETAのワークショップ手法の組み合わせで行った。

時期 1997、1998年。

参加者数 25人（97年）、27人（98年）。

ファシリテーター 木下勇、アーニー・クローマ、ボン・ビロンズ、ガルディ・ラバト、片倉和人。

JICA（現在、独立行政法人 国際協力機構）による海外の農山漁村の生活水準の向上のための基礎調査に関わったことから、フィリピンで住民参加の村落開発のワークショップを行う依頼を受けた。私が学んだPETA（教育演劇協会。6章で詳述）の演劇ワークショップの名ファシリテーターがフィリピンにいるので、そちらに頼んだ方がよいと返答したところ、筆者とPETAのファシリテーターと組んで行うこととなった。

◆若者を村づくりに参加させる

初年度は、筆者と懇意につきあいをさせてもらっている、世界的に活躍している、アーニー・クローマ氏にファシリテーターを依頼した。アーニーは、PETAの中でも、アーニーおじさんと、他のスタッフ、そして多くの子どもたちからも慕われている存在である。

彼には逸話も多く、日本でわくわくワークショップ全国交流会が北九州で一九九六年に開かれた際には、初日のオープニングで、二〇〇人以上もの参加者がいる場をたった二〇分で打ち解けた雰囲気にした。JICAによる現地視察時にも、学校を見つけると、教師とかけあい、休み時間の一〇分間に子どもたちを積極的に発言する雰囲気にした。

さて、そのアーニーと組んだボホール島での初年度のワークショップは、バグンバヤンというロボック郡の山間部の農村で行われた。若者が働く場もなく、ふらふらしているということもあって、若者を中心に集めた、「ユース・ビジョンニング・ワークショップ」と名づけて行った。若者の中には親に引きずられて、嫌々ながら参加した者もいる。しかし、そのように嫌々参加した者でも、三日間のワークショップでギター片手に歌を歌うまでになった。三日目には、村の課題について若者の提案がミュージカル仕立てで紹介された。それを村人が見る。最終プレゼンテーション後に、全体の討議として、旗揚げゲームなどで意見を出しやすい雰囲気をつくり、と討議の突っ込みをしていく。そのようにして、全体での問題意識とビジョンの共有化を図っていった。

その後、この地区では薪の伐採などではげ山となってしまった斜面地にマメ科の植物を植えて、時間の経過とともに自然のテラスをつくるプログラムが若者たちを中心に始まった。これはNGOの開発のアイデアを借りたものである。同時にヤギを飼い、そのマメ科の植物が成長しすぎるとヤギの餌となる。ヤギの乳を利用した副産物も取れる。そんなプログラムが展開した。

◆スラム地区の住民自立を支援する

翌年は、さらに問題の深刻な漁村のスラム地区を対象とした。クラリン郡のタンガランという漁村の浜辺には不法占拠の住民が住む。奥の方は土地を持つ農家が住み、中間に漁師の取った魚を集めて、セブの方に売る、網元に似た層が住む。このようにいくつかの階層に分かれるが、圧倒的多数は貧しい漁師であり、漁師といっても小船でその日の糧となる小魚を取るぐらいである。椰子の葉で葺いた簡素な小屋に住む。各家にはトイレもない。市で便器を配給しても現金に代えてしまったという。共同トイレも壊れたままであった。周りで用を足すので、汚染によりマングローブも枯れてきている。漁もダイナマイトフィッシングを行っているので、サンゴ礁の破壊が進み、より漁獲資源が減少するという悪循環を起こしていた。

そこで、初年度と同様に、三日間のワークショップ・プログラムを組み、実施した（表1）。この地域では、これまで事前の準備としてステークホルダーを入れて、地域の発展計画を作成するワークショップを実施していた。しかし、それでは絵に描いた餅で終わり、住民の主体的な動きにならないということから、演劇ワークショップに期待が込められた。

このワークショップは、ファシリテーターとして、アーニー・クローマの愛弟子にあたるボン・ビロンズが担当した。そして、今回は偶然にも、PETAの創始者であるガルディ・ラバトが協力してくれた。彼はその時、ボホール県の文化担当のディレクターとして招かれていて、ボホー

表1　フィリピン・ボホール島の漁村集落タンガランのワークショップ

	プログラム
1日目	オープニング・ガイダンス ゲーム：早並び、ヤドカリゲーム、名前ゲーム 似顔絵描き（画面を見ないで相手の顔のみを見て） まとめ（評価・共有化）：「共通性と違いについて」 期待チェック 発表 まとめ：「ゴール設定、行動設定、ワークショップの振り返り」 昼食 グループ・ダイナミックス：キーワードを入れた替え歌合戦 まとめ：「自分に誇りを持って」 想像ゲーム：コミュニティの記憶の絵「これまでで一番―悲しかったこと、楽しかったこと、神秘的だったこと、怖かったこと、ロマンチックだったこと」 まとめ：「コミュニティの歴史に誇りを」 中心の作業：地域探検前に感覚を開く作業 地域探検ツアー：良い点、悪い点を地図に落とす（中心部と周辺部の２グループに分かれて）。ポラロイドで写真を撮り、収集。 １日目の評価
2日目	２日目の狙い：問題を絞り、分析する ウォームアップ 人間粘土（形づくり、空間づくり） 即興身体運動 点検地図づくり：地域の良い点ベスト 3、悪い点ワースト 3 選び（4グループに分かれて、写真を貼ったりして） 全体発表 昼食 グループ・ダイナミックス：ドットゲーム（各グループのベスト 3、ワースト 3 に各人がドット（点シール）を貼り、優先順位四つまでを選び出す） ドラマ化：対話、対立ゲーム（身体で対立表現、会話で対立） ２日目の評価
3日目	３日目の目標：アクションプランを住民・行政で共有、実施への動機づけ ウォームアップ（身体と声、手に従い） 歌のリハーサル タブロー（場面）：描写の練習、身体と輪郭、聴衆から見ての特徴づけ、場面と会話 ２場面のタブロー：原因と状況、そして効果 場面のドラマ化：会話や身体の動きを入れて、絞り込まれた問題の好ましい解決方法についての討議とドラマ化 ショーケース（発表）に向けた準備 昼食 各グループの最終リハーサル ショーケース（発表）：住民と行政を召集して 聴衆と旗揚げゲーム評価と討議 スナックタイム コミュニティアクションプランの作成 ビジョンと活動の全体で発表と討議 コミットメント（生活に編み込む約束・付託） 最終評価・クロージング

ル島の文化財の保全・活用策を担っていた。彼の発想には、エコツーリズムを発展させていくという考えがあった。その点で一致するものがあり、ともにワークショップの開催となった。

◆綿密な事前準備

いつもながら、事前の準備で彼らから強く問われるのが、何を目的としてワークショップを行うのか、ワークショップを開いた後はどうするのか、といった点であった。むしろ、ワークショップの後のフォローやケアがしっかりしていないと、やりっぱなしとなり、膨大なエネルギーを費やした作業も無駄になるばかりか、燃え上がった意志を幻滅させることになり、却って問題であるということをも熟知しているかのようであった。しかし、これは官製のプログラムで、しかも国を超えたプロジェクトなので、意志決定の複雑さがある。普通はどうしても言葉を濁すようなことになるが、JICAから派遣されていた片倉和人氏や富田祥之亮氏がフィリピンの農業省と調整してくれ、そして特にボホール県のこのプロジェクトのカウンターパートである農業研修センターのセンター長とそのスタッフが後押ししてくれた。

課題が深刻なだけに、問題意識の共有もしやすかったという点もあろうが、事前の協議でプログラムの綿密な修正がなされた。ダイナマイトフィッシングの問題を海辺の自然環境の保全・再生活動をしているNGOに話をしてもらうことにし、しかもある程度、演劇ワークショップで身体化してわかってきた頃にレクチャーとして入れた。事前に町役場に行き、協力を仰ぐことも欠かさなかった。そして、事前に各層からの参加を依頼していた。そんな確認と下見、そして村長や主たちへの挨拶も欠かせない。

◆三日間で人を感動させる仕上がりに

このようにして三日間のワークショップは、若者からお年寄りまで幅広い年齢層が参加して行われた（図1）。皆見知った顔で、最初は恥ずかしがっていても、すぐにその恥ずかしさはなくなり、アイスブレーキングゲームに笑い（図2）、そしてこちら側から提案したメニューの思い出マップ（図3）や地域点検（図4）マップをつくる（図5）

図２　アイスブレーキングゲーム

図４　地域点検

図１　幅広い年齢層が参加したワークショップ

図３　思い出マップづくり

図５　地域点検マップづくり

図７　全体討議

図６　プレゼンテーション

ことにも真剣に取り組んで、各グループが競いあうように進んでいった。最終日のプレゼンテーション（図6）は、見ている人をも感動させ、涙を誘う仕上がりを見せたグループもある。午後の全体討議も熱気を帯びたものとなった（図7）。

◆見違えるように変わった村

感動に終わったワークショップであったが、さらに驚いたのは一年後のモニタリング調査の時であった。

この村ではダイナマイトフィッシングを止め、しかも監視所までつくったという。また魚の養魚場を整備した。そして共同のマングローブの植林活動も始まったという。共同トイレを直し、しかも毎日代わる代わる掃除を行っているという（図8）。研修センターのスタッフらが指導しながら、女性たちを中心にレイズドベッドでの野菜づくりも進められていた。レイズドベッドというと聞こえがいいが、空き缶などを棒で立てて栽培している小さなものである。ここは高潮などで地面は栽培に向かないので、このような知恵を普及しているのである。

そして七年後に現地を再び訪れる機会を得た。作家の森まゆみさん、料理研究家の林のり子さん、万華鏡伝道師の園田高明さんという妙な組み合わせの私的訪問である。日本・ボホール友好の輪という交流組織を立ち上げていた片倉氏に相談して、この突然の再訪が実現した。

さて、この七年ぶりの訪問で、このタンガランの漁村に入り、真っ先に驚いたのは、メインストリートが花で飾られていたことである。あの空き缶活用のレイズドベッド

図8　修復された村の共同トイレ

図9　花で飾られたメインストリート

が野菜のみならず、花で飾られている（図9）。以前より村に入っての印象が明るく、きれいである。相変わらず共同トイレはきれいに使われていて、もう一基増えていた。

◆ワークショップによって生活にビジョン！

村人が集まって、いろいろ話を聞かせていただいた。森さんも驚いていたが、女性がよく発言する（図10）。八年前にはそういうことはなかった。集まっても、男性が中心に話していた。フィリピンでは、女性の社会進出も一般に盛んな方なので、日本ほどに男尊女卑という風習は強くないが、伝統的村落では政治の中心は男性という風潮もある。この村落でも、そういう政治の中心に男性がいたが、どうも次第に女性の力が増してきたようである。この時の訪問では、女性が元気で男性がおとなしいという印象を誰もが持った。その理由を聞くと、これは農業研修センターのスタッフたちが、女性の組織化を支援してきたということもあるようだ。彼女たちに聞くと、やはり転機はあのワークショップからであると言う。

そしてある女性のお宅を訪問させていただき、質素ながらもきれいに住んでいるたたずまいに感心して、このような変化はなぜ起こったのかと聞いたら、やはり「あのワークショップに参加してから」と言う。ではワークショップの何があなたたちに変化を与えたのかと聞いたところ、「あのワークショップによって、私たちは自分たちの生活にビジョンを持つことができた」と、その女性は明るく力強く答えた（図11）。ワークショップを開いた側としては、なんとも嬉しい言葉であった。

図11　ワークショップの後、積極的になった女性たち

図10　森まゆみさん（左）と自宅を案内してくれた女性

CASE 04

地域資源探しからまちづくりへ

【松戸市「小金わくわく探検隊」】

ワークショップの位置づけ これはワークショップとして組まれたものではない。ワークショップの街歩きを子どもたちでという発想から始まった。地域の資源を発見し、地域を知ることから始めようということで「わくわく探検隊」が企画された。
事前準備 わくわく探検隊では、訪ね歩くポイント探しと、そのポイントのお宅等との事前の協議、そしてポイントでの出し物を考える。それらを探検隊手帳にまとめる。その他、参加する子どもの募集を学校にお願いする。
工夫 教師やお寺の副住職など地元住民有志と外部から支援する専門家が、準備から当日の作業まで手分けして行う。
時期 1999年より毎年。
参加者数 子ども100～140人、大人30～50人。
ファシリテーター 引前倶楽部（地域の旦那衆の有志数名、小金小学校教師、都市計画や建築の専門家から構成）。

もともとは、市街地再開発事業を念頭においた千葉県松戸市の北小金駅周辺地区再生計画策定の委員会で地権者たちと筆者らが出会ったことから始まった。折しもバブル経済崩壊以降、地価が値下がりするなかで、市街地再開発事業の立ち上がりは絶望的となり、他に活性化の道はないかと、地権者の一人でもある東漸寺副住職・鈴木悦朗氏から相談が寄せられたことから、越後湯沢や伊勢市、浦安市のまちづくり副読本づくりで実績のある梶島邦江教授（当時、聖徳大学。現在、埼玉大学）、再開発コンサルタントの高橋功次氏らと、地元有志数名と小学校教師らとの勉強会から始まった。地元は旧水戸街道の元宿場町であったことを誇りにしているが、その名残を残す家は一軒のみ。商店街の飾りにはいたる所に「小金宿」とあるが、その宿場らしい風景はどこにあるのか、という疑問も提起され、歴史の勉強などをしているなかで、筆者にワークショップをできないかという相談があった。

◆子どもが地域資源を掘り起こす探検隊

筆者がワークショップの相談を受けた時期は秋で、周囲に柿の木が多く、実が落ちるのに任せていてもったいない。今の子どもたちは柿ドロボーもしたことがなさそうだ。柿ドロボー大会をやろうという提案をこちらからしたところから「わくわく探検隊」の企画が始まった（図1）。しかし、いきなり庭に入って柿を盗ったら大事なので、事前に持ち主に話をしておき、子どもたちが訪ね歩くポイントに協力

(上、右)図１　柿ドロボー大会

図２　小金わくわく探検隊。中央が水戸黄門に扮した大塚さん

をいただくというスタイルとなった。翌年からは小学校の行事が重なる秋を外して六月開催となったが、一九九九年より毎年開催されている。

この催しのために、毎回、新しいポイントを開拓して、訪問の協力を仰ぐ。またツアーの案内や付き添いを依頼する。このようにして協力者も次第に活動に関わるようになってきた。元本陣の一七代目当主の大塚清一氏も、水戸黄門に扮する依頼をしたことから、次第に関わりを深くし、今では地域のまちづくりのリーダーとなっている（図２）。

◆子どもが動いて大人が動きだす

このようにして、「わくわく探検隊」を続けて五年後に、地主層を中心に「小金の街をよくする会」が立ち上がった。探検隊で子どもたちが訪ねる。子どもたちに聞かれるうちに、次第に大人自身も歴史や仕事に対しての誇りを感じてくるようになるのである。探検隊で地域資源を掘り起こすなかで、次第に地域のアイデンティティとでも言えるような地域らしい特徴も鮮明になってくる。そして経済的な影響で変化する街の流れを見ながら、このままでよいのかという意識で大人たちが立ち上がった。もちろん、まちづくり組織を立ち上げるにあたり、裏方として働く人の力に負うところは大きい。しかし、子どもたちが訪ねる活動があったからこそ、その裏方として働く人たちの関わりは生まれてきたのである。

◆教育と地域のつながりが深まる

このような活動が始まるまでは、子どもたちは通学路でお店の前を通っていても、そこに豆腐屋さんがあることは知らなかった。わくわく探検隊で豆腐屋さんを訪ねて、そこに豆腐屋さんがあることを初めて知り、しかも食べさせてもらい、そのおいしさを家に帰って母親に話して、母親たちもその存在に気づき、後に買いに来るようになったというエピソードもある。

地元と縁がなかった教師たちも、この活動で地域の人たちを知り、生活科や総合的学習のプログラムにおいても地域の人材や資源が大いに活用されるようになった。小学二年生の授業を筆者が参観した時に、「こんなにも地域の人たちが学校の総合的学習に親切に協力してくれて、先生は

図３　高橋邸のカーポート（右）をポケットパークに（左）

本当に助かっている」と教師が話した。その時である。ある子どもが勢いよく手を挙げて、「私はこの街に生まれて本当に良かったと思います」と言った。教育と地域とが一体になっている感じがしたものである。

今や地域社会は、犯罪対策、防災対策、高齢化への対応、子育て環境、環境問題などさまざまな課題を抱えているが、人間関係も希薄となり、問題を解決する連帯さえ組めないような状況である。そういう問題解決の糸口さえ見出せない状況に、子どもたちがその未知なる問題の解決に貢献しうる可能性を示したのである。

◆自らの土地をポケットパークに

そんな一例が、高橋邸の元カーポートをポケットパークに整備した例である。三×六メートルの民地を公共に開放して、通り行く人、誰もが休める場所に整備したものである。脇にそのオーナーのアパートへの引き込み道路があるので、角地の利点を生かして狭いながらも開放感のある小広場となっている。敷地は民地のままで整備費も個人で負担して、利用は公共に開いている（図３）。

普通ではありえないことである。まず個人の敷地を削って公共の利用に提供する行為自体、相当の余裕がないとできないことでもあるが、余裕があっても土地本位の経済原理による土地利用感覚では考えられない。次に公共の利用に開いた場合の瑕疵、事故など管理上の不安もある。また整備費まで個人で拠出して、誰がそんなことをするか、というのが一般の感覚である。しかしながら当オーナーの高橋修氏は簡単にこれをやってのけた。

◆学生と地域の連携

高橋さんも大手カメラメーカーを定年退職し、そこにこのわくわく探検隊の活動をきっかけに機運が高まってきたまちづくりの組織づくりの事務局に勧誘されて参加するようになった。そこに、筆者らの千葉大学とシアトルのワシントン大学との協働による実習の成果発表が行われ、また日米のミニシンポジウムでの学生たちの提案と、シアトル地区でのＣＤＣ（いわゆるまちづくり会社。６章参照）の存在、そして学生と地域とが連携したデザイン＆ビルドを知り、意欲をさらに高めたようである。学生の提案を実現化するのに、自分の敷地のカーポートを使っていいと申し出てくれたのである。大塚氏（小金の街をよくする会会長）が経営するコミュニティ居酒屋で学生たちと飲みながら、気前よく返事をしてしまったのか、その点は定かではないが。

この大塚さんの居酒屋が、いろいろな発想、問題などありとあらゆる情報がインフォーマルに飛び交う、人の出会いを生む場ともなっている。酒の勢いで行動に移るということもある。地方の村おこし、町おこしも似たようなところがあるだろう。大学の学生というよそ者が地域に打ち解けて迎えられるのもこの場がきっかけとなっている。

高橋邸でポケットパークを整備する前に、学生たちの提案によって、同邸の庭とカーポートを使ったオープンカフェのイベントも実施した。そして、整備の実施設計と施工は、翌年の学生たちに引き継がれた。

翌年の実施段階になるまで、実はこのことを高橋さんは奥さんに話していなかった。後

図５　小学生の卒業制作となった絵タイル

図４　施工後の学生と小学生、横尾黽頭と高橋夫妻

になって知ったが、奥さんは近所に「亭主が勝手なことをして」と、若干の不満を述べていたようである。

設計案は、高橋邸の建物がスペイン調であり、庭は和風庭園ということから、和洋折衷のスペイン風を基調とした形が選ばれて実現化された（図4）。施工は学生にとっても初めてのことであり、高橋さんの友人の鳶の頭の横尾菊明氏が学生の指導と協力を買って出てくれた。仕上げのスペインタイルを使った絵タイルは、地域の小学生が協力して仕上げ、六年生の卒業記念の製作となった（図5）。この小広場には壁から噴水が設けられた。壁につけられたライオンの顔をかたどった噴出し口から出た水は、倉庫に眠っていた江戸時代の銅製の火鉢を使った水鉢に注ぐ。小広場に一本植えられた樹木はシキキツである。当地の庭には柑橘類が多いことから、学生が選んだものである。キンカンの種類であり、しかも年に三回は実がつく。

◆ポケットパークづくりからまちづくりへ

このようにしてできあがったポケットパークは近隣の評判になり、通り行くお年寄りが座ったり、近くの専門学校生が弁当を食べたりと、今までこの通り沿いには腰掛けて一休みできる場所がなかったので、多くの人に喜ばれた。そして高橋さんの奥さんも年末の時期になると、自らその小広場をイルミネーションの装飾で飾るようになった。

心得その3 「庭路樹」	旧水戸街道沿いの軒先、店先等では、 緑や花でうるおいを創出し癒しの空間とする。 ●建物を建てる際には小金に残るすばらしい巨木を、保存する。 ●一人一人が、軒先や店先等を花や庭路樹で演出し、歩く人を癒す空間とする。 ●緑で建物の大きさをカバーし、やわらかい表情にする。

図6　景観づくりのガイドブック

さらに、この地区では、このような例から旧宿場町の景観を良くしていこうという機運が盛り上がり、景観づくりのガイドブックを作成し、電線地中化と沿道の整備に向かいだした（図6）。

小金地区ではこの景観の点検など随所にワークショップのプログラムを入れたりしているが、全体の流れにおいては、ワークショップを崩した形であまり形式にとらわれないで行っている。それが自然で永続的なまちづくりの活動につながり、時々、必要に応じてワークショップを活用するという気楽な形態である（図7、8）。ただし、これらまちづくりの発端となった「わくわく探検隊」の発想の元には、ワークショップの基本要素である「資源」は何かということを皆で共有することから始まるという考えがあった。

図７　小学生、中学生、大人の多世代参加の景観ワークショップ

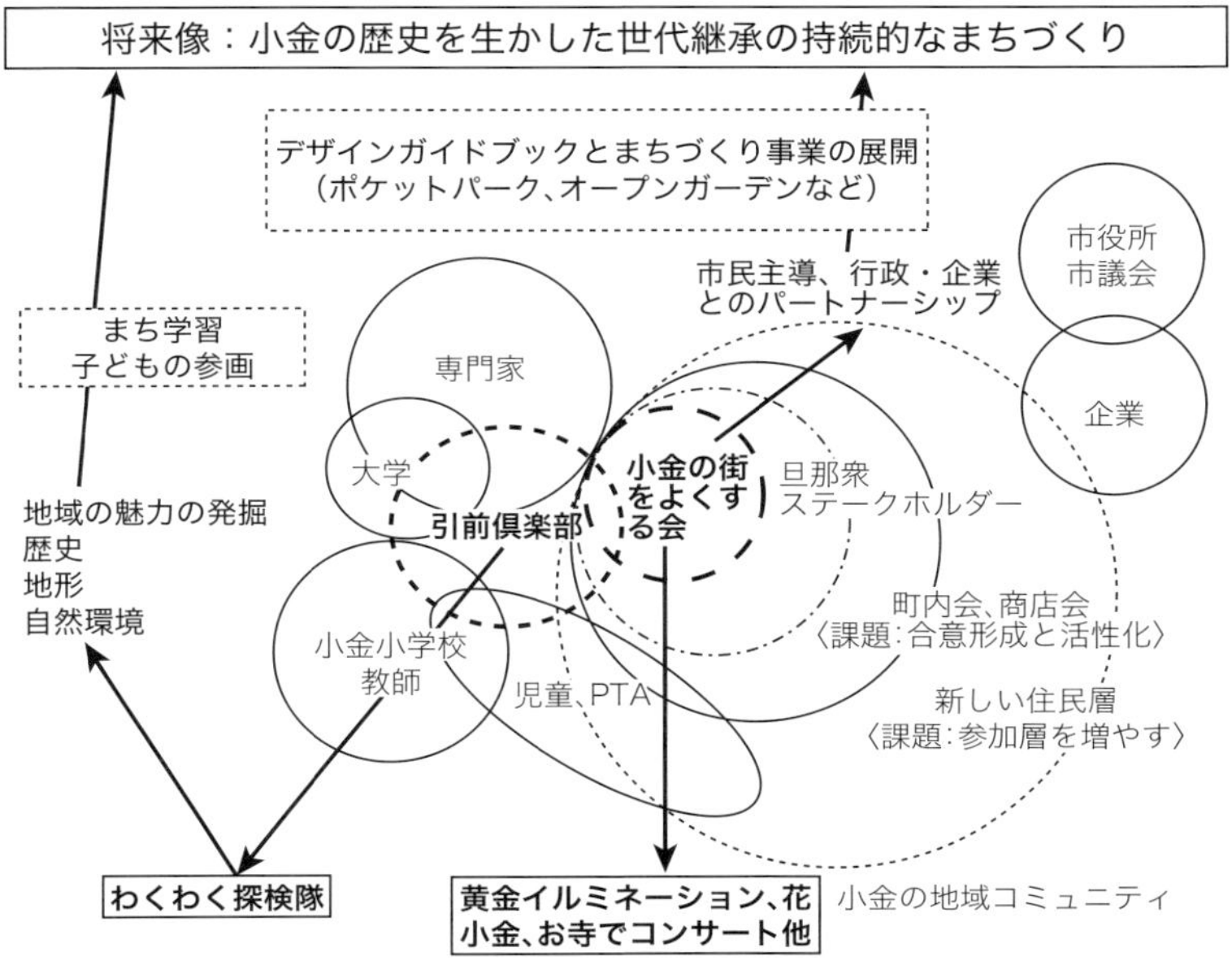

図８　小金のまちづくりを支える主体と活動

先に述べた東京都世田谷区太子堂地区の緑道せせらぎ整備は、ワークショップが現実のまちづくりでどのように活かせるかを示す一端である。その他、同区太子堂二・三丁目地区と、後発ながら活発に活動を展開する三宿一丁目地区を含めて、太子堂・三宿地区の住民参加のまちづくりにおいて活用したワークショップの事例について紹介する。

CASE 05-1

三世代遊び場マップづくり

【世田谷区太子堂・三宿地区のまちづくり】

ワークショップの位置づけ 正式なワークショップではなく、長期にわたる調査活動にワークショップ的方法を組み入れた。椿講など農村部で行われていた点検地図づくりの発想と、プレーパーク（冒険遊び場）活動のお母さんたちの土の場所へのこだわりとが出会い、発想された方法。

事前準備 テープレコーダー、ヒアリングシート、地図（各世代の当時の様子が記されたもの）。

工夫 三世代それぞれのチームに分かれて、ヒアリングを開始。全体で集まる会を定期的に催し、報告会を行う。

時期 〈三世代遊び場マップづくり〉1982年4～9月、〈三世代遊び場図鑑づくり〉1982年10月～1984年9月。

参加者数 〈被調査者〉107人。

ファシリテーター 〈調査者〉子どもの遊びと街研究会メンバー（木下勇、荻原礼子、中田麻里子、戸田正子ら）

これ自体ワークショップと呼べるかどうかはわからないが、日本におけるワークショップのルーツ的な点検地図づくりの発想と、母親を中心とする遊び場グループのこだわる土の場所を色塗りした地図の発想が、下地にある（図1）。これは、筆者がまだ大学院の学生時代に、世田谷区で始まった羽根木プレーパークのような遊び場を、自分たちの街、太子堂地区にもつくりたいと運動している母親たちと出会ったことに始まる。また、同志としてずっとこの活動に関わった荻原礼子さんが、遊び場の調査を仙田満氏の環境デザイン研究所で行っていた経験も下地となっている。そして引き金は、遊び場グループが地元町内会とぶつかった事件にあり、その関係修復作業として、相手の懐に入って子ども時代の話を聞くことになった。というと聞こえはいいが、町会の役員に比べて地域や対行政においても立場的に弱いお母さんたちが「あの憎らしい町会長だって、昔は子どもだったのに」といった一言から、「そうだ、そしたらその町会長に話を聞こう」ということになったものである。

正確には、ワークショップというよりワークショップの

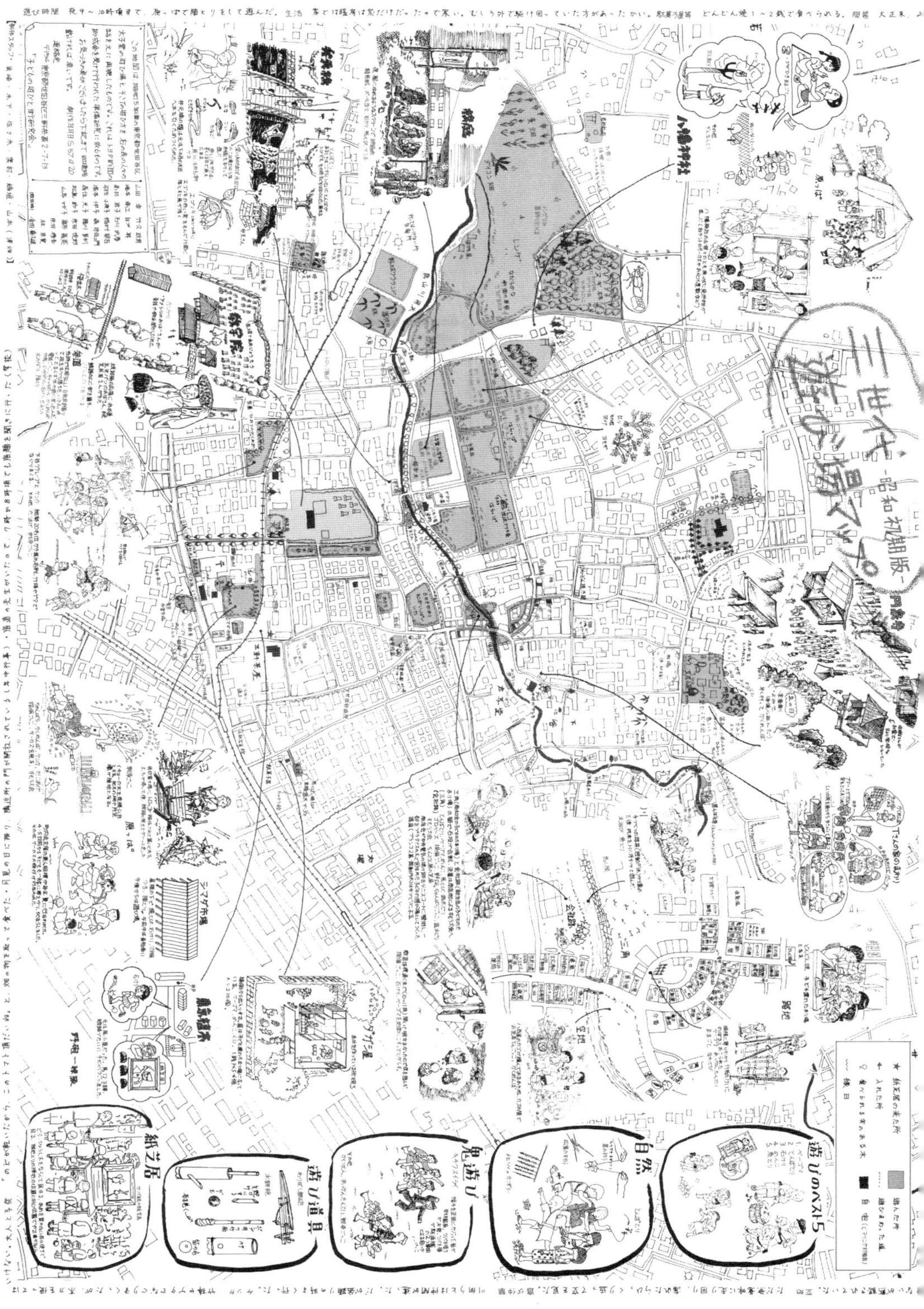

遊び時間　夜9〜10時頃まで、原っぱで陣とりをして遊んだ。生活　家では暖房は炭だけだったので寒い。むしろ外で駆け回っていた方があったかい。駄菓子屋等　どんどん焼1〜2銭で食べられる。服装　大正末、
三世代遊び場マップ
-昭和初期版-
八幡神社
円泉寺
紙芝居
遊び道具
鬼遊び
自然
遊びのベスト5
シマダ市場
原っぱ

大人と子供　地域の大人が子供向けの催しをした所は少ない　遊び時間「家が商店だから、暗くなるまでかえってくるなといわれ遊びまくった」「親は放任で、自由に遊ばせてくれた」その他「食べものが豊富ではなく、
木の実などとるのも楽しみだった。
家のまわり　近所の子なら、庭なども通りぬけさせてくれた。その友達もよい。道　車はほとんど通らない。茶沢通りでもバスぐらい。川　烏山川について一「また水がきれ
この地図は昭和30年頃の東京都世田谷区太子堂の遊び場とそこでの遊び方を、右の表の人々の話を元に再現したものです。これはトヨタ財団の助成金を受けて行われた資料研究に載られたものです。お気づきの点がございましたら下記までご連絡頂ければ嬉しいです。　斉作成日昭和57.9.20
連絡先　〒154 東京都世田谷区三軒茶屋2-7-13　「子どもの遊びと手作り研究会」
三世代遊び場図
昭和30年版
円泉寺
国立世田谷病院
太子堂中学校
遊んだ所
遊びまわった道
ヒヤリング対象者の家
紙芝居の来た所
入れた所
食べられる実のある木
縁日
遊びのベスト5
1位・野球
2位・かくれんぼ
3位・ゴムとび
4位・えびガニとり
5位・カンケリ
紙芝居
遊び道具
鬼遊び
自然
たべられる木
Kさんの家の周り

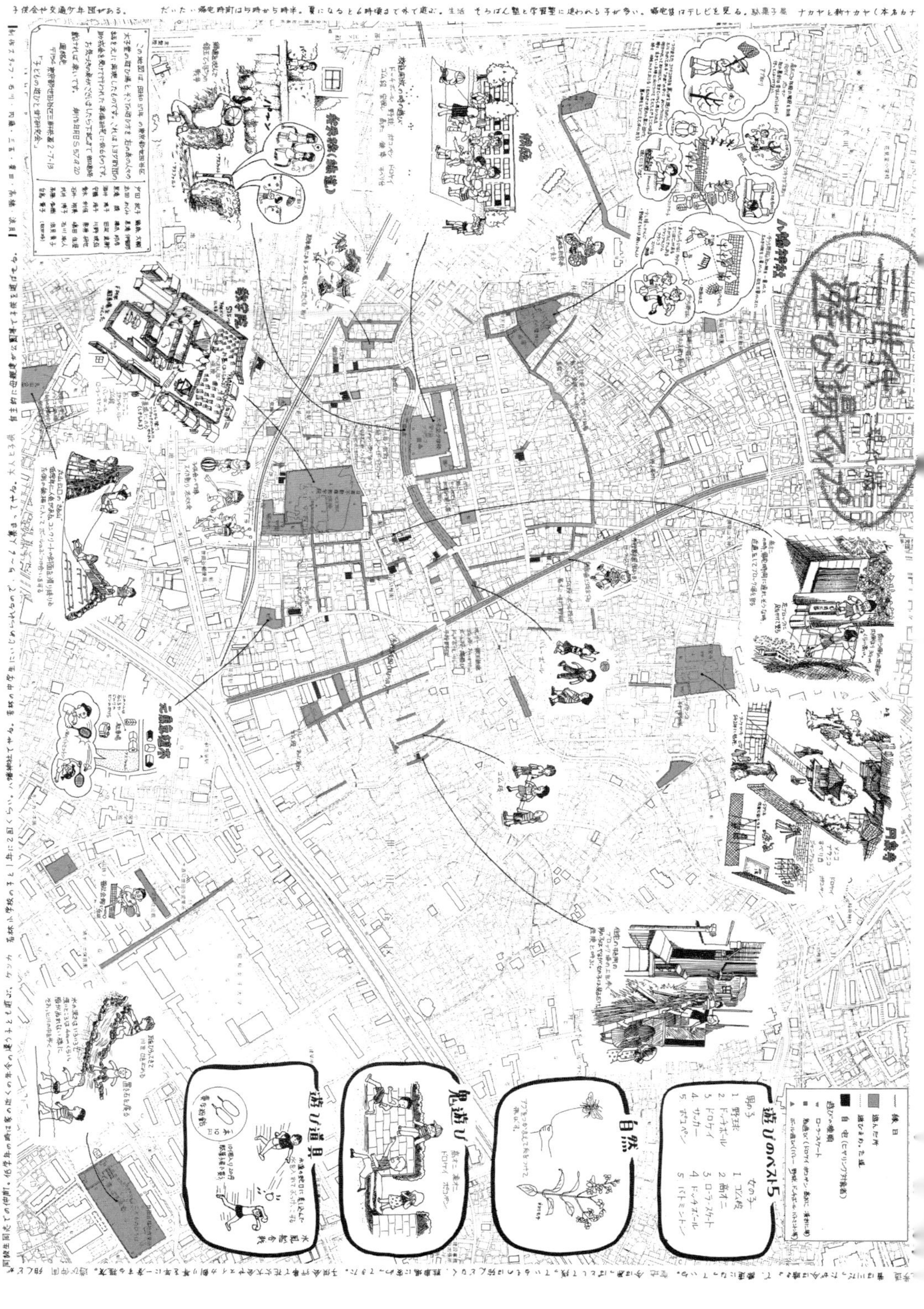
子供会や交通少年団がある。
だいたい帰宅時間は5時から5時半。夏になると6時頃まで外で遊ぶ。生活 そろばん塾と学習塾に通われる子が多い。帰宅後はテレビを見る。駄菓子屋 ナカヤと新ナカヤ（本名カナ
八幡神社
教学院
円泉寺
遊び道具
鬼遊び
自然
遊びのベスト5
男の子
1 野球
2 ドッヂボール
3 ドロケイ
4 サッカー
5 ポコペン
女の子
1 ゴム段
2 高オニ
3 ローラースケート
4 ドッヂボール
5 バドミントン

ルーツの系譜にあるアクション・リサーチといった方がよい。しかし、三世代それぞれの担当グループが集い、ともに一斉に街へ繰り出し、ヒアリングをして、その結果を報告しあう、その報告によってさまざまな発見、発想の展開があり、ワークショップさながらである（図2）。この手法は、後の三世代遊び場図鑑づくりにも用いられた。*3

三世代の時期の設定は、現在（当時）の子ども（小学四～六年生を想定）を基準に考える。その父母世代は幅を一〇年間ぐらいとして昭和三〇年代、祖父母世代は幅を二〇年ぐらいとして昭和初期に遊び盛りであった世代とした。現在の子どもは、通りで遊んでいる子どもを見つけて、拠点の小屋に連れてきてインタビューする方式（今では考えられないが）を基本に、時に子どもの案内で秘密基地などを案内してもらうというように、簡単にインタビューができた。父母世代、祖父母世代で、当地で遊び盛りの時期を過ごした人を探すのが一苦労であった。そこで、遊び場グループのネットワークから情報を得て、その家を訪ねて話を聞くという方法で始めていった。一人に話を聞くと、その人から別の人の情報も得て、次第に対象者が増えていっ

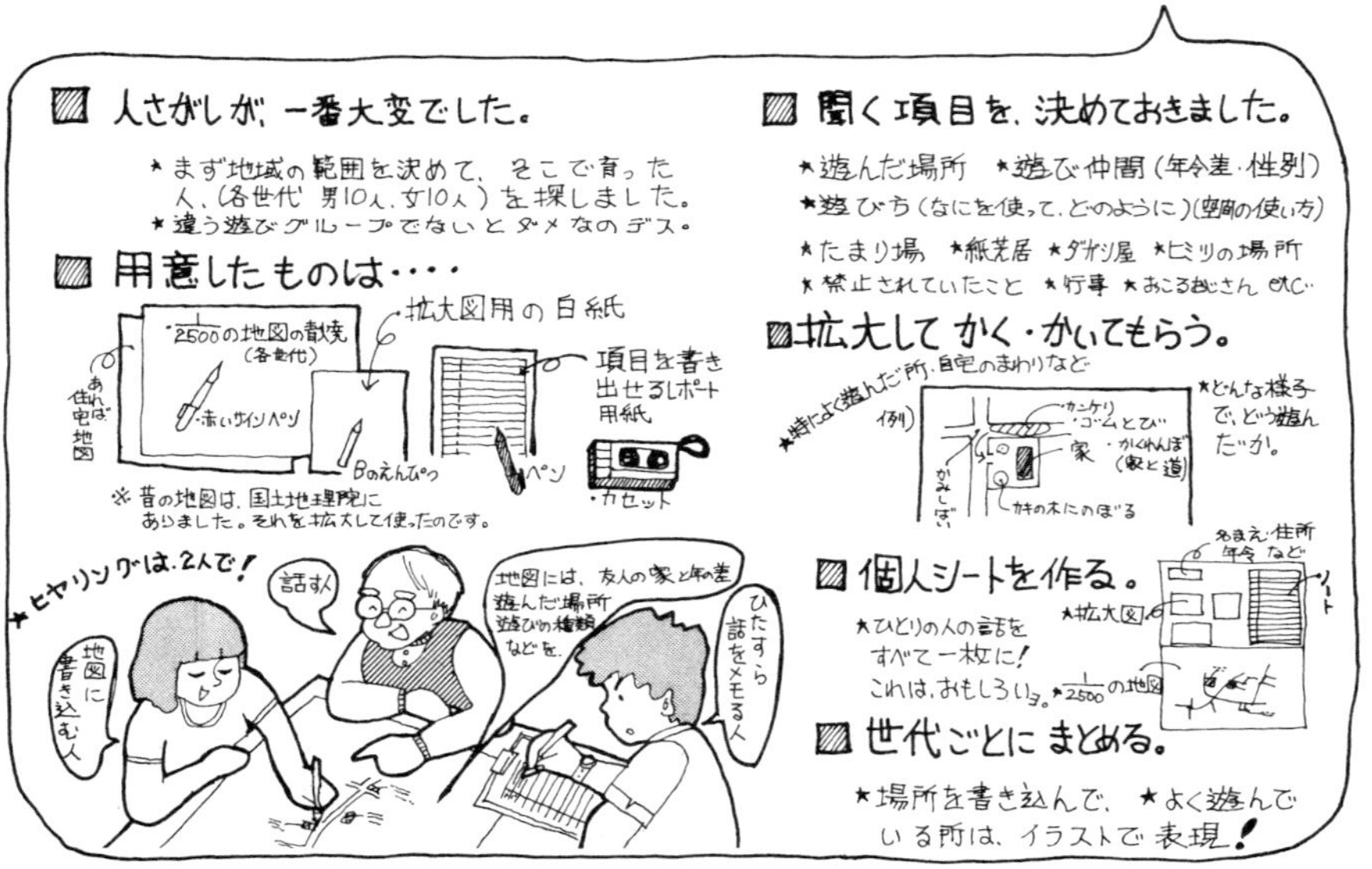

図２　調査方法

(p.109 ～ 111)図１　三世代遊び場マップ（祖父母世代、父母世代、子ども世代）

た。また、遊び場グループがぶつかった町内会役員らはこの地で生まれ育った人が多い。旧家の長には何度も頭を下げて、やっと話を聞くことができたということもある。

調査は、図2のように二人一組で行った。最初はいぶかしげに思っている人でも、話をしているうちに顔がほころんできて、しまいにはもっと話をしたいとなることもよくあった。

そのようにヒアリングされる側が次第に乗ってきて、調査する側と調査される側の共同作業的な雰囲気が生まれるというのもこの方法の醍醐味である（図3）。誰しもが子どもの頃の思い出を語るなかで次々と関連する、普段思い出しもしないことが蘇ってくる。それは懐かしさと同時に人の気持ちを柔らかくする。そこから気がつくこと、意識化のプロセスがある。そのようにして、後に、会の活動を応援する大人や子どもたちが参画するようになり、子どもたちの中には、拠点の小屋に入り浸り、通信を発行したり、路上演劇を行ったりするチームも現れ（図4）、子どもの主体的な参画を生み出した。

図３　ヒアリング風景

図４　きつね祭り芝居

CASE 05-2

広場づくり

【世田谷区太子堂・三宿地区のまちづくり】

ワークショップの位置づけ 太子堂地区では、羽根木プレーパークに通っていた母親たちを中心に、三軒茶屋太子堂広場づくりの会（通称、三太の会）の活動が行われていた。小学校のコンクリート校庭を土に戻すという運動や、空地での冒険遊び場活動を行っていた。その活動していた空地を児童遊園に整備するという話が持ち上がり、構想を自分たちで描こうとワークショップを開催することとなった。そのワークショップは世田谷区の職員研修を兼ねての実施となった。

事前準備 模造紙、地区の地図、現場の拡大図面（模造紙にラフに描いたもの）、ブロッキー、ポストイットカード、色紙など。

工夫 事前に子どもたちにどのような遊び場が欲しいか、絵を描いてもらい、ワークショップの時に参考の情報として提示した。

時期 1982年8月。

参加者数 17人（うち職員研修参加者5人）。

ファシリテーター 子どもの遊びと街研究会メンバー（木下勇、荻原礼子、奥村玄ほか）。

太子堂地区で、三軒茶屋太子堂広場づくりの会（通称、三太の会。後に太子堂プレーパーク）が、定期的に冒険遊び場活動を行っていた空地を区が買収して、正式に児童遊園として整備することとなった。敷地に接する、高齢者を中心とした住民層は、孫たちのために普通の三種の神器のある一般的な児童遊園の整備を要求していた。このままではまずいと、そこを今まで利用していた遊び場グループの関係者等が集まって、構想を練って区に提案するために、ワークショップを開催した（表1）。任意団体の主催であるためか、残念ながら、沿道住民の参加は得られなかった。

ワークショップの組み立て方は、参加者が子ども時代の遊んだ思い出を絵に表し（図1）、街を歩いて見る視点を取り出し、四班に分かれて、敷地も含めて街の環境を見てまわり（図2）、構想の方針と具体的な絵を描いた（図3〜6）。四班共通に取り出されたのは、①禁止事項のない広場、②穴が掘れる土の広場、③土の山・滑れる斜面、④火

表1　広場づくりワークショップの流れ

「ひろば考」プログラム☆☆

10:00	（集合） 2人1組で、小さい頃の遊び場を聞き、相手が話を絵に描いてあげる
10:30	上の絵を見せながら、パートナーを紹介してあげる（グループ内での顔合わせ）
11:00	グループ内で、上の発表をふまえて、「子どもにとってどんな環境が必要なのか」を話しあい、模造紙にまとめる
12:00	上のことを考えながら街を歩いてみる。最後に公園予定地に行ってみる
14:00	帰ってきてから、街で感じた事を話しあい、模造紙にまとめる
15:00	スタッフから、公園予定地の敷地条件などの説明をうける
15:30	基本方針づくり どんな公園にしたいか、言葉でまとめる
16:00	絵を描く 敷地の白図にどんどん欲しいものを書き込む。立体にしてもよい
17:00	発表
18:00	打ち上げ（ビールつき）

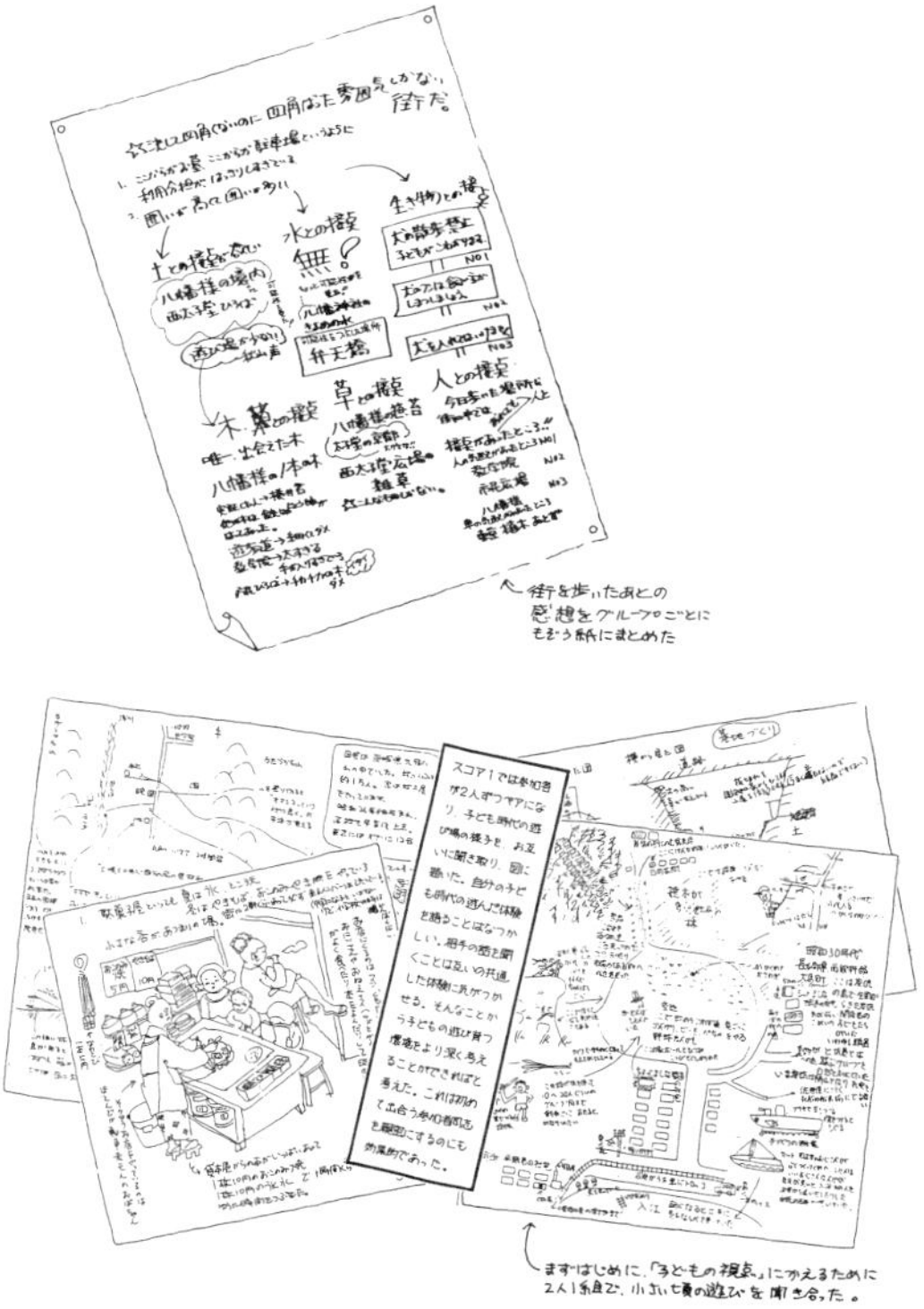

図1　思い出から街を見る視点を取り出す

が焚けること、⑤水の流れや池、⑥トイレ、⑦実のなる木、⑧小屋（物置）、である。この結果を小冊子にまとめて、行政当局と交渉した結果、「わかりました。できるだけ取り入れてみましょう」という返答を得た。

しかしながら、行政当局は沿道の住民を交えた説明会を開催し、まったく白紙から住民の要望を聞くというスタイルをとった。沿道住民は町内会の主だったメンバーを動員して、まるで三太の会の活動を敵視しているかのように、人数的な有利さと行政との関係でも優位に立って説明会を進めた。この行政側の説明会は三度開かれたが、この場が三太の会と町内会との対立を余計に深めることになった。

結果、ダスト舗装でコンビネーション遊具を置いた児童遊園が整備された。行政当局は双方の言い分を聞いて整備したというが、三太の会にとっては不本意な結果となった。ただし、継続して遊び場活動をすることは保障されていた。

そんな時、日本の冒険遊び場運動普及の立役者で都市計画家の大村虔一氏の後押しで、㈶明日の日本を創る協会から活動助成を得て、三太の会は太子堂プレーパークとして再出発することとなった。会の母親たちと筆者らも毎週末に当番制でプレーリーダーとして活動した。そのように冒険遊び場活動や三世代遊び場マップづくりなどの行動で示すことによって、対立した町内会との関係を改善することも目指した。

図３　構想図づくり

図２　街歩き

図５　発表を開く参加者たち

図４　構想図の発表

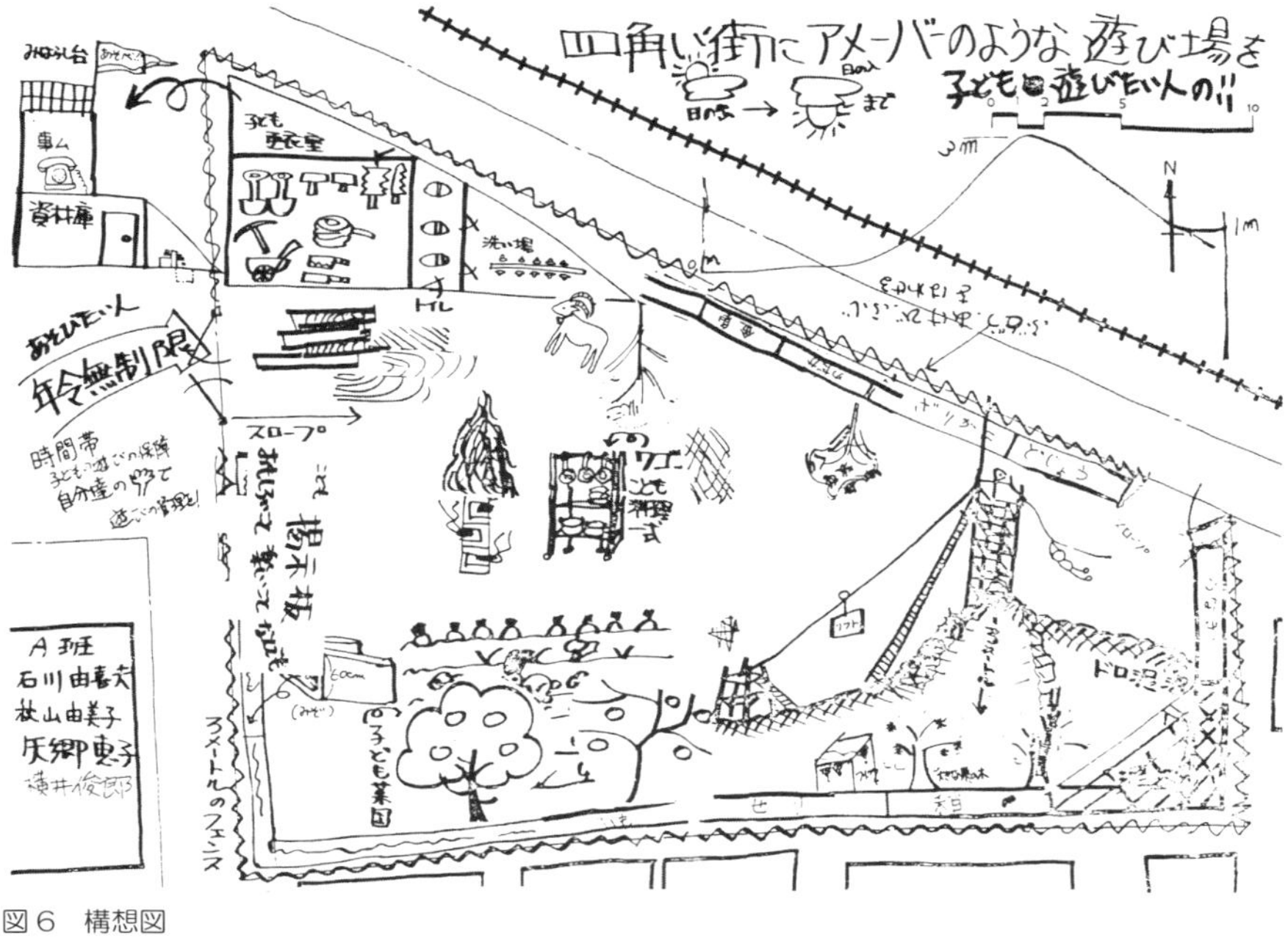

図６　構想図

CASE 05-3

歩こう会とタウンオリエンテーリング
【世田谷区太子堂・三宿地区のまちづくり】

ワークショップの位置づけ 地区計画づくりへのまちづくり協議会の活動が始まり、月1回の会合でも、話が難しく、会議は踊るというような話しあいに、嫌気がさして離れていく人もいた。それではまずいと、室内の話しあいより、現場を見て考えようと提案して、「歩こう会」を実施し、子ども向けにゲーム感覚のタウンオリエンテーリングとなって発展。
事前準備 地区のポイントとクイズ探し。
工夫 とにかく楽しい仕掛け。
時期 1983年8月〜1992年。
参加者数 年によって変動あるが、約40人前後。
ファシリテーター 子どもの遊びと街研究会メンバー。

太子堂地区は、一九八〇年の地区計画制度の導入を契機に、防災上最も危険度の高い地区の一つになり、モデル的に、道路拡幅と不燃化促進を目標とした地区計画策定を目指した活動が始まった。住民参加の場としてのまちづくり協議会を準備し、勉強会を重ね、一九八二年にまちづくり協議会が発足した。勉強会のうちはよかったが、課題を話しあう月一回の定例会議では、次第に意見の対立や、堂々巡りの議論が起こり、発言は一部のリードする人たちだけという雰囲気に嫌気がさして離れていく人も出てきた。

そういう状況のなか、講師を頼まれた筆者が、逆に外を歩いて現場で問題を見て、それを地図に落としていくという方法を提案した。当時、「ワークショップ」という言葉を使うと受け入れてもらえない雰囲気があったので、「歩こう会」として提案した（図1）。加えて、大人のみならず子どもたち相手の歩こう会を、クイズ

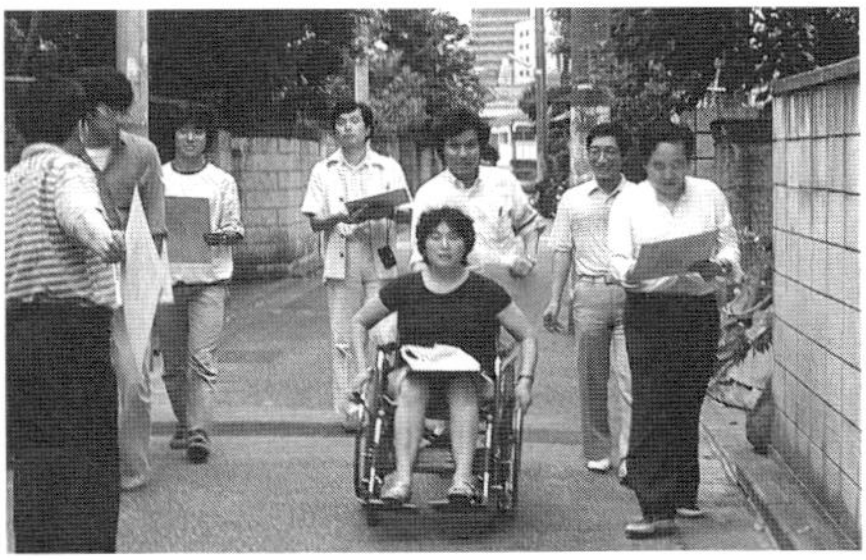
図1　歩こう会

図2　タウンオリエンテーリング

を交えたタウンオリエンテーリングとして実施した（図2、3）。地区を点検して帰って来て、気がついた良い点、悪い点を大きな地図に描き込む。そして最後に発表しあうという簡単なワークショップである。

大人の発表には、「ここはブロック塀が危険」「道路が狭い」などマイナスの評価が多いが、子どもの発表時に大人は驚かされた。「この道沿いの家の木々に小鳥がいて鳴き声がする」「この通りはコーヒーの匂いがする」など感覚で捉えたプラスの評価が多いのである。大人は地区の問題ばかりに注目していたが、地区の良い所に目をつけることで、何か楽しくなるということを大人は子どもに教わったのである。このようにして歩こう会は大好評に終わり、翌年にはお祭りの様相を呈し、「きつね祭り」というまちづくりの祭りとなって地域に定着し（図4）、一九九二年まで続いた。

参加者の配ったポイントリスト

図３　クイズ形式のタウンオリエンテーリング

図４　きつね祭り

CASE 05-4

ポケットパークづくり
【世田谷区太子堂・三宿地区のまちづくり】

ワークショップの位置づけ まちづくり用地として先行取得された土地を暫定的に広場として使おうという提案があり、沿道住民を交えてその小広場の整備構想をつくっていくことをまちづくり協議会から提案して、最初のポケットパーク整備が住民参加型で実施されることとなった。
事前準備 沿道住民への通知と呼びかけがポイント。
工夫 フランクに話しあえる雰囲気。会場は敷地近くの集会施設を借りて、狭くてもできるだけ参加者が近くに座るようにする。
時期 1983年～。
参加者数 10人前後で、その都度異なる。
ファシリテーター 最初のトンボ広場の事例は木下勇、後は井上赫郎はじめ首都圏総合計画研究所や世田谷区役所まちづくり推進課。

まちづくり用地として先行取得された土地を暫定的に広場として使おうという提案があり、沿道住民を交えてその小広場の整備構想をつくっていくことをまちづくり協議会から提案して、最初のポケットパーク整備が住民参加型で実施されることとなった。最初の懇談会には、三太の会の母親たちもまちづくり協議会メンバーとして、沿道住民とともに参加した。そこで、ピンコロ石を敷き並べた最初の区案を廃して、土の広場と一本の大木という案を協議会は提案した（図1）。ところが、沿道住民は土の広場に難色を示していた（図2）。話しあうこと数回、いくつかの問題点を解消する方向に進めた結果、まちづくり協議会が自主管理の引き受け先になることで了解を得て、オープニングには子どもたちによる花植え会を実施した（図3）。それを見ていた沿道住民の山口雄二さんが、翌日からこの広場の水遣りと掃除を自主的に行ってくれるようになった。自主管理なんてできないと否定的な立場であった人がである。

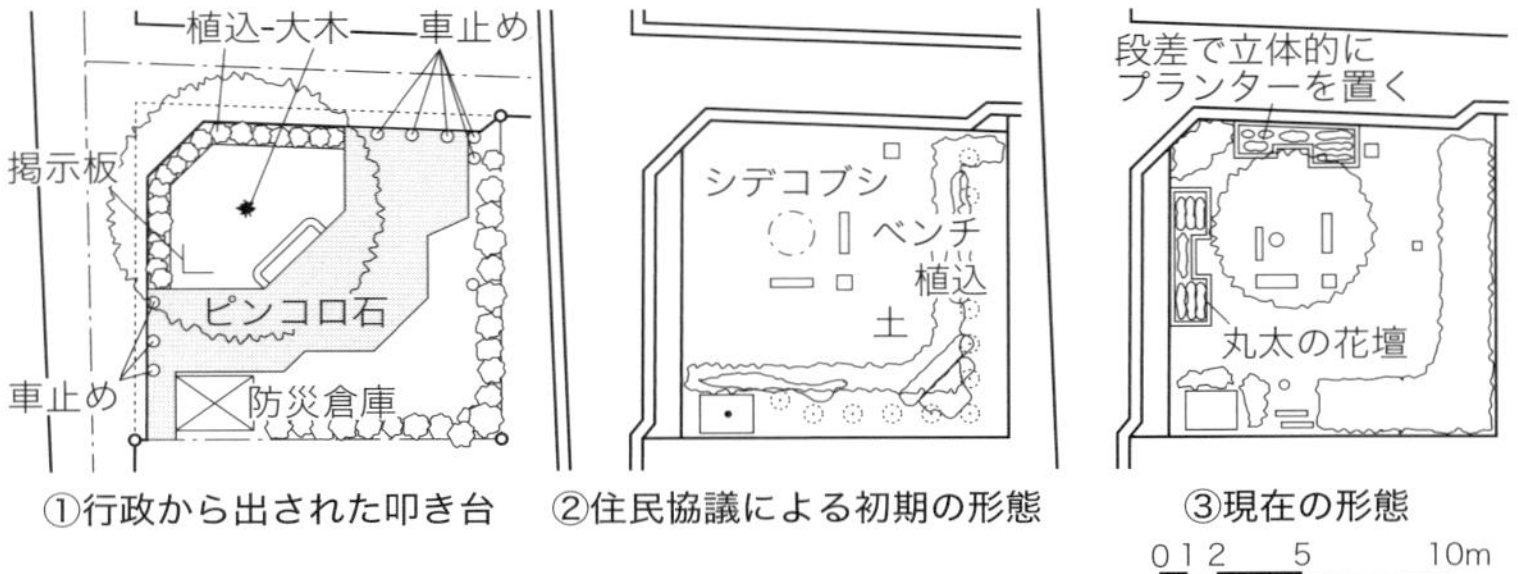

図1　トンボ広場のプランの変化

規模は小さくても、みんなで案をまとめるのはなかなか大変。

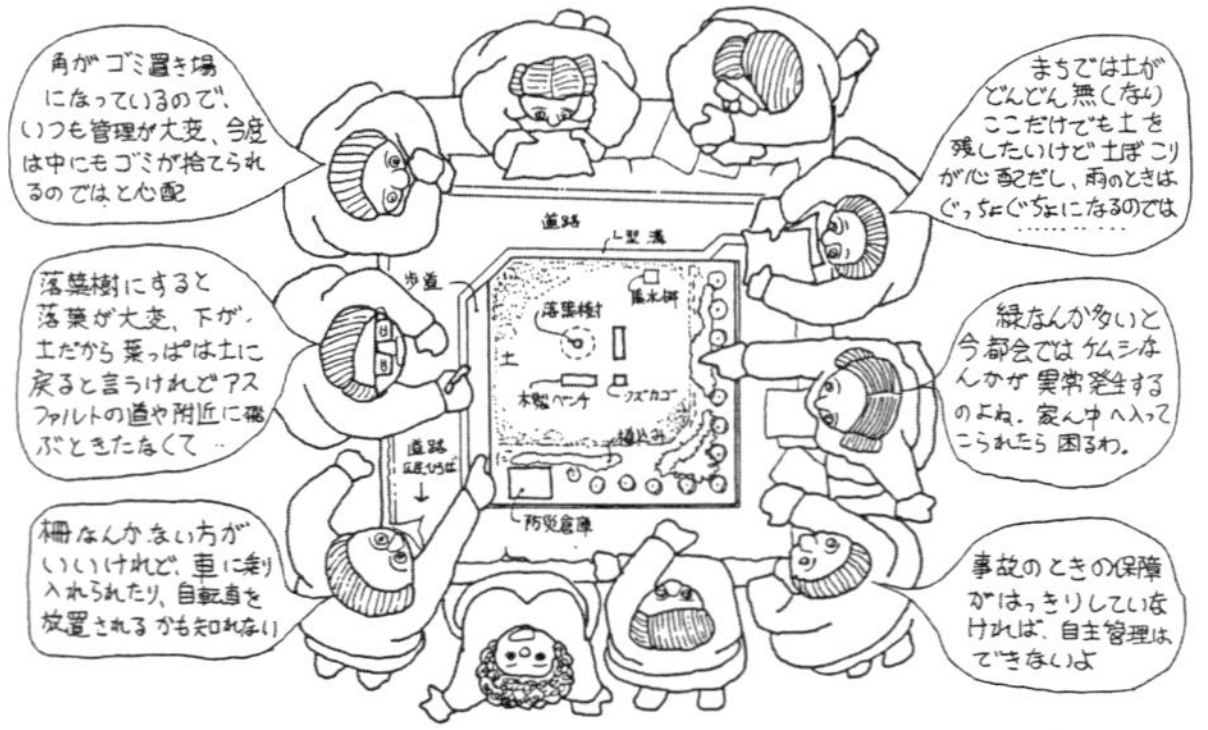

図２　沿道住民との話しあい

このあたりには昔トンボが多かったという商店会長の話から、このポケットパークは「トンボ広場」という名前がつけられた（図4）。そして春、夏の花の植え替えと、山口さんの日頃の作業へのお礼にと、冬には餅つきが恒例行事として行われるようにもなった。一三六平方メートルの小さな広場であるが、何もない土の広場がこのようなイベントにも対応できるようになった。

このポケットパークが評判となり、第二、第三のポケットパークが整備されてきた。簡単に整備したものから、「パークショップ」という名称のワークショップ形式で整備したものなどいろいろな形で進められ、一九八三年時点で一人当たりの公園緑地面積が〇・四三平方メートルしかなかった密集地が、一五年後の九八年にはポケットパークが一五ヶ所となり、一人当たりの公園面積は〇・九七平方メートルと二倍になり、現在では一八ヶ所、一平方メートルを超えるまでになった（図5）。

確かに、こんな小さい広場で何ができるの

図３　子どもたちの花植え会

図６　中学生の提案で完成したポケットパーク

か、もっと大きな公園が欲しいという声もある。しかし、このようなポケットパークが子どもたちの待ちあわせ場所や、学校帰りに寄り道する場所、お年寄りが一休みする場所などに使われている。そして何よりも整備の過程で近隣関係のコミュニケーションの活性化にも役立っている。*4

中学校近くの空地のポケットパーク整備では、中学生たちが参加して提案した。中学生の提案は、防災用には、いざという時にはトイレにも使えるマンホールを設け、水場も確保するという案である。しかし、近隣の住民の一部から、中学生がたむろして夜中に騒いだりするという反対の声が挙がった。中学生はショックを受けて、泣きだす子もいたという。この中学生の提案は、年度を越えて交渉が継続的に行われ、その結果、実現された（図６）。

図４　トンボ広場完成

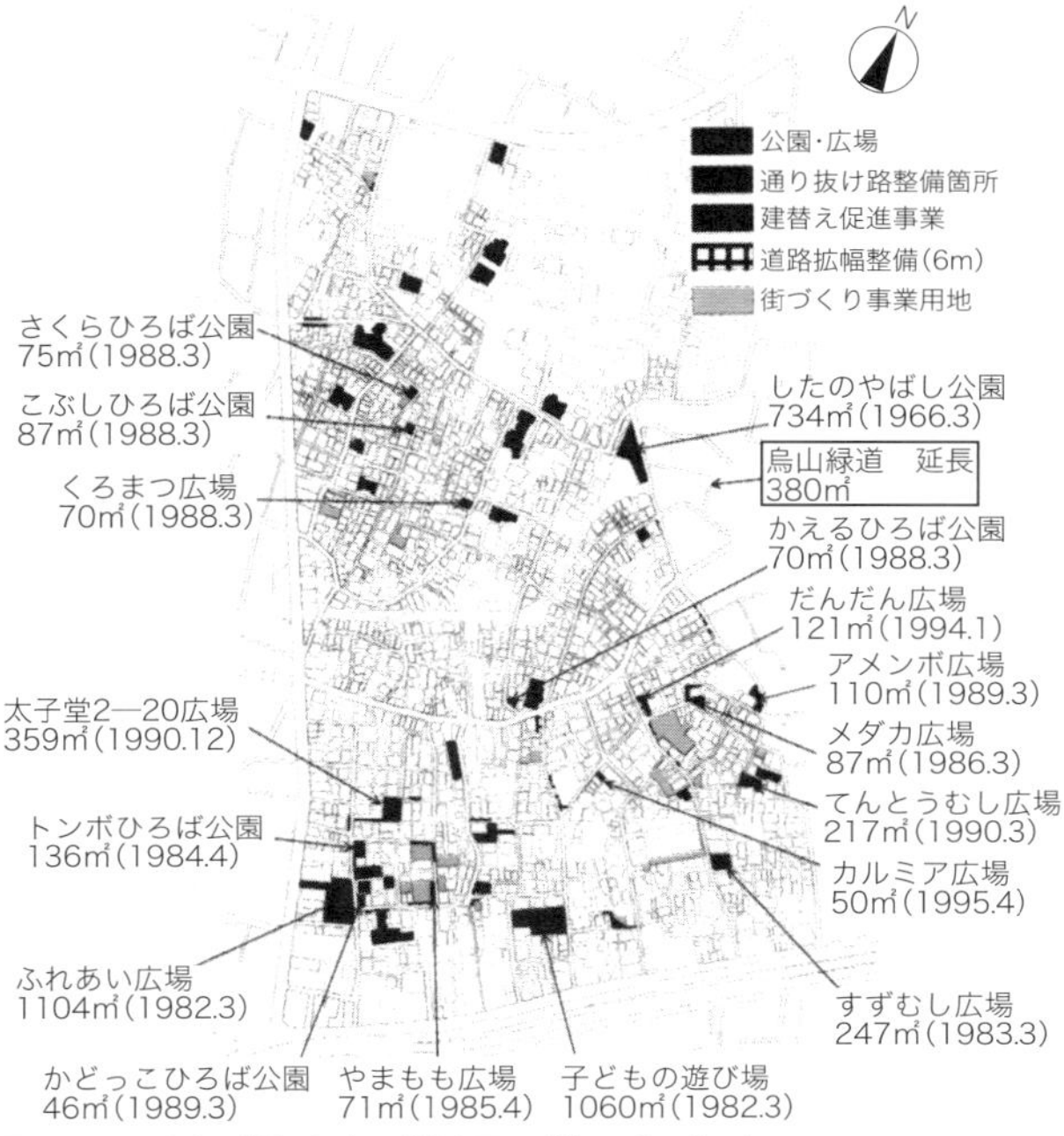

図５　18ヶ所に増えた太子堂地区のポケットパーク

CASE 05-5

ガリバーマップづくり
【世田谷区太子堂・三宿地区のまちづくり】

ワークショップの位置づけ 三世代遊び場マップづくりやワークショップの点検地図づくりなどから地図展の企画を考えているうちに、床一面に地図を敷くという企画に展開。
事前準備 1／1500住宅地図をつなぎ合わせ、その上で歩いたり、座ったりできるように、厚紙に住宅地図を切って貼る。それをフロアーPタイルのように床に置き、つないでいく。住宅地図メーカー、その他各企業に交渉し、寄付金を集める。
工夫 開催のPRは大事だが、会場を人が集まる商業施設のイベント会場とした点。「ガリバーの足あと訪ね」という事後のフォロー。
時期 1988年8月9～16日、1989年8月9～16日。
参加者数 約250人。
ファシリテーター 子どもの遊びと街研究会（中村昌広、岡田順三ほか）。

三世代遊び場マップづくりやワークショップの点検地図づくりなどを発展させて、地図のイベントを企画した。会場は六×一二メートル。その床一面に世田谷区の地図が敷き詰められている。参加者は靴を抜いで上がる。靴を脱いだだけで気分も変わってくる。その敷き詰められた地図の上にテーブルが置かれ、腰掛けながらお茶を飲む、何とも言えずゆっくりと時を過ごす、くつろいだ雰囲気が会場を包み込む。実際、ここまで地図の上を歩き、立ち、そして座るということが不思議な感じを醸し出すとは予想しなかった。壁には「地図によるまち世界の体験展」のポスターと、三世代遊び場マップやバーゼルの遊び場天蓋マップ、吉阪隆正の魚眼マップ、その他諸々の地図が展示されている。そして足元には一五〇〇分の一の住宅地図が一面に敷かれている（図1、2）。

来場者は自分の家を探したり（世田谷在住の場合）、行きつけの店を探したり、そして気になっている場所など、地図をじっくり見ながら、渡されたペンで伝えたいことを書き込む（図3）。最初、誰も書き込んでいない白地図に初めて記入するのに躊躇している人でも、人が書いたものを読み、触発されて書き込んでいく姿がよく見られた。一日目が終わると、すでに他人が書き込んだコメントに、賛同や異なる情報を書き込んだりと、記入が多いポイントもわかってくる（図4）。

そのようにして一〇日間に書き込まれたポイントは四五〇ヶ所にのぼり、そのポイントの書き込まれた情報を含めて写真に撮り、カードにしていった。そして、そのカードをもって、現場を訪ね歩く、「ガリバーの足あと訪ね」が行われた（図５）。

　根気のいる作業である。これをひたすら実施したのが岡田順三氏である。最初にこのガリバーマップの企画を考えた中村昌広氏も次第にその作業に引きずられていった。

ガリバー地図をつくってみよう

　ガリバー地図のいいところは、誰でも簡単にできるということ。イベントの道具として、授業や自治体研修の一環として、とにかくつくって、みんなにのってもらい、書いてもらおう。

ガリバー地図の作りかた（私たちの場合）

①対象とする街の住宅地図を２冊買います（表、裏を使うので）。私たちは世田谷区の住宅地図（ゼンリン、1500分の１）を使いました。世田谷区は東西、南北とも約９ｋｍなので、地図の大きさは６ｍ四方となります。それにあわせて会場の配置を考えます。

②住宅地図の紙はそのままでは弱いので、ボール紙に貼りつけます。地図４枚を１枚のボール紙に貼るくらいがいいでしょう。私たちは中厚の白ボール紙を使いました。ボール紙の表の白いほうに貼ると地図の裏が透けて見えてしまうので、裏の黒っぽいほうに貼ります。また、ボール紙の大きさは地図とぴったり合うように、紙屋さんで裁断機を使って正確に切ってもらいます。

③貼るときには、地図の４辺が両面テープ、中の面がスプレーのりでくっついているという状態にします。地図の縁を切り落としながら貼っていきます。（細かいノウハウは文章に書くには煩雑なので、必要な方はお尋ねください）このとき、地図やボール紙にはいつも裏に記号を書くなどして混乱しないようにします。この作業が全体の中で一番時間をとるのですが、私たちは、ボール紙１枚につき約１５分、全部で１９０枚を貼るのに７～８人／日かかりました。

④こうしてできたボール紙を床にならべ、ボール紙どうしは裏からガムテープで留めてできあがりです。床との間を固定しなくともそれ自身の重さで動かなくなります。

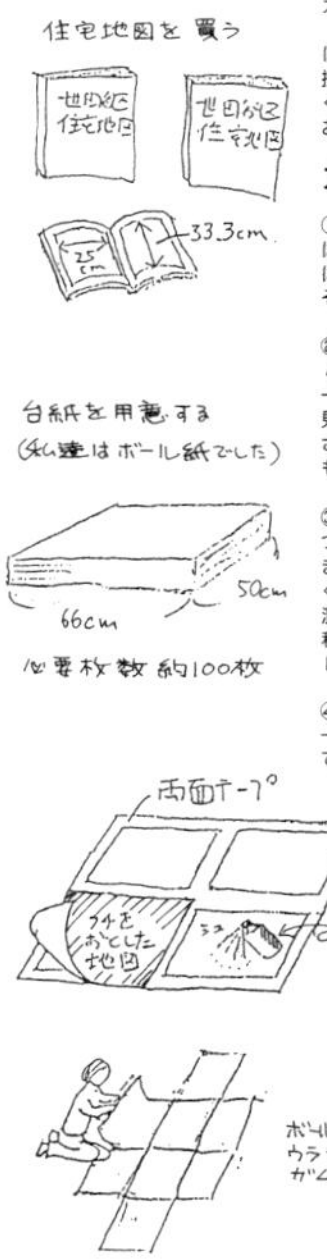

子供にとってガリバー地図は遊び場

図１　ガリバーマップのつくり方

　この面白さは、何気なく書かれた地図の情報で現地に行くと、謎が謎を呼び、その謎を探求する点にある。まさに探偵もどきの展開となり、また聞き込みでその現地の人たちを巻き込むことになる。

　例えば、地図に「ここは黄色い公園という」と記された公園に行くと、黄色いものは何一つない。なぜかと探っているうちに遊んでいる子どもに聞くと、公園の壁際に連れていかれ、ペンキの剥げた箇所の下に黄色の壁面が出ている。なるほど、昔は壁が黄色く塗られていたということがわかる。また他には「この角のお宅は一年中花で通りを飾っている」と記されていた。現地を訪ね、なるほどここかと見ているうちに、そのお宅のおばあさんが出てきた。そして事

図２　マップづくり

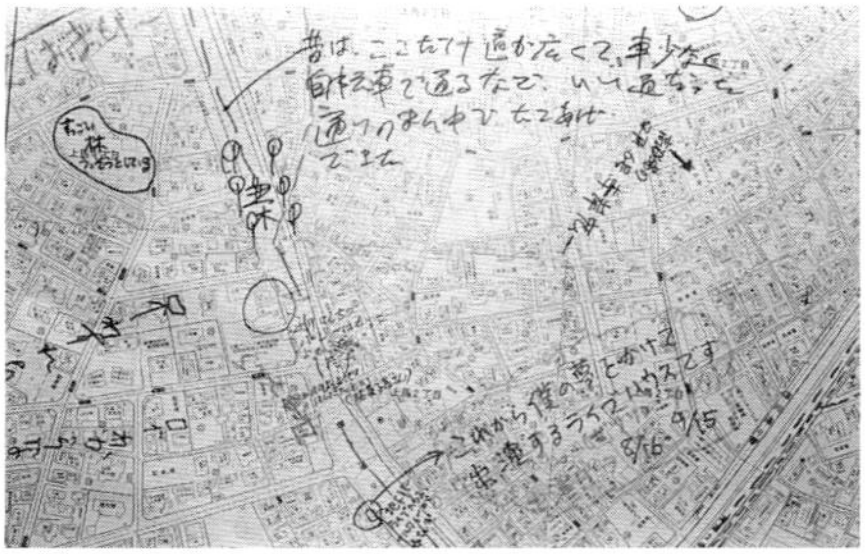

図４　参加者が書き込んだマップ

図３　マップに書き込む

情を説明すると、見ていて評価してくれている人がいるということに大変喜んでくれた。

このように、街の環境の何気ない情報、些細な情報でも評価し、それを分かちあうということから、さらに環境への意識や活動の励みを与えてくれる。イベントとして実施されたが、この地図の書き込み、評価の分かちあいという点で、不特定多数の人を相手とした、ワークショップを崩した応用形のような、大変充実した内容となった。なかには、毎日参加して、ここで時間を過ごしている人もいた。特に、まちづくりセンターやまちづくりの拠点などで、床が無理なら壁一面にこのような巨大地図を貼り、応用することも考えられるだろう。このガリバーマップのイベントは、岡田氏を通じてアルゼンチンにも伝わり、路上や広場に巨大地図が敷き詰められ、海外では靴を脱いで座るということへの好奇心も手伝って、大変好評を博した。

「ガリバーの足あと訪ね」の方法

「足あと訪ね」には、少人数で時間をかけて行う方法と１日でイベント的に多くの人が参加して行う方法がある。

前者はガリバーさんの書き込みのなるべく多くを訪ねるためのものである。１日で10箇所程度が目安となる。人数は２人くらいが一番いい。１人より楽しいし正確に「足あと」を捉えることができる。しかしあまり人数が多いと集中力がなくなる傾向がある。イベント的に行う場合も五～六人以下の班で行動するほうがよい。時間もかかるので１日（最低半日）たっぷりとる。それができなければ、前もって訪ねる「足あと」を決めておきそこに多くの人を案内するという形にする。

いずれの場合も、現地では必ずガリバーカードを掲げ、街の人に見せて協力を求めよう。「足あと」がよくわかるだけでなく、街の人といろいろなコミュニケーションが生まれることもある。

「足あと訪ね」をしたら、早めに記録を作ろう。簡単で多くの人の手に渡せるのは次ページのような、写真と文章の記録をコピーしてとじたものである。私たちはこれをＢ４版タテで作り製本のしかたを工夫して楽しいメディアとした。

２回目の「「まち世界」の体験」のイベント会場で私たちは、ガリバーカードと現地写真のカラーコピーで会場の壁を埋めつくしたり、現地の印象に基づいて作曲された音楽を流したり、２台のビデオモニターでガリバーカードと現地風景をシンクロさせて流したりした。また、講演会では２台のスライドプロジェクタで訪ねた本人の説明をつけながら同様に行った。

このように私たちは写真を中心に現地の記録を行ったが、他にも「足あと訪ね」は、絵画、文学、音楽、などさまざまな表現の素材となりうるだろう。また、行政当局によるまちづくりの基礎データとしての活用なども考えることができる。

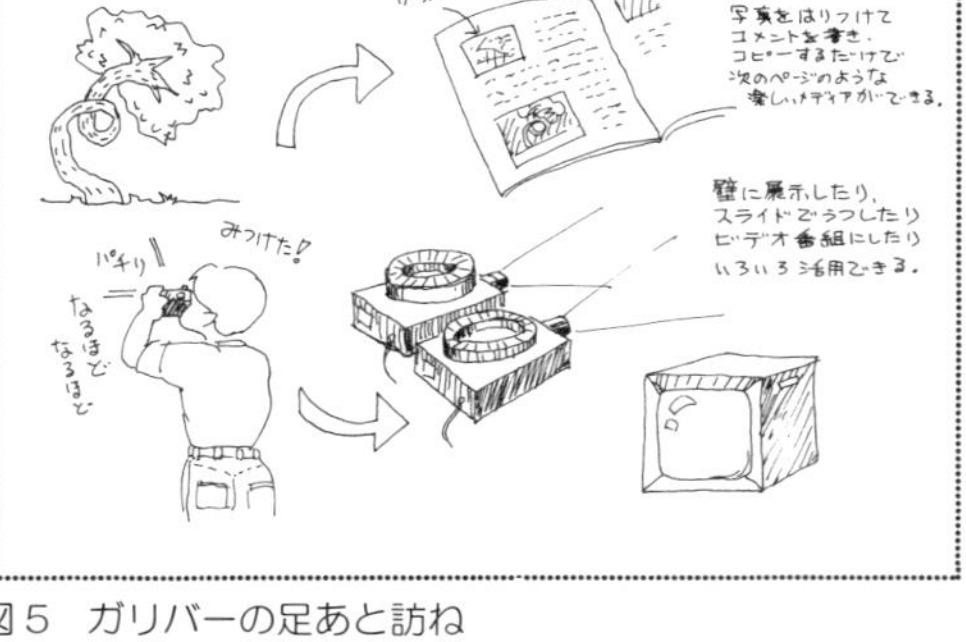

図５　ガリバーの足あと訪ね

CASE 05-6

大道芸術展

【世田谷区太子堂・三宿地区のまちづくり】

ワークショップの位置づけ 子どもの日に鯉のぼりが上がることも少なくなったという声から、街を子ども色に染めるイベントを企画。世田谷区の文化生活情報センターの事業に位置づけ、委託として実施。緑道せせらぎの完成に絡めながら、町会、まちづくり組織と連携して実施。

事前準備 実行委員会形式で、関心ある人材、団体を内外から募集する。準備に半年をかける。町会など地元組織との連携のための事前の挨拶まわり。

工夫 子ども色＝面白さの追求と、いかに地域の子どもから大人まで、人を面白さの渦に巻き込むか。

時期 1992年5月3～5日（準備のワークショップは半年前から実施）。

参加者数 〈仕掛ける側〉50人程度。〈推定参加者数〉300人。

ファシリテーター 木下勇、及部克人、浅海義治、郡山雅史、矢野淳一、行重雅明、中里京子ほか。

子どもの日に鯉のぼりが上がることも少なくなったという声から、街を子ども色に染めるイベントを企画した。子どもの遊びと街研究会を母体に、関心のある有志と及部克人・武蔵野美術大学教授と学生たち、矢野淳一氏（通称トンプー）、浅海義治氏らが集まり、実行委員会を形成し、地元の太子堂二・三丁目まちづくり協議会、三宿一丁目まちづくり協議会、楽働クラブ（前述参照）など地元団体と、外からの応援部隊が親密につながった伝説的な催しとなった。

準備段階を含め、大きくは三つに分かれる。事前準備のワークショップは二つ。一つは、「大道工房」という名称で、学童クラブに参加を募り、鯉のぼりの絵描きと、お年寄りから子どもたちまで遊びの思い出を聞く「三世代遊び場布絵のぼり旗」である。語呂合わせではないが、学童クラブと楽働クラブの掛け合わせとなった。これは及部氏はじめ武蔵野美術大学グループが担当した。

もう一つは「まちは面白ミュージアム」。事前にワークショップ方式の簡便な街歩きをして、いろいろ面白スポットを見つけだしていった。そうした街の中の不思議な物を見つけると、その所有者に話を聞く。すると、その所有者は「よくぞ、聞いてくれた」と喜んで、好意的に謂れを話してくれる。そういう所有者と共感しあう、優れた面白い物を作品とする。いくら我々が面白いと思っても、所有者が拒否的である物はあきらめる。そして、作品としたものには額縁をその大きさでつくり、キャプションをつける（図1）。額縁は、矢野氏の指導の下、カードボードで作成し、オレンジ色に塗った。キャプションには、タイトルと所有者へのヒアリングから説明やクイズ形式などのテキストを添えた。合計四〇点余りが街の中の作品として、その現場に展示された。それを見て歩くためのガイドブック（図2）も作成され、ガイドツアーも企画された（図3）。

このようにして、事前のワークショップから本番当日を迎えた。まず、オープニングの「三世代遊び場布絵のぼり旗」の披露は、町内会副会長（現在、会長）の佐々木国男氏が自作ののぼり旗を仮装してカラオケで歌いながら披露し、盛況に始まった（図4）。事前のワークショップが、地域の団体、住民の関わりを増していったことを物語る。

本番では、知り合いの大道芸人を海外からも招聘し、観

(上)図1　街の面白スポットに額縁をつけてアート作品に

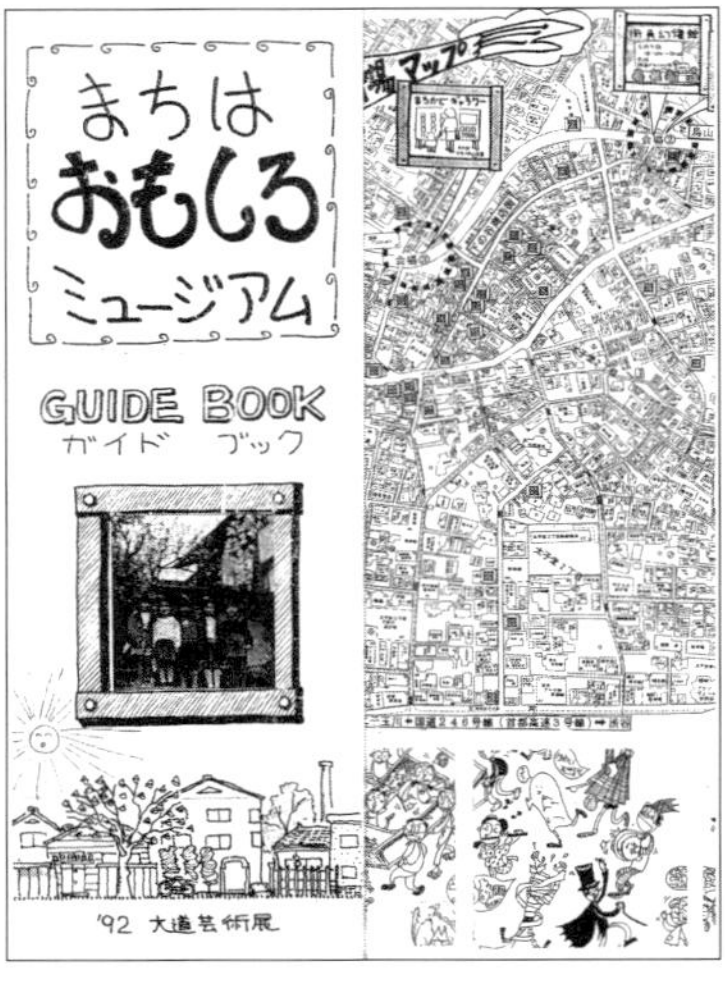

(中)図2　まちは面白ミュージアム、ガイドブック

(下)図3　まちは面白ミュージアム、ガイドツアー

図５　Ｐ・アリエルのストリートパフォーマンス

図４　三世代遊び場布絵のぼり旗

（右）図６　電気曲馬団のストリートパフォーマンス
（左）図７　長い行列が路地を練り歩き、街が子ども色に染まった

客、地域の住民、子どもたちの関わりを増すように仕掛けを依頼していた。イスラエルのパブロ・アリエルは、パントマイムをパレードの途中で行い、メーキャップを観客や立ち止まって見入る住民に施して巻き込む（図５）。また新井英夫氏率いる電気曲馬団は、身体を動かす表現に子どもたちを見事に巻き込んでいった（図６）。

「まちは面白ミュージアム」は、本番当日もワークショップを開催し、子どもたち、参加者が額縁を作成し、街を歩いてまわり、自分で発見した面白スポットにその額縁をかけてキャプションをつけていった。当然、他人の敷地にある物には、所有者を訪ねて了解を得るので、押しかけて地域の住民と関係を持つ仕組みであった。最終日には、額縁作品を見てまわるミュージアムガイドツアーが催され、長い行列が細い路地を練り歩いて鑑賞し、地域の住民たちは何事かと驚きながらも、笑いの渦に巻き込んでいった（図７）。

まさに、街の雰囲気が子ども色の感性で包まれた三日間であった。

CASE 05-7

下の谷御用聞きカフェ

【世田谷区太子堂・三宿地区のまちづくり】

ワークショップの位置づけ 商店街の活性化を前面に出したわけではないが、空き店舗が目立ち始めた商店街で、これまでもいろいろお世話になったこともあり、何か面白いことをと、空き店舗を借りて企画。
事前準備 各店舗の聞き取りと、その台帳づくり。
工夫 事前に仲間で企画を煮詰めるために、街歩き、ヒアリング、面白さを追求するために、自らワークショップ的に企画。
時期 1993年7月9～11日（準備のワークショップは半年前から実施）。
参加者数 〈参加者〉関わり方もいろいろで把握不可能。
ファシリテーター 世田谷区まちづくりファンドに応募したセカンドハンズが主催。木下勇、浅海義治、郡山雅史、行重雅明、中里京子、小河幸代、管野猛ほか。

地域の古い商店街ながら、空き店舗が目立ち始め、次第にかつての活力が薄れてきている下の谷商店街で、空き店舗を利用して何か面白いことはできないかと、「まちは面白ミュージアム」に関わったメンバーを中心に、世田谷まちづくりファンドに「セカンドハンズ」という名で応募した。活動助成金を頂いたものの、何をどう進めるかと、集まってはあれこれとアイデアを出し、自分たちでワークショップを実験的に行ったりしては、試行錯誤と議論を重ねた。

商店街で話を聞いたり、あちこち歩きまわるうちに気がついた。商店の人のこだわりがそれぞれいろいろであり、そのこだわりは、商品そのものであることもあるが、なかには意外なところにもある。そういう発見を報告しあううちに、御用聞きカフェの構想が生まれた。

そして、街歩きをしているうちに、「コーヒーを飲んでいかないか」と、住民のOさんによく声を掛けられ仲良くなった。その言葉に誘われて、お宅へあがると、もう四、五時間は帰れない。戦争中、戦艦大和に乗ってコック班だったという、その自慢のコーヒーを飲みながらOさんの話につ

図1　老若男女で賑わうカフェ

きあううちに、カフェの構想が仲間内から湧いてきた。

そして、商店街の空き店舗というのが決定打。企画を練って交渉し、よくお邪魔していた布団屋のTさんに空き店舗の大家にかけあってもらって二つ返事でOKとなった。名づけて「御用聞きカフェ」(図1)。これまで聞き歩いた商店街の各店舗のこだわりを台帳に記載する(図2)。商店街全体を一つのカフェに見立てて、席を空き店舗とし、そこでOさんの戦艦大和仕込みのコーヒーを出す(図3)。傍らの台帳を見て、お客が「丸新ベーカリーの三角あげ」と注文すると、前掛けをした御用聞きが店まで買いに行くという仕掛けである。ところが、いざやってみると、御用聞きの疲れること、この上ない。台帳の面白さが他の商店街にも評判になったのが、救いであった。

この御用聞きカフェは、さまざまなワークショップや催し物も行われた濃縮されたプログラムであった。路上でハギレの布を大きな白い布に貼りあわせる布絵ワークショップ(図4)、紙芝居や落語、映画上映、バッヂづくり、まちづくり漫談など、商店街のプチ児童館か公民館、またはアートセンターのように老若男女が入り浸る場所となった。

図2　商店街の各店舗のこだわりを集めた台帳

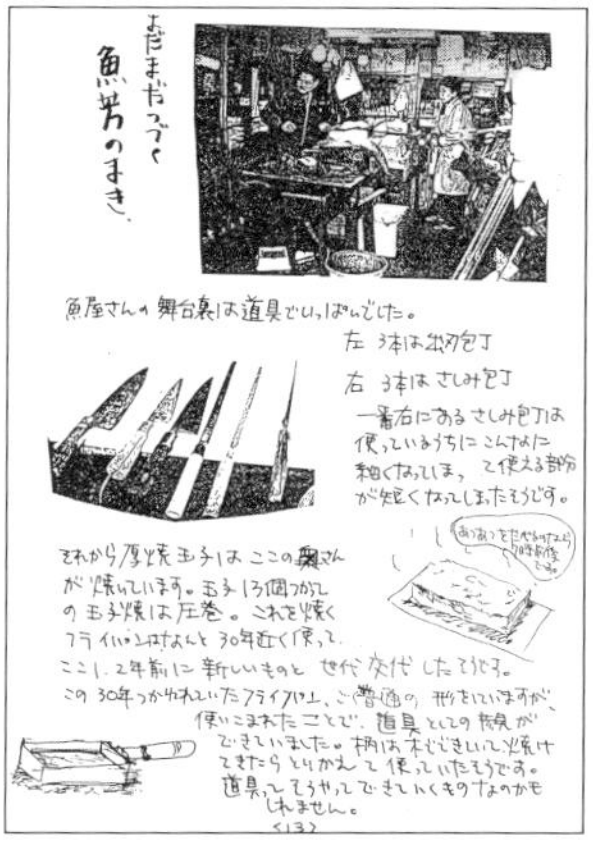

図4　路上で布絵づくり

図3　戦艦大和仕込みのコーヒーを頂く

CASE 06

住民が一筆一筆作成した土地利用計画

【山形県飯豊町「椿講」】

ワークショップの位置づけ 東京工業大学・青木志郎研究室が協力して策定した総合計画において住民主体の村づくりが提案され、その実現手法として開かれた。また新庁舎の移転に伴う町の拠点の構想づくりも必要としていた。

事前準備 地区に関する情報・資料収集。町当局と打ち合わせ。それ以前に足かけ9年間、まちづくりに協力していた関係が大きい。

工夫 農閑期の冬の開催となったが、豪雪地帯で町を歩いて点検できないので、スタッフが事前に地区の様子を数百枚のスライドに収めて、初日に座談会とスライドによる地区視察を行った。また、高校生以上の住民に対し、地区をどう考えているかアンケートの悉皆調査を実施した。

時期 1980年2月11～17日。

参加者数 各日18～25人（日によって変動、皆勤者8人）。

ファシリテーター 藤本信義、喜多順三、府川充。

この椿講には、筆者自身は直接関わっていないが、わが国のワークショップの歴史においては記念碑的な取り組みなので紹介したい。当時、大学院生だった筆者が所属していた東京工業大学の青木志郎研究室では、山形県飯豊町に一〇年近く関わっていた。青木教授は、住民主体の村づくりを力説していた第一人者である。そして当時、助手であった藤本信義氏とのコンビで、飯豊町にその住民主体の村づくりの仕組みを具現化してきた。最初は、町民各層からなる通称「一二〇人委員会」という代議制的まちづくりの組織を立ち上げた。それに学者グループの専門委員会が協力して、四年の策定作業を経て、総合計画「手づくりのまち・いいで」が策定された。

この総合計画は、次の三本柱を基本方針に据えていた。

①農林業を基本とした多角的な産業構造の再編成
②住民の手による住みよい地域社会の創造
③豪雪を克服し、過疎を食い止める環境の整備

この総合計画の課題の一つに、町の拠点整備があり、新庁舎が椿地区に移されることから、椿地区を対象に、この基本方針②の住民の手による住みよい地域社会の創造の具体的方法として、ワークショップが導入されたのである。

このワークショップが導入される前、一九七九年に藤本信義は、アメリカの環境デザイナー、ローレンス・ハルプリンとジム・バーンズによって書かれた彼らのワークショップの方法の教本とも言える『Taking Part』についてのゼミを開いていた。筆者もそれに参加し、ハルプリンの本を

貪るように読み、翻訳も部分的に担当し、のめり込んでいった。残念ながら、筆者は途中から海外留学に発ち、椿講には立ち会えなかった。

ゼミでは、これまで青木研究室の先輩らが開発し（43頁参照）、農村における住民参加の村づくりで実践されてきた点検地図づくりの方法が、ハルプリンの方法の一部に似たような点があるなど、これからハルプリンの方法を取り入れて、日本の農村地域に応用する可能性について、藤本が語る話に聞き入っていた。藤本は、ハルプリンの方法が都市の環境デザインのために使用されている点を考慮して、またこれまで常套手段で行っていた環境点検地図と併せながら、農村版のコミュニティ・ワークショップへの改良の必要性を十分に認識していた。また当時の状況から、「ワークショップ」という新しい言葉も地域で受け入れられないだろうということから、「講」という言葉をワークショップにあてる考えを打ち出した。講とは、もともとは仏典講説の集会を意味していたが、次第に同志の団体を指すように広がってきた言葉である。庚申講もあれば伊勢講というのもある。そして頼母子講のように資金調達の相互扶助的な講や、茶講、汁講など社交的な意味合いの講もある。[*5] 藤本は、この後者のような意味合いで、ワークショップの集まりを講と言った方が地域に受け入れられやすいだろうと判断したのである。そして、椿地区のワークショップは「椿講」と名づけられた（図1）。

椿講

「椿のあしたを描く七日間。」

1980
2月11日 —— 2月17日

図1　椿講のロゴ

一週間のワークショップの内容は、次の構成である。

第一日目　椿の今日と明日を考える
第二日目　農業と土地を点検する
第三日目　生活環境を点検する
第四日目　商店街を点検する
第五日目　公民館を計画する
第六日目　椿の計画目標を創る
第七日目　椿のあしたを描く

この藤本流のワークショップは、青木研究室で農村の生

生活環境点検地図をつくる

私達の住んでいる身近な地域の地図があります。その上に、日頃困っている場所と、「ここはなかなかいい」と感じている場所に印をつけて、その様子が一目でわかるようにしましょう。下の項目の番号を地図の中に入れます。

①道巾が狭く通行不便な所
②見通しの悪い所
③交通量が多く危険な所
④信号がないため危険な所
⑤スピードを出しすぎる危険のある所
⑥交通標識がなく不便な所
⑦防護柵（ガードレール）がなく危険な所
⑧路肩が弱く危険な所
⑨ぬかるみ・水溜まりができて困る所
⑩土ぼこりがひどい所
⑪路上駐車が多くて困る所
⑫自転車・バイクが乱雑に置かれている所
⑬吹きさらしのバス停留所
⑭側溝がなく排水不良の所
⑮ゴミがつまって困る用排水路
⑯汚れのひどい側溝・水路
⑰土砂崩れ、落石の危険がある所
⑱なだれの危険がある所
⑲吹きだまりができて困る所
⑳雪の捨て場に困る所
㉑騒音のひどい所
㉒蚊、ハエなどの発生源
㉓悪臭の発生源
㉔ゴミ、空き缶の投げ捨てが多い所
㉕古くなって危険な橋
㉖古くなって利用しにくい建物
㉗雑草が繁って困る所
㉘子どもの遊ぶ場所で危険な所
㉙外灯・防犯灯がなく不安な所
㉚消火栓・防火水槽がなく不安な所
㉛眺め・景色の良い所
㉜昔からのもので由緒のある所
㉝地形や地質に特色のある所
㉞他にあまり見られない動植物の生息地
㉟むらの人達が共同で管理している所
㊱花見をするのに良い所
㊲紅葉を楽しむのに良い所
㊳夏、涼むのに良い場所
㊴スキー、スケートができる場所
㊵きれいな湧水の出る所
㊶
㊷
㊸
㊹
㊺
㊻
㊼
㊽
㊾

図２　生活環境点検地図の点検項目

活構造を研究してきた蓄積の下に、きめ細かい点検項目が用意されている点が特色である（図２）。

例えば、土地利用点検地図の点検項目は、水田、畑、休耕地、農用水路、排水路、などのほか、自家用の飯米をつくっている水田、区画整理をしていない水田、用水が不足している地帯、排水が悪い地帯、汚れがひどい用水路、ゴミや雑草のため困る用排水路、古くなって困る揚水機場、幅が狭い農道などで、参加者が地図に印をつけていく（図３、４）。

図３　点検地図づくり

ハルプリン流の資源→スコア→パフォーマンス→ヴァリューアクションというサイクルでのプログラムの進め方は取り入れているが、中身のメニューは、これまで青木研究室で住民参加のまちづくり・村づくりで行っていた方法を取り入れている。横文字のものを農村に注入しても受けつけられないということを藤本はよく知っている。このワークショップが開かれる一年前に、筆者は藤本に連れられて飯豊に入った。その時に、東北では、よそ者が地域に入ってから、村人が心を開いて話をするような関係になるまでに一〇年はかかると言われていた。ワークショップが開かれたのは、後二年でその一〇年になろうとする時であった。ワークショップに参加した地域の人の感想はすこぶる好評だった。例えば「椿の住民がこれほど真剣に椿を考えたことはなかったと思います」というように、充実感に溢れ、また、「手作りの町の実感を得たいと思い、毎日出席した。椿講の楽しい設計が何年経ってどう生きるか、懸命に協力していきたいものです」というように、これから計画の実現に努力したい旨が表現されている。[*6]

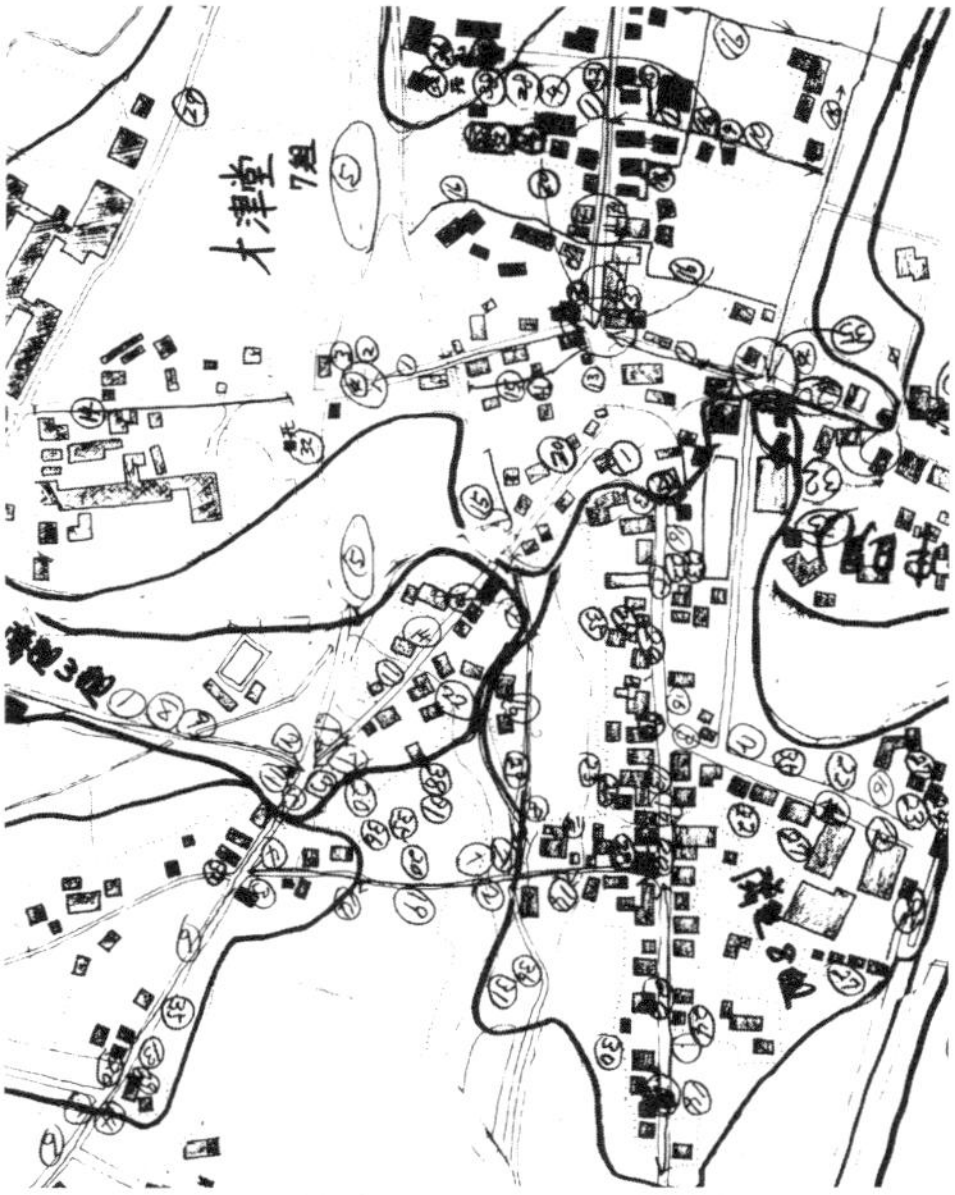

図４　点検項目が書き込まれた生活環境点検地図

　この「椿講」から一〇年後、椿地区の住民は、一筆一筆の地権者の意向を聞いて色塗りをした土地利用計画を作成するに至る（図５）。大まかな土地利用の色塗りなら一般に存在するが、一筆ごとの意向を聞いた上での色塗りは全国でも例のないことであった。その背景には、地区が直面した不在地主の土地がリゾート開発の攻勢を受けて、地区の将来に不安を持った人々の強い危機感があるが、ベースには住民参加ワークショップで芽生えた計画主体としての意識がある。このコーディネートには、退職後の役場職員の働きがあったことも付記しておく。

　飯豊町では後に、土地利用計画づくりが展開し、全九地区で策定されている（平成一二年完了）。町の第三次総合計画に、それら地区の土地利用計画を反映させている。地

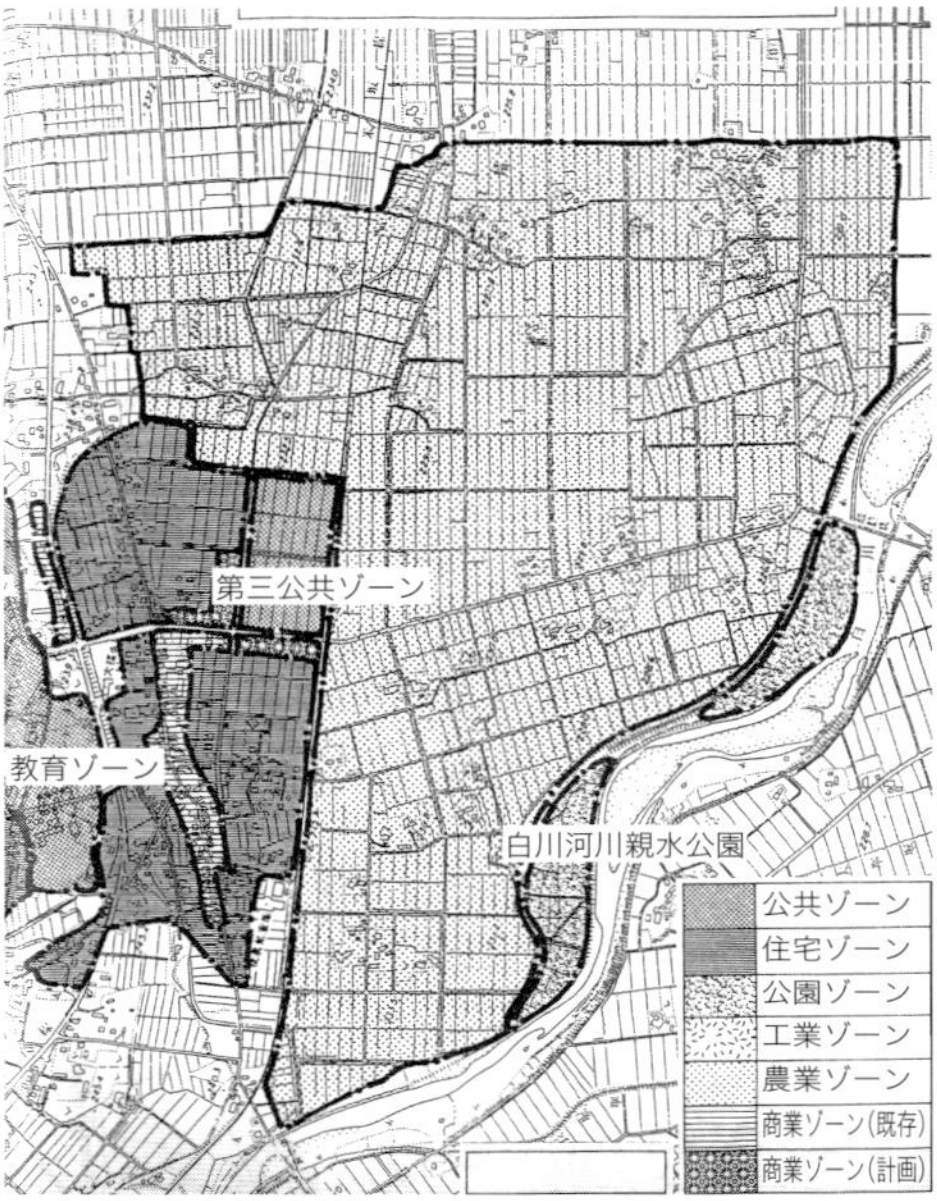

図５　住民が一筆一筆色塗りした土地利用計画図

区単位の土地利用計画の隣りあう地区同士の関係や全体での調整は、各地区代表一八名からなる飯豊町土地利用調整協議会が担っている。またその過程でも、元東京工業大学・青木研究室の関係者による農村計画研究所（飯豊町の廃校に開設）、藍澤宏・東京工業大学教授、糸長浩司・日本大学教授らの支援があった。

　飯豊町ほどの精緻な土地利用計画というところまではいかないが、このような集落や地区を単位としたボトムアップの「積み上げ方式」の計画づくりは、長野県塩尻市、新潟県小国町、長野県高森町などへ、ワークショップの応用の形で普及してきた。

　また、飯豊町の取り組みは山形県の土地利用計画の仕組みにも影響を与え、さらには国の事業にも取り入れられていった。旧国土庁（現在の国土交通省）は土地利用調整基本計画という、地区単位の土地利用計画づくりを推進するための事業「土地利用調整システム総合推進事業」を一九九七年に創設した。この手引き書にも飯豊町の事例が参考にされていることがよくわかる。その手引き書には、ワークショップの開催までも含めて、住民参加で土地利用調整基本計画作成の手順が記されている。

　住民参加の土地利用計画では、長野県穂高町や静岡県掛川市の事例が、制度的な面からよく知られるところである。運動論的側面からは、山形県飯豊町のように、地味ながらも古くからコツコツと長い取り組みの上で成果を上げてきているところもあり、そのきっかけにワークショップが働いていたということも、ぜひとも紹介しておきたかった点である。

CASE 07

都市部で初めてのまちづくりワークショップ

【世田谷区「歩楽里講」】

ワークショップの位置づけ 世田谷区が住民参加のまちづくりを進めるにあたり、住民に身近な出張所職員を対象に実施。区企画部から依頼があり、職員研修室と区民部地域振興課の共催。
事前準備 ファシリテーターとなるメンバーが、会場周辺を探査し、歩いてまわるルートを検討。そのルートにある情報を集めて整理し、プログラムを検討。泊りがけで準備し、スタッフでプログラムをシミュレーションし、修正を重ねた。学生にロジスティックスなどの協力を依頼し、資料等を準備。
工夫 同じ所を歩いても、1日目と2日目では目に見える事柄が異なってくるということに気づかせる。
時期 1981年12月16～18日。
参加者数 55人。
ファシリテーター 藤本信義、小野邦雄、木下勇、卯月盛夫。

一九八〇年代初め、東京都世田谷区では、地区計画の策定などが始まった時期であり、これから住民参加のまちづくりを進めていこうとしていた。区企画部の故田中勇輔課長が、筆者を通じて山形県飯豊町のコミュニティ・ワークショップの方法を知り、藤本信義氏に相談した。しかし藤本は、住民と行わなければまちづくりでないと、疑問を投げかける。ただし、世田谷区ではそれは時期尚早という判断から、住民に身近な出張所職員を対象に職員研修として行うということで進めた。世田谷区の基本計画にある生活と文化の軸に沿って行うことになり、藤本から、生活を見るならば、道沿いの生活を点検する、歩行空間に絞って実施することが提案された。そうして名づけられたのが「歩楽里《ぶらり》講」である（図1）。歩楽里とは、ぶらぶら歩きを楽しめる里という意味であり、講は、前述の椿講に倣った藤本流のワークショップの翻訳である。

プログラムは、単純に街を歩いて点検する内容である。一日目は、オープンスコアというように、こちらから視点を規定しないで、自分で視点を立てて歩いてまわるという内容である。二日目は、車椅子などを入れながら、また一日目の結果を反映しながら、絞った視点を持って歩

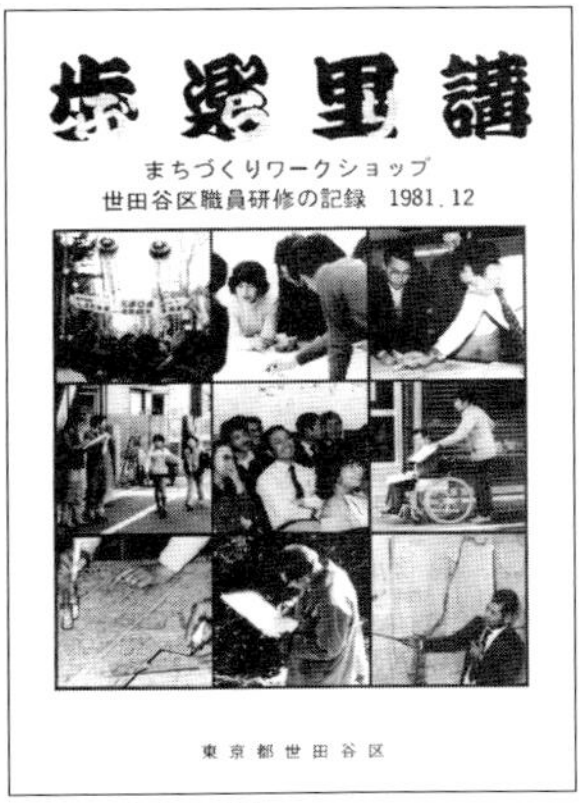

図1 歩楽里講

図２　点検結果を皆で話しあう

いて点検する、いわばクローズドスコアである。三日目は、点検した結果から、問題を整理して、問題解決の構想、計画案の作成である（表1、図2）。

同じコースを歩いても、一日目と二日目に指摘された項目を比べてみると、違いがあることがわかる（図3）。当然、内容はより深く、細部にわたっている。例えば、一日目の「障害者に通行不可能」といった指摘が、二日目には車椅子での点検によって「踏切で軌道内に車椅子の車輪を落としてあせる」「マンホールの蓋が車椅子に邪魔」といった体験的発見になっている。これは、車椅子の効果もあるが、それ以外の項目においても、「買物で行き来する歩行者が多い」など、人や車の動きに注目する意見も増えて、また五感で捉えることもスコアに入れたことから「排ガスの匂い」「ボロ市に来た人々の立小便あと有、悪臭漂う」といったように、感覚で捉えた表現も増えている。このようなクローズドスコアの効果があったが、こちらで指示していない内容で増えているのは、計画提案の表現となっている点である。これはすでに問題が明らかになっている箇所においてであり、参加者の頭の中では問題の指摘といっても提案の方に傾く傾向があることを示す。

三日間のこのような従来の研修と異なる方法に、最初は職員にも戸惑いと緊張感があったが、最後には表情も柔らぎ、充実感をみなぎらせていた。「頭の中でまちづくりを考えると簡単に結論が出てくるが、実際にそこを歩いてみると多種多様な問題があり、本当に大変だということがわかった。また、普段黙って見過ごしてしまうものに、良い点、悪い点があることを発見した」というような、発見した感動や、「街の見方は、どうしてもこれまでの自分の関心、興味の方に偏りがちになってしまう。けれど他の人の見方を知ると、別の視点を増やせそうな気がした」というような、グループ作業における異なる価値との出会いに対する評価が多かった。

表1　歩楽里講のプログラム

12月16日（第1日目）

	スケジュール	時間	スタッフ作業
1	開会挨拶：スタッフ紹介（ワークショップ開催の経緯説明）	9:00〜9:15	●録音、写真撮影
2	基調講演「住民参加によるまちづくり」青木先生	9:15〜10:15	●録音、写真撮影
3	スコア1実施 ①管内環境問題記述 ②区民によるまちづくりを進める上での問題点記述	10:15〜10:30	●スコア用紙、黒マジック配布 ●写真撮影 ●質問に対応できるよう会場巡回 ●記述した用紙回収
4	ぶらり講の進め方の説明	10:30〜11:30	●録音、写真撮影 ●スタッフ担当者説明
5	スコア2実施 ①楽しく歩けるまち・みちのイメージ記述 ②ぶらり講への期待記述	11:30〜11:50	●スコア用紙配布 ●写真撮影 ●質問に対応できるよう会場巡回 ●記述した用紙回収
6	点検ルート周辺現況説明 ルート図（携帯地図）、スコア3説明	11:50〜12:10	●ルート図、画板、スコア用紙配布 ●写真撮影 ●スタッフ担当者説明
7	昼食	12:10〜15:10	●ビデオ、写真撮影 ●スケジュール10のため会場設営。全8班を4班ずつ2室に分け作業テーブル設置。各班にテレコ設置
8	スコア3実施 まちに出て点検。携帯地図に点検内容記述		
9	帰館して休憩	15:10〜15:20	
10	各自の点検結果を1/500地図に転記（黒マジック）	15:20〜16:00	●録音、ビデオ、写真撮影 ●質問に対応できるよう会場巡回
11	スコア4実施 ①楽しく歩けるまち・みち調査のために点検すべき項目記述 ②班ごとに点検すべき項目記述	16:00〜16:40	●スコア用紙配布、巡回 ●記述した用紙回収 ● KJラベル配布、巡回 ●写真撮影
12	スケジュール13発表者決定		
13	スコア4―②の結果を班代表が発表	16:40〜17:20	●録音、ビデオ、写真撮影
14	スコア5実施 第1日目の感想記述	17:20〜17:30	●スコア用紙配布、巡回、回収 ●写真撮影

12月17日（第2日目）

15	2日目の日程発表とスコア結果講評	9:00〜9:30	●スタッフ担当者説明 ●写真撮影
16	スコア2―①結果講評	9:30〜9:50	●スタッフ担当者説明 ●写真撮影
17	スコア4―①結果講評と点検すべき項目解説	9:50〜10:10	●スタッフ担当者説明 ●写真撮影、赤マジック配布
18	休憩	10:10〜10:25	●スケジュール19のため会場設営
19	点検ルート周辺地域をスライドにより解説	10:25〜11:25	●スタッフ担当者説明
20	各班ごとに点検の分担、車椅子に乗る点検者の決定	11:25〜12:00	●録音、写真撮影 ●質問に対応できるよう会場（2室。1〜4班と5〜8班）巡回
21	車椅子の乗り方説明		●スタッフ担当者説明
22	昼食	12:00〜14:40	●ビデオ、写真撮影 ●スケジュール24のため会場設営。全8班を4班ずつ2室に分け作業テーブル設置、各班にテレコ設置
23	スコア6実施 点検すべき項目に則ってまちに出て点検。携帯地図に記入		
24	各自の点検結果を1日目に用いた1/500地図に転記（赤マジック）	14:40〜16:30	●録音、ビデオ、写真撮影 ●質問に応対できるよう会場（2室）巡回
25	スケジュール27発表者決定		
26	休憩	16:30〜16:40	
27	班代表、まち・みちの点検結果発表	16:40〜17:20	●録音、ビデオ、写真撮影

12月18日（3日目）

28	スライドによるまち・みち先進事例紹介	9:00〜10:00	●スタッフ担当者説明
29	3日目の日程発表とこれまでの作業経過説明	10:00〜10:15	●スタッフ担当者説明 ●写真撮影
30	休憩	10:15〜10:30	●スケジュール31のため会場設営。各班に作業テーブル、テレコ設置
31	スコア7実施 ①各班ごとに計画項目と計画範囲の設定	10:30〜11:00	●録音、ビデオ、写真撮影 ●質問に対応できるよう会場（2室）巡回
32	スコア7実施 ②計画方針の設定と計画内容検討	11:00〜12:00	
33	昼食	〜13:00	
34	スコア7実施 ③1/500構想図作成	13:00〜16:00	
35	スケジュール36発表者決定		●スケジュール36のため会場設営（1室）。図面8枚張り出し
36	班代表、計画方針と構想発表	16:00〜17:00	●録音、ビデオ、写真撮影
37	スコア8実施 ①ぶらり講に対する感想記述 ②ワークショップ方式の今後の活用方法について記述	17:00〜17:10	●スコア用紙配布 ●写真撮影 ●質問に対応できるよう会場巡回 ●記述した用紙および道具一切回収
38	閉会式	17:10〜17:30	●録音、写真撮影
39	ビデオを見ながらお茶とお菓子で交歓会 解散	17:30〜19:00	●参加者と共に会場設営（1室） ●ビデオ再生準備、放映 ●参加者と歓談

土地

1日目

- 河川跡の遊歩道公園は都会の環境を考えると、とても良い利用法と思う(1)

緑・環境

1日目

- 花屋の鉢が道路に出ている(1)
- 昼間なのであまり活気がないようだ(1)
- 緑道の植木にゴミが捨てられていたので気分が良くない(1)
- ニワトリが7～8羽歩き回っていたのは、サーカスのショーを見ている気分(1)

↓

2日目

- 悪臭がする(2)
- 遊歩道入口は、目立たないが、植木が整備され、きれいで静か(1)
- 花屋の鉢が出てきれい(2)
- 電車の音、振動をのどかとするか(1)
- この一帯の境界は生垣であり、商店街からの眺めは自然の趣きがある(1)
- 生垣やフェンスにツタをからませたもの等線の塀が続いている。小鳥のさえずりもたくさん聞こえ、静かで気持ちが良い(1)
- 四季の花、休憩施設をつける(1)
- 四季折々の樹木を植え手入れをする。樹木の選定が必要(1)

設置物

1日目

- ガードレールが必要(4)
- 左側のみがガードレールあり(1)
- 片側ガードレールなし(2)
- 片側ガードレールなく危ない。特に子どもや身障者(1)
- ガードレールがない(2)
- 片側ガードレールなし。商店街で人通りが多く危険(1)
- ガードレールにのぼりが縛ってある(1)
- ガードレールがあるが狭い(1)
- 商店街では道路標識が目立たない(1)
- ガードレール内の歩道が狭い上、街路灯や電信機や広告灯等があり、報告が困難(2)
- 行先方向の表示(区役所・経堂等)(1)

↓

2日目

- ガードレール必要(2)
- ガードレールなし(1)
- ガードレール取る(1)
- ガードレールはあると邪魔だが、ないと何となく不安、恐い(1)
- ガードレール内の電柱を埋設する(1)
- 歩道に品物、ベンチ、看板等がはみ出している(2)
- 郵便ポストの一部が隠れている(1)
- 街路灯の定期的塗り替えと色の統一(1)
- 植込みのある所は、ガードレールもポール型が良い(24)
- 歳末のためか大売出しののぼり、飾りつけが多い(1)

その他

2日目

- 野菜が店先にあって生活感がある(1)
- 商店街はにぎにぎしく生活感あり(1)
- 商店街は割合きれい(1)
- 自動販売機で買いづらい(1)
- スーパーKOJIMAの通路狭し(1)
- スーパーの積み上げられた木材(1)
- この辺一帯はボロ市商店街と上町商店街および豪徳寺緑道等ショッピングと散策(自然環境)の接点とする(1)

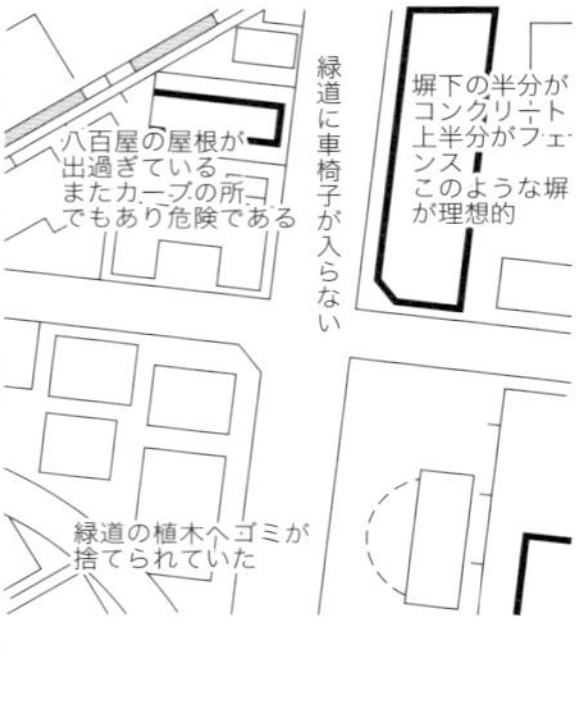

図３　点検結果の変化

しかしながら、最後の構想づくりは現実を度外視した夢物語になっている点をついて、「現実離れした夢を見たような気がした」と、冷めた意見もあった。この点は、三日間という時間の少なさもあろう。

三日間の研修でどのくらい職員の意識が変化したか、後述する港区の職員研修と比べると、表層的な感じが歪めない。しかし、農村部で行っていた点検地図づくりを都市部で初めて行い、都市部におけるまちづくりのワークショップということ自体も初めてのことであり、世田谷区にとっては後の住民参加のまちづくりの推進において、ワークショップが導入されるきっかけになった出来事である。

世田谷区では、企画部に後に助役となった川瀬益男部長や後に川場村村長となった田中課長（いずれも現在は故人）がおられて、都市計画家の林泰義氏（計画技術研究所所長）がブレーンとなって、以降、住民参加のまちづくりを推進していくことになる。そして、まちづくりセンターが開所された時に、この歩楽里講にファシリテーターとして参加した卯月盛夫氏（現在、早稲田大学教授）が初代センター長になるのである。

CASE 08

演劇ワークショップとのクロスオーバー

【世田谷区まちづくり「ひろば」】

ワークショップの位置づけ JYVA（日本青年奉仕協会）のボランティア研修として企画。初めて演劇ワークショップとまちづくりワークショップの融合を図る。

事前準備 約5ヶ月前から準備の実行委員会を開き、10回目にプレ・ワークショップを開く。現地の市民活動団体との調整をしたり、現地を歩き、演劇ワークショップのファシリテーター2人とまちづくりワークショップのファシリテーター1人（筆者）でプログラムをぶつけあいながら構成した。実行委員会は計13回にわたって開催した。

工夫 実際に地域のハードな環境を見てもらい、地域の活動に従事している人たち、町会長等にインタビューを行った。

時期 1984年3月23～25日。

参加者数 40人。

ファシリテーター 木下勇、斉藤啓子、斉藤正宏、〈補助〉福地一義、山田洋子、〈地域受け入れ担当〉平野真佐子、越智武雄。

東京都世田谷で住民参加のまちづくりが活発になった下地には、市民ボランティア活動の隆盛がある。ボランティア祭典の雑居まつりも十数回の歴史を積み重ねたなかで、その障害者の運動のリーダーである碓井英一氏らが、より前衛的な表現の広場を目指した「太陽の市場」を始めた。その活動場所である羽根木公園南西角地には黒色テント68／71のテントが張られ（6章図29参照）、その夜の上演の合間の日中、自分たちの表現活動のさまざまな催しと演劇ワークショップが開催された。及部克人氏（武蔵野美術大学教授）の依頼で、資料づくりの協力がてら、その演劇ワークショップに参加したのが、筆者のそもそもの演劇ワークショップとの出会いであった。以降、その演劇のダイナミズムに惹かれ、また一方で組み立て方の共通性が気になって、演劇とまちづくりのワークショップの融合を図って

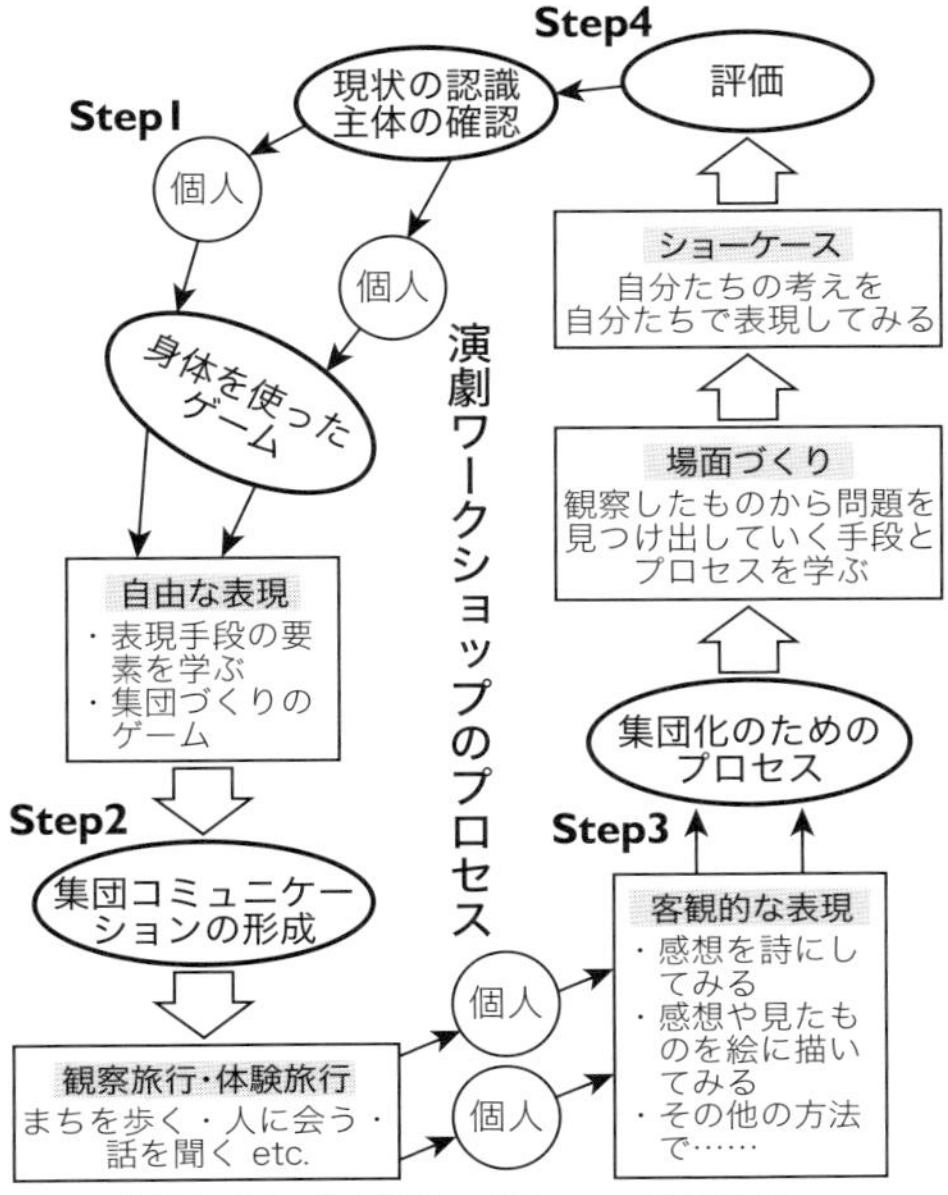

図1 演劇とまちづくりワークショップの融合

打ちとけた雰囲気づくり

全体の目標と流れを頭に入れて

自分たちの持っているものからまちを見る

色々な表現で視点を明確に

まずフィールドをオープンに見よう

どんなところかな

なにを見ようかな

夜のおたのしみ

1日目	ラウンド	内容	準備	スタッフの動き
3/23 13:00 13:15		受け付け　V.C.	●机・参加者名簿・配布パンフレット・つり銭	●会計 参加費徴収
14:30 15:00 15:05	1	**集団づくり** ①コミュニケーションゲーム ネームチェーン ②他己紹介 1)2人ずつペアになり、互いに聞きながら相手の子どもの頃のまちの絵地図を書く(遊び場、ひろば、まちでの体験等) 2)子どもの頃の絵地図に、宿題の現在のまちの地図を合わせて、2人で互いに紹介しあう 3)それを全体で紹介しあう	2人ペア ・名前 ・子どもの頃育った所 よく覚えていること いくつか説明つき（・どんな場所で ・だれと ・どんなことを） ・現在 どこで、どんな活動に関わった経験があるか ・ワークショップ参加の期待 ●宿題の絵地図 ●色画用紙ブック—3冊 ●クレヨン12色—4組 ●サインペン(黒)—参加者数	●指示—進行係 ↓ 担当ファシリテーター ●備品配布 (3日間) ◎写真記録は常時とる
14:15 | 14:30		**オリエンテーリング** ・全体の目的と進行の説明（これ大事!!） ・お知らせ	●当日配布資料	●パンフレット ●担当者説明—進行係 主催者
15:20 15:35 15:55	2	**共同地図づくりから視点づくりへ** ①共同地図づくり (15分)・グループに分かれてラウンド1でつくった子どもの頃の絵地図、宿題の現在活動しているまちの絵地図の2つの絵地図を持ち寄り、模造紙に切り貼りし、間を絵地図で埋めながら、グループで1つのまちをつくる  ②視点づくりへ (20分)・つくったまちの中で、グループで関心のある大事な“物”や“場所”を3〜4つ(当日指定)選定しながら、そのまちのテーマを1つ決める。選んだ物や場所、テーマは、地図の余白に書き入れよう。もちろん、参加者それぞれのまちへの問題意識も自由に出し合おう ③全体発表、意見交換	●模造紙—グループ数×2 ●マジック(太)4色—グループ数 ●クレヨン12色—4組 ●ハサミ・ノリ・テープ—グループ数 ●ガムテープ—2ヶ ●紙袋—参加者数 ●サインペン—参加者数	●指示—進行係 ↓ グループファシリテーター ●備品配布 ●場合によって進行係とファシリテーターが集まり、スケジュール検討等の打合せ ●発表の意見メモ—記録係
16:10 16:40 17:10 17:50		**表現の工夫から視点づくりへ** ①形づくり ②場所づくり ③共同地図の表現 ⟶ 3つの場面づくり ・共同地図でグループごとに出したテーマを劇の形で表現する。そこでグループで言いたいこと⇨まちを見る視点をはっきり持って発表に向けよう ④発表		●指示—担当ファシリテーター グループファシリテーター ●表現ファシリテーターは、グループの動きを見守る力量発揮!! ●グルーピングの検討 ●発表会の意見メモ—記録係
18:30	3	**フィールドへ散歩と夕食** ①気づいたこと何でもメモしよう！ 【夕食】	●夕食代 ●カード(名刺サイズ)参加者数×2	●指示—進行係 ●夕食代配布—会計係 ↓ (実行委)ファシリテーター ●演芸会カンパを了解したのち、演芸会用酒、つまみの買い出し—食事係
19:30 20:30	4	**フィールドの説明と視点の設定** ①地域の概要 ②地域の活動グループの活動内容と問題提起 ③フィールドを歩くときのプログラムの説明とコース(テーマ・視点を含む)の設定 ④参加者のフィールドワークのコース選定 ⑤フィールドワークグループづくり ⑥フィールドワークグループメンバー個々の視点づくり ・フィールドチェックシートに行く場所、見るモノ、会う人に対してどんな質問をするか予想	●スライド映写機 ●パンフレット ●フィールドチェックシートの用紙(パンフレットのメモ欄兼)	●説明—地元実行委員 ●映写機の準備—同上 ●フィールドチェックシートの配布（パンフレットが兼ねていれば不要）—備品係 ●次の日までのスケジュール確認—進行係
21:00 21:20		移動・入浴		
22:30	番外	**演芸会** ①寸劇の発表 ②交流会—参加の目的、期待の紹介、1日目の感想などなど…	●酒、おつまみはカンパで	●酒、おつまみなどで会場の雰囲気づくりは食事係を中心にみんなで ●宿泊の仕方説明—生活係

表１　桜ヶ丘地区のワークショップ・プログラム

	2日目	ラウンド	内容	準備	スタッフの動き
	3/24 9:00	5	**ウォーミングアップ**		●指示—担当ファシリテーター
体をほぐそう 視点を決めてフィールド体験！	9:30	6	**観察旅行** ①観察視点の確認 ②フィールドワーク 1)まちを歩いて見る、聞く、感じる 視点から感じたものをメモしよう 2)話を聞く 【昼食】	●オリエンテーリング地図—参加者数 ●フィールドチェックシート(B4)—参加者数 ●サインペン—参加者数 ●画板・ボール紙—参加者数 ●クリップ—参加者数  ●昼食代 ●車椅子—グループ分	●指示—進行係 グループファシリテーターは、メンバー個々の観察視点、話を聞く質問項目の確認をする ●昼食代配布—食事係 ◎写真は3グループに分かれる
発見をみんなでまとめよう	14:00 16:00	7	**絵地図と詩による点検地図づくり** ①歩いたまちの印象の強い場所を絵地図にする(B4) ・問題点や気づいたことを記入する　個人で ②歩いたまちの印象を4〜8行(当日指定)の詩に表現する ③絵地図と詩のグループ内発表 ④グループで個々の絵地図と詩を貼り合わせながら、間をまちの絵地図でつなぎ、一つの点検地図をつくる ⑤問題とするものは何かを話し合い、絵地図内に記入する  ⑥発表 ・グループで問題とするテーマとその説明 ⑦意見交換	●模造紙(B全)—グループ×2 ●マジック4色—グループ数 ●サインペン—参加者数 ●クレヨン12色—4組 ●詩を書く紙(B5)色画用紙—参加者数 ●ノリ・ハサミ・テープ—グループ数	●指示—進行係 ↓ グループファシリテーター ●備品配布 ●意見メモ—記録係
問題を明確にして改善の提案をする	18:00 20:00	8	**芝居を通した構想づくり** ①前日のワンダーランドとラウンド7の点検地図をあわせて 1)問題とするテーマを検討しながら確認する 2)その問題解決の提案を考える ②芝居の表現 1)グループで問題とするテーマ 2)どうしたらよいのかの提案 }これらを入れ込んだ表現にまとめる ③中間発表 ④手なおし	●弁当	●指示—担当ファシリテーター ↓ グループファシリテーター ●弁当配布—食事係
	21:00		移動		

	3日目	ラウンド	内容	準備	スタッフの動き
みんなで見よう	3/25 8:30 9:30	9	**打合せ** **発表**	●ワイヤレスマイク—1 ●テープレコーダー—1 ●VTR	●各グループ自由に ●発表開始指示—担当ファシリテーター ●VTR—記録係
全体をふり返ろう	10:30	10	**感想・討論**	●カード ●サインペン }参加者数 ●テープレコーダー—1 ●VTR	●開始指示—進行係 ●カード配布—備品係 ●テープレコーダーによる意見の記録—記録係
	12:00	11	**講演**—青木志郎 「まちを知ること」	●ワイヤレスマイク ●VTR	●接待 ●紹介 }進行係
新たな出発へ	12:45		**終了式**		
	13:00	12	**打ち上げ**	●お酒 おつまみ(カンパで) ●昼食	●ごくろうさまでした!!

図２　街歩き

図３　街の課題を話しあう

図４　提案を寸劇にする

きた（図１）。演劇ワークショップはＡＴＦ（アジア・アフリカ演劇フェスティバル）という国際的行事の開催でも威力を発揮し、それらで経験を積んだ、斉藤啓子氏、斉藤正宏氏と筆者の三人で、ＪＹＶＡ（日本青年奉仕協会）のボランティア研修のファシリテートをすることとなった。

依頼は、まちづくりの研修であった。対象地として、元冒険遊び場が開かれた桜ヶ丘地区を選定し、平野真佐子さん（故人、老人給食協力会ふきのとう創立者）たちの協力を仰いだ。平野さんたちは、この地で、広場を守る運動や青少年活動を展開していた。三日間の連続した日程での研修のプログラムは、街歩きをして、ヒアリングをし、そこで得た印象から、街の課題を話しあい、提案を寸劇で表していくという流れであった（表1、図2～4）。途中、コミュニケーションゲームを入れながら、次第に寸劇に組み立てていく。もとより身体を動かすことに慣れているボランティアの人たちなので、愉快に楽しく進み、最終発表を地域の人たちに見てもらい、大盛況に終わった。

ボランティア研修としては濃密なプログラムで、研修生からも感動の声が寄せられて、大成功であった。が、果たして地域にどのような貢献になったのか、本当に平野さんたちの活動の助けになったのだろうか、という疑問が筆者の中にずっと残っていて、平野さんが二〇〇三年に亡くなられてそれを聞くことも叶わなくなった。

　平野さんたちの活動は、児童センター予定地での冒険遊び場活動（一九七七〜七八年）の時から、地域の町内会など古い組織との関係づくりに苦労してきた。地域とのぶつかりあいが顕著になったのは、この児童センター建設が区民センター建設へと代わり、平野さんたちがその計画変更に異議を申し立て、広場を守る運動を展開した時である。それは当然、集会所などを要求する町内会とぶつかることになった。区民センター建設に際して、筆者は林泰義氏から依頼されて、卯月盛夫氏、清水裕之氏らとともに、世田谷区都市美委員会の臨時専門委員として、高橋鷹志教授（当時、東京大学）の下で平野さんたちと世田谷区の間に入りながらコーディネート（というと聞こえがよいが、まるで二重スパイのような役割）をして、建物のボリュームを押さえて敷地面積の三分の一を土の広場として残す案に落ち着くまで調整作業や基本計画案作成に従事した。

　こういう場合、施設が建った後も、地域の対立のしこりが残るのが通常である。そこで、このボランティア研修のワークショップによって平野さんたちの活動が地域で認められ、町会等との関係改善につながればという思惑もあった。しかし、それはとりこし苦労であった。平野さんたちは、その後、老人給食運動を始め[*7]、地域の一人暮らしのお年寄りたちを外に引っ張り、対話を増やすように進めるという素晴らしい活動を展開していった。これにはさすがに町会の役員たちも文句も言えなかったに違いない。そういう意味で、平野さんたちの冒険遊び場活動の時からの「ひろば」へのこだわりは、目に見える「広場」のみではないということは明らかである。「ひろば」はボランティアに携わる者が好んでよく使う言葉だが、その奥深さを、このワークショップで研修生とともに筆者自身も強く感じたものである。それはまた、まったく異質な考え方をする三人のファシリテーターが相当な時間をかけて一致点を見出すまでの準備段階の協議も含めてである。ワークショップは、そういう意味で「対話のひろば」である。

CASE 09

バブル期の行政職員研修

【港区「まちづくり考」】

ワークショップの位置づけ 当時の東京都港区は、底地買い、地上げにより住民が追い出される状況にあり、まちづくりへの中堅職員の意識向上と横断的な行政の対応への活路を見出すための研修。

事前準備 担当窓口と、問題背景、最終的な成果のイメージなどを話しあう。また地域を視察しながら、会場から足でまわれる範囲で地域を設定。地域の情報・資料収集の準備。そしてプログラム案を構成して担当窓口と打ち合わせ。

工夫 まちづくりワークショップの方法に演劇的方法を加味してプログラムを構成。途中、住民への突撃インタビューが功を奏す。

時期 〈第１期〉1984 年 9 月～ 1985 年 2 月の 1 泊 11 日間計 10 回、〈第 2 期〉1985 年 9 月～ 1986 年 2 月の 1 泊 11 日計 10 回（両期とも 2 週間に 1 回の開催）。

参加者数 〈第 1 期〉18 人、〈第 2 期〉19 人、各々 3 班構成。

ファシリテーター 〈第 1 期〉木下勇、荻原礼子、細井ゆかり、〈第 2 期〉木下勇、荻原礼子、矢郷恵子。

ワークショップは、研修方式として改良を重ねられてきた歴史的経緯がある。このワークショップは、バブル真っ只中、地上げ屋が横行する東京都心の港区で、中堅職員の研修として依頼されたものである。毎月二回、半年間一〇回にわたってワークショップが行われた（表1）。参加者はまちづくりの部署は少なく、事務系や福祉、教育など多

表１　港区職員研修のワークショップ・プログラム

ワークショップ　全体の流れ

㋘＝グループ単位で　㋝＝全体で

	ねらい	日程（9:00 10:00 11:00 12:00 13:00 14:00 15:00 16:00 17:00）	準備
1 9/19	仲間づくりと問題意識のはき出し	体操 / 他己紹介・似顔絵・期待 ㋝ / ワークショップの説明・スライド使用（木下氏）㋝ / オリエンテーション ㋝ / 問題マップづくり・全区版地図にカードで ㋘討議→㋝発表 / 地区別問題把握 ㋝説明（渋川氏）㋘討議 / フィールド選定 ㋘	B4色画用紙、クレヨン、スライド映写機、全区地図、サインペン、マーカー、地区別特性把握資料
2 10/3	オープンにまちを見る	体操 / フィールド決定 ㋝発表 / ★Walking　オープンにまちを見る・少し広い範囲を・気づいたことをメモしながら ㋘ / 点検地図づくり ㋘ / 発表と討議 ㋝	メモ用カード、フィールド地図$\frac{1}{2500}$、模造紙、サインペン、マーカー、クレヨン
3 10/17	新しい視点づくり	体操 / 木下氏によるこれまでの ㋝講評 / ★Walking　役割を決めて話を聞く・少しを絞って・車椅子も入れて ㋘ / 詩と点検地図づくり ㋘ / グループ討議 ㋘ / 発表 ㋝	B4色画用紙、クレヨン、模造紙、サインペン、マーカー、車椅子
4 11/7	感覚でまちを見る表現する	体操 / ヒヤリング役割分担 ㋘ / ★Walking　役割を決めて話を聞く（もう一度）㋘ / 絵を描き詩をつくる ㋘ / 劇のためのウォーミングアップ ㋝・人間粘土 / 劇づくり ㋘ / 発表 ㋝	B4色画用紙、メモ用カード、クレヨン、サインペン、マーカー、車椅子
5 11/21	問題を絞る	体操 / 劇づくり・前回の続き ㋘ / 発表 ㋝ / 青木先生の講演 ㋝ / 今までのことをふり返り、話し合う ㋝ひとりひとりの感想 ㋘書き出しながら / 視点を考える ㋘ / 宴会 ㋝	模造紙、KJカード、地図$\frac{1}{2500}$、$\frac{1}{1000}$、サインペン、マーカー、クレヨン
6 12/5	まちの人の話を聞く	体操 / ヒヤリング項目を考える ㋘ / ★Walking　まちに詳しい人に話を聞く・予約をとって・グループ全員でじっくり聞く ㋘ / KJ法により問題を書き出す ㋘ / 発表 ㋝	模造紙、KJカード、色画用紙、サインペン、マーカー、ノリ、ハサミ、カッター
7 12/19	問題を整理する	体操 / KJ法の説明 ㋝ / KJ法により問題を整理する ㋘ / （編集会議）/ 問題整理図を完成させテーマを決める ㋘ / 発表 ㋝	上記に同じ
8 1/9	解決の方策を練る	体操 / 手順の説明 ㋝ / 問題解決の糸口を出す ㋘ / （編集会議）/ 午前中のつづき ㋘ / 発表 ㋝	上記に同じ
9 1/23	表現の工夫	体操 / 問題解決のアイデアを出す ㋘ / （編集会議）/ 午前中のつづき ㋘ / 発表 ㋝	上記に同じ
10 2/6.7	発　表		

図1　街歩き

図2　車椅子で歩道を点検

岐にわたる。

正直言って、今までで最もきついワークショップであった。底地買い、地上げというこの当時横行した行為の背後には、「都市計画も何もない」といった感じで札束が舞い、暴力団まがいの不動産業のお面をかぶった得体の知れない業者が幅を効かす。地域をヒアリングした時の「あんたら都市計画家が何をしてくれるって言うんだ。役所は何もしてくれない。家に火をつけられたら、もうおしまいさ。だからバケツに水張って寝ずに番をしているんだ。結局、この家は自分で守るしかないんだよ」と、地上げ屋に立ち退きを迫られている、ある店舗のおかみさんが言った言葉は、今でも筆者の胸に重く響いている。

このような状況の中で、当時の港区は、区長が先頭に立って、林野庁の跡地払い下げに反対するなど、減少する人口を食い止めようと、必死に取り組んでいた。そんななかで頼まれたまちづくりの職員研修であった。

ワークショップは、三日間ぐらいならば、参加者は思わぬ発見や集団創造の醍醐味を味わい、興奮気味に満足して終えることができる（図1〜3）。しかし、半年間、一〇回（一一日）という長期にわたる期間で、しかも、行政の中堅職員という、プロの行政マンとしての仕事の仕方や考え方が染み付いた参加者である。案の定、中盤で参加者から戸惑いの声が挙がる。さらにはワークショップ自体に反発する人も出てくる。「こんなことをして何になるのだ」というのが、彼らの言い分である。これは否定的な意味ではない。本人の中でカルチャーショックを受けていることを意味する。ワークショップという慣れないことと、また現実の街で起こっていることの問題の大きさに、行政の職員

図３　点検地図づくり

図４　街角突撃インタビュー

として一職場で行っていることとのつながりや舵取りが見えなくなっている不安の裏返しである。「街がバリバリと変わり、コンクリートの巨大な壁が立ちはだかって、何だかそこに住み続けることに自信を失いそうになっていた。本当は自分たちの街ではないかと思いながら」（感想カードより）という表現にその気持ちが表われている。しかしながら、そういう声の矛先は研修の講師、つまり筆者に向けられる。それは大変きつい仕事であった。

　ワークショップは、当初のプログラム通りには進まない。それにこだわっていては、スムーズな流れや集団創造という効果は出ない。参加者の反応をよく見ながら、その都度、次の流れを進行役は考える。何も動いていないようで、心理面ではかなりのエネルギーを使い、消耗も激しい。ファシリテーターのスタッフらと協議しながら、次のプログラムを考える。そういう面から、二週間おきというのは冷静に次のプログラムの修正を考えて提案できるのでよい。そこで、修正案として強化したのが、現実の街に出て、とにかく人から話を聞き、何らかの糸口をつかむ、というプログラムである。突撃インタビューである。役所の業務によっては、住民と接触のない部署もある。また、普段接触の多い部署でも、住民は苦情ばかりという先入観から、住民への接触に不安を感じる職員もいる。そこに、このような課題が出たから、大変である。

　しかし、与えられたものをこなすのも行政職員の優れた点。街に繰り出し、インタビューをするや、次第に恐れることなく、いろいろな人に話しかけ、聞き取りをしだした（図４）。意外と街の人は親切に話してくれると感動した職員もいる。街頭でこのような活動をしていると、警官に呼

図5　演劇ワークショップ

び止められ、身分証明証の掲示を求められた者もいた。

結局、職員の意識に変化を生み出したのは、この徹底した住民への聞き取り作業である。つまり、人を変えるのは人である。ワークショップも、表面の技術よりも、このように人の対話を通して何か通じあう感覚というものが、人を行動に突き動かすエネルギーとなる。職員の感想には次のような言葉がある。「人づくりと組織づくりは、押しつけあってはなりません。職員が積極的に街に入り、住民と直に接していくなかで、住民と職員の信頼関係を生み出し、土地の有効利用とか環境づくりといった日常生活に密着した問題について、同じ立場に立って話しあうことが、人と組織づくりに結びつくでしょう」「私たちは芝二丁目を歩き、聞き、見た。そしてこの街に魅力を発見し、故郷を思うように好きになった」*8。

ワークショップのプログラムには、演劇的方法を組み入れた。それは挑戦でもあった。中堅職員という、すでに専門性ができあがった有能な職員たちを相手にである。しかしだからこそ、身体を解きほぐし、身にまとった鎧を脱いで、生身の個人に戻って考えることが必要と考えた。演劇ワークショップの方法は、身体の体操から始まり、徐々に身体の動きに慣れ、身体で表現をすることを身につけていく（図5）。身体を動かすことの気持ちよさを感じれば、照れや恥ずかしさは消えていく。

そのようにして一〇回のプログラムの最後には、演劇仕立て、ミュージカル仕立て、紙芝居など、表現に工夫がなされた発表が区長を前にして行われた。見ている区長の目に涙が浮かんでいたので、伝わるものがあったのであろう。

職員の努力はそれだけではない。自分たちで約一五〇頁に及ぶ報告書を作成したのである。そこには単に研修にとどまらない、現実的なまちづくりへの提案の内容が豊富に表されている。例えば、第一期の報告では、表2のような内容の提案があった（図6）。

第二期の報告書も同様の中身の濃い内容となっている。

表２　職員たちがまとめたまちづくりへの提案

班・対象	提案内容
１班　対象：白銀２・３・５丁目（住商工混在地域）	提案内容：「ふれあいの場をつくる」 ①住民の手が必要 ②福祉会館の自主管理 ③まちの運動会 ④しろがねポスト（地域新聞）・イラストマップ ⑤掲示板・伝言板 ⑥公園・児童遊園・遊び場 ⑦古川の再生 ⑧安全で快適な歩いてみたい道
２班　対象：芝２丁目（住商混在地域）	提案内容：「居住空間としてのアメニティーの実現―まちの賑わいをとりもどそう」 第一幕「どらま西応寺・新堀物語」 （問題提起）：私たちがまちに出て発見の中から問題を見つけ、ドラマにしてみた。 第二幕「このまち、見た、聞いた、思った」 （問題発見）：まちを歩き、人から話を聞き、まちを認識した。 第三幕「まちの賑わいをとりもどそう」 （構想）：私たちはこんなことを考えました。人が住める環境、商店街の魅力、地域リーダーをつくる、など。例えば、小学校校庭での地域祭り、PR 誌「七曲タイムズ」の発行、ポケットパーク、コモンスペース。 エピローグ「さあこれからだ」
３班　対象：白銀２・３・５丁目（住商工混在地域）	提案内容：「みんなが集まれる場をつくろう」 ① VOS ラジオ白金ただ今放送中（プログラム例） ②ページのむこうはどんな顔（子どものたまり場となるまちの図書室） ③手作り割烹と朝市 ④人生は短い。だからミニ劇場なんだ（倉庫活用劇場） ⑤アイデアからシステムへ（相互の関連） 工場のプライドづくり、新旧住民のコミュニケーション、地域への興味づくり、リーダーづくり

図６　まちづくりセンターと主婦の店をつくる提案

第二期は「行政の文化とまちづくり」というテーマであった。そのことについてのある班の感想のみを紹介しておく。

『まちづくり』とは何か？　職員がこの研修に参加することによりどんな成果があるのか？　今、職員として、一人の人間として、何をしなければならないのか？　私たちは、半年におよぶこの研修で、街を見て、住民の人たちと話をし、今まで知らなかった街を発見した。それだけで何かを得たように思う。（中略）研修が始まった最初の頃、講師から「文化」とはCultureであり、自分自身を耕すことでもあるという話を聞いた。この言葉を理解することはとても簡単であるが、二班では、心身ともに悩み、講師をも悩みの渦に巻き込み、コミュニティ・ワークショップという手法による研修の成果として『自分自身を耕す』を徹底的に行ったのではないだろうか」[*9]。

CASE 10

都市計画マスタープランづくりのワークショップ

【葛飾区・「かつしかまちかどネットワーク」】

ワークショップの位置づけ 東京都葛飾区では、都市計画マスタープラン作成にあたり、当時の都市計画課長・菱沼実氏らの発案で、市民参加のワークショップを開催した。
事前準備 庁内に検討会・部会を設置し、都市計画マスタープラン策定方針を決定。プロポーザル方式でコンサルタントを選定。市民参加の都市マス勉強会をワークショップ形式で行う参加者を募集。策定検討委員会と並行してワークショップを開催。
工夫 7地域別14班、公募区民139人で構成。
時期 1998年7～11月に4回、2000年4～5月に2回。
参加者数 〈1回〉107人、〈2回〉83人、〈3回〉62人、〈4回〉76人、〈5回〉24人、〈6回〉27人。
ファシリテーター 佐藤賢一（コーディネーター）ら、葛飾区都市計画課はじめ区若手職員、部分的に木下勇ほか。

都市計画マスタープランの作成に関する国からの通達には、「市民の意見を反映して作成する」と謳われている。この都市計画マスタープランへの住民参加の方法として、ワークショップが援用される例が増えてきた。初期には、鎌倉市などの例がある。住民参加のまちづくりは、自治会、小学校区などの小領域では可能だが、一自治体など広領域では限界があるという声があるが、果たしてどうか。

東京都葛飾区で当時の担当課長だった菱沼実氏が、本人にとっては初めてのワークショップによって都市計画マスタープランを作成することを発案した。その業務のコンサルタントを企画コンペで求め、一〇社の中から佐藤賢一氏（当時、ECO㈱都市環境計画研究所。現在、なりわい文化都市研究室）らの提案を採用して進めることになった。

蓋を開けてみたら、思いがけないほどの参加者数を得て、市民の熱気ある参加による都市計画マスタープラン作成となった（図1）。この参加者たちが、ネットワークを組み、今日の「かつしかまちかどネットワーク」となっている。住民は、広範囲のことへの関心は薄いというが、葛飾区ぐらいの規模であるとそういうことは関係ないようである。佐藤氏の提案と菱沼課長の後押しによって、区若手職員三〇人を集め、ワークショップの手法やトラブル解決の方法について研修を行い、彼らが都市計画マスタープランの地域別構想づくりのワークショップのファシリテーターとして働いた点も、区の意気込みを区民に伝えるのに効を奏した。

当然のことながら、区域を七つに割った地域別構想が、

葛飾区都市計画マスタープラン策定検討委員会	区役所・庁内組織	区民参加・議会・広報

平成9年度

●第1～2回庁内検討会・部会
- 市街地整備方針の評価
- 住民参加の手法について
- 策定組織のしくみについて

都市計画マスタープラン策定方針決定 → 議会報告

都市マス勉強会（第1次）の様子

平成10年度

●第3回庁内検討会
- まちづくりカルテ
- 策定検討委員会設置要綱の検討

●広報かつしか5月5日号
- 都市計画マスタープランを策定します
- 都市マス勉強会参加者募集
- まちづくり意見提案募集（76通）

プロポーザル方式による提案により10社の中から業者選定

策定検討委員会設置要綱の決定

●都市マス勉強会（第1次）
（7地域別14班、公募区民等139名で構成。ワークショップを開催）

第1回：　7月26日（参加者107名）
第2回：　9月20日（　〃　83名）
第3回：10月25日（　〃　62名）
第4回：11月29日（　〃　76名）

●第1回策定検討委員会
平成11年2月23日
- 都市計画マスタープランの概要
- 住民参加の取り組み
- まちづくりの現状・主要課題の整理

●住民まちづくり提案発表シンポジウム
平成11年3月28日
（参加者約150名）
第1部：住民まちづくり提案発表
第2部：基調講演
パネルディスカッション

区長に提出

住民まちづくり提案を区長へ

平成11年度

●住民まちづくり提案展示会
平成11年4月9～12、19～23日
- 地区センター等7地域で開催
- 区民ホールで全地域を展示

住民まちづくり提案 → 議会報告

●第1回専門部会
●第2回専門部会
●第2回策定検討委員会
●第3回専門部会
●第4回専門部会
●第3回策定検討委員会
●第5回専門部会
●第4回策定検討委員会
●第6回専門部会
●第5回策定検討委員会
●第7回専門部会

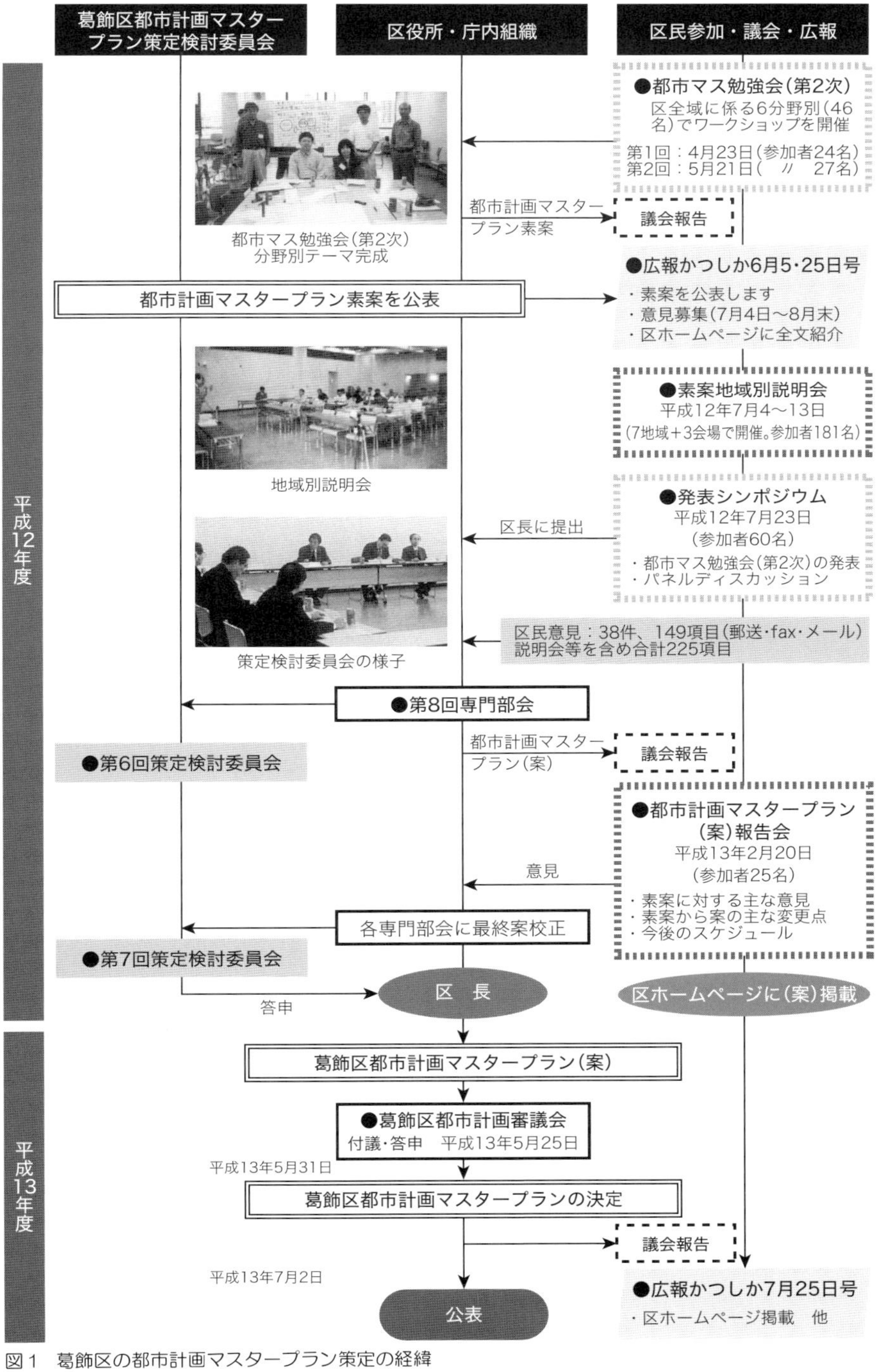

図1　葛飾区の都市計画マスタープラン策定の経緯

市民参加の適度な規模である。この地域別構想づくりを地区で始めて、小学校体育館に相当数の住民が参加したことが熱気ある活動の始まりである。そこでの話は、当然のごとく、地域の特色をより明確にすることとなった。つまり、地域別構想をワークショップで作成することは、より地域のアイデンティティを明確にすることに役立った。それを並べて葛飾区全体を見た時に、横のつながりがないことに気がつく。葛飾区のように東京都区の端に位置すると、主要幹線は都心に向かい、横のつながりが薄いのである。

ワークショップでは、問題点のみならず、地域の資源や良い点も市民から挙げられる。問題点は、とりわけ多くの市民に支持され、共有される。歴史の視点は、とりわけ多くの市民に支持され、共有される。かつては水路で縦横無尽にネットワークが形成されていたと知ると、新たにそういうネットワークを形成するというビジョンも共有されてきた。地域別構想を発表しあう区全体の集会においては、これまでのワークショップに参加してきた市民同士が活発につながり、「かつしかまちかどネットワーク」の形成となった。当初は、「葛飾にまちづくりを考える奴なんていないよ」と言われながらも、このワークショップによって、都市計画マスタープランからまちづくりを担う人材がいることが示されたわけである。

このようにして、都市計画マスタープランは、都市計画マスタープラン策定委員会（日端康雄委員長のほか、中林一樹氏や筆者らが参加）の公式手続きと並行して、ワークショップの結果とかつしかまちかどネットワークでの議論を反映しながら策定されていった。

問題は、マスタープラン策定後である。策定時にもアフターケアのことが心配されていたが、行政の担当者も異動になると、次第に当初の菱沼氏が音頭をとっていた市民参加の熱気が担当部署から薄くなっていく。マスタープランが絵に描いた餅に終わらず、また単純に予定されている事業を位置づけただけの構想に終わらないためには、どう実現させていくかといった後々の庁内および市民との連携が欠かせない。またそれを担保するための仕組みとして「まちづくり条例」なるものが必要であるということが、後の課題となった。その条例づくりに相当の年数を費やして、二〇〇六年一〇月に市民参加の仕組みを整えた「区民参加による街づくり推進条例」が制定されたところである。

この条例づくりには、区民懇談会に、マスタープラン作成に関わった「かつしかまちかどネットワーク」の区民らが多く参加しながら、二年にまたがり二九回もの懇談会を開いた。途中、案の検討において、ロールプレイでシミュレーションを実施したりすることが功を奏した。

まちづくり条例は、一九八〇年代の世田谷区や神戸市をはじめとする、地区計画を想定して、まちづくり協議会の認定などその支援を目的としたものから、次第に大規模開発の規制への手段、また一方で住民参加の仕組みを担保する幅広いものを内容とするものも増えてきた。

この葛飾区のまちづくり条例の策定は、都市計画マスタープランの実現に、行政と区民と企業のパートナーシップが謳われ、それを担保するための仕組みとして、当初は区民から、町会・自治会の役員のみならず、一般の若いお母さんも出てまちづくりの課題を話せる「タウンミーティング」のような場が欲しいという思いからスタートした。懇談会後も年数を重ねて、ようやく実現化が図られている内容は、地区計画の推進への従来型の条例の内容に加えて、まちづくり活動のよちよち歩きの段階からの支援から、まちづくり会議の開催への支援、区全体にかかるテーマ型まちづくりフォーラムへの支援、そして大規模開発の手続きといった三種類の内容を包含するものとなった。

特色はやはり、当初からの課題の、まちづくりに関心をもって行う小さな活動でも支援する仕組みと、まちづくり会議の開催にあたり、町会・自治会のみならず、新住民層などにも開かれた運営を実施していくことを支援するものとなっている点である。

また次の特色としては、大規模開発を契機として、地区住民がまちづくり協議会を結成するなど地区まちづくりに向けて動きだすことを支援しようとしている点である。本来なら起こってからでは遅いのだが、火の粉が降ってきて考えだすのが地域の現状であるため、問題となる開発事業もそれを契機としてまちづくりの活動へ向かう可能性も考えている点である。

都市計画マスタープラン策定のワークショップを契機に、このように区民の横のネットワークが形成され、まだ軋轢もありながらも、行政との協働によって、区民提案の条例が策定されたのは、大変意義のあることである。

CASE 11

中学校の建て替え計画案づくり

【松戸市立小金中学校】

ワークショップの位置づけ 松戸市教育委員会で、文部科学省のコミュニティスクールのパイロット調査事業で建て替え計画を練る協議会の座長を引き受けたことから、協議会をワークショップ形式で実施。中学生の参加を学校にかけあい、1クラスの参加を得て実施となった。
事前準備 協議会は事務局と打ち合わせ。中学校への相談と協議を実施。
工夫 クリストファー・アレグザンダーのパタン・ランゲージを参考に、言葉を整理し、言葉から形への変換を行った。
時期 2001年10月～2002年3月。中学生は、10月18日、20日、22日～11月1日まで6日間のワークショップを経て11月2日の学園祭に臨んだ。
参加者数 〈協議会〉12人、〈中学生〉18人（1年1組）。
ファシリテーター 木下勇、志村優子、星野諭＆子どもと一緒にデザインしよう会（日本大学建築学科）。

千葉県松戸市は、二〇〇一年度の文部科学省のパイロット調査事業で、コミュニティスクールへの建て替え計画案づくりを実際の学校をモデルに行う学校施設整備推進協議会を立ち上げた。対象は、最も緊急度の高い小金中学校が選定された。本来なら実際に建て替えが行われるべきだが、市の予算がないので保障されていない。それなら、一か八か、中学生参加で、構想を立てようと決心した。すぐに実現できなかったとしても、実際にプランを描いておかないといつ実現できるかわからない。地域が盛り上がることで、文部科学省、松戸市も動いてくれるかもしれない、そういう賭けである。将来にわたって実現できなかったら、ワークショップとしても失敗ということになる。

構想を立てる協議会であるから、前半は調査の企画や実施報告を普通の形式で行い、後半はワークショップ形式で委員全員が実際の中学校の課題や、コミュニティにとっての学校の課題を明らかにし、構想を立てていった。

中学校へはすでに年度のカリキュラムが進んでいるなかへの飛び入りであったために、最初は難しいかとあきらめていたところ、文化祭に向けて取り組むというクラスが現れて、放課後にそのクラスの中から代表一二名が参加する形式で、ワークショップを五回実施した（図1）。

ファシリテーターとして、日本大学の学生サークル「子どもと一緒にデザインしよう会」の星野諭君らに協力を仰いだ。それが功を奏して、中学生はがぜん張りきり、見事にパタン・ランゲージの言葉の選定から、イメージの絵、

図1　最初は緊張気味の中学生も張りきりだす

図2　「愛される学校」のイメージを模型にする

そして模型まで作成した（図2）。中学生の提案のコンセプトは、「愛される学校」（図3）という言葉に集約された。子どもたちの構想は、「ふれあい館」「夢作り館」「友情館」という建物が三つのゾーンに区分された提案である。この提案は今の学校に何が求められているかを物語り、単に空想的な構想ではないことがわかる。建物のデザインは、シンボリックな丸円柱型の建物塔を中心に、「学校とは思えない、このビューティフルな造り」という言葉で表されるような願望が込められている（図4）。

ひときわ地域の人からも感動を得たのが、給食のみでなく、地域のお年寄りたちも食べに来られるコミュニティ・レストランを設置するという提案である（図5）。子どもたちは、文化祭で、模型を作成し、寸劇まじりで来客者に説明していた（図6）。この子どもたちの絵や模型を元に、協議会の委員である建築家の佐川旭氏がCADで基本設計図を描いてくれた。中学生に協議会の大人たちも力をもらった、ワークショップの成果でもあった。

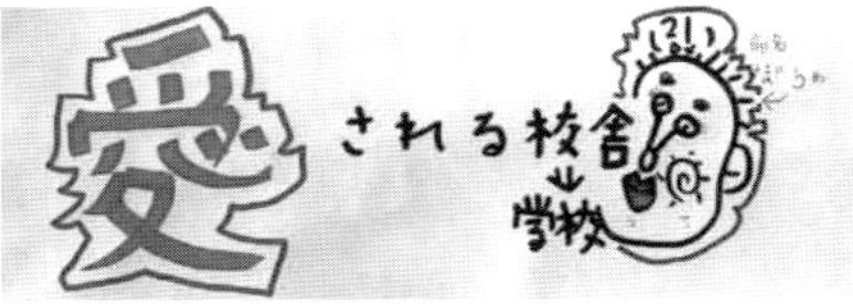

・地域の人のふれあいを大切にした学校
・環境にやさしい学校
・他の友だちとも仲良く明るい楽しい学校

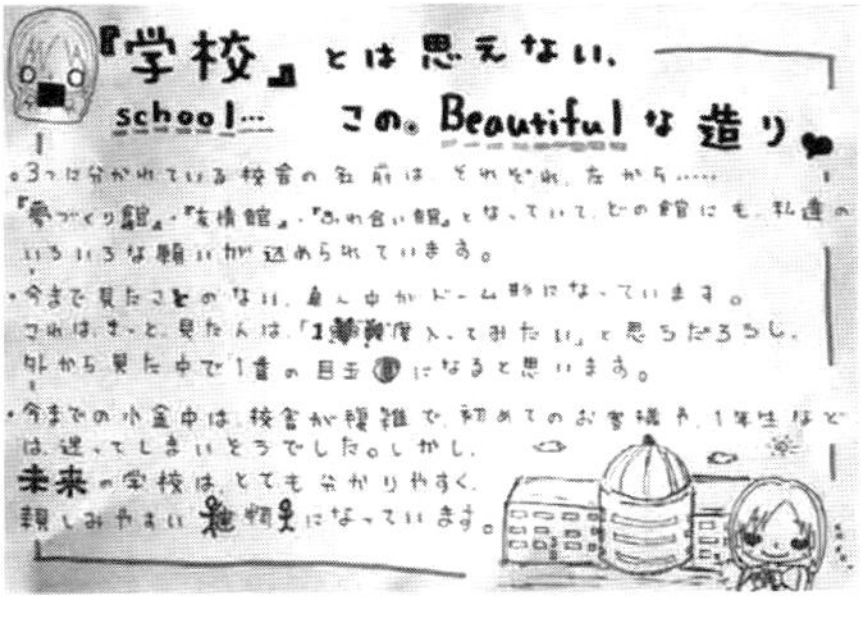

(右)図3　中学生による学校計画のコンセプト
(左)図4　子どもたちの言葉でパタン・ランゲージ

・お年寄りも子どもも食べられるようなメニュー
・レストランみたいに明るく
・保護者の人たちも気軽に来て食べられる

図５　中学生の提案したコミュニティ・レストラン

図６　文化祭での模型のプレゼンテーション

さて、このコミュニティスクールへの建て替え計画は、その後どうなったか。数年間の時間を置いてコミュニティスクールは実現化の方向となった。ただし、中学校の統廃合を絡めてである。事業としては成功であったが、ワークショップの意味としてどうであったか、複雑な思いである。

少子化に伴う児童数の減少によって、学校行政が統廃合を考えるのは常である。建て替えの条件として統廃合が課せられても不思議ではない。しかし、それによって学校を失う地域住民、遠くへ通うことになる中学生はどうなるのかという問題が起こる。ここでも地域住民から大きな批判の声が挙がった。そういう統廃合のお先棒担ぎみたいなことにワークショップが使われたと受け止めた人もいるかもしれない。ワークショップに参加した当時の中学生は、このような事態にどのような気持ちであろうか。

小金中学校の生徒は、建て替えのために、隣の新松戸北中学校に移り、建て替え終了後に小金中学校に移る。そして、新松戸北中学校の跡地は生涯学習施設とする構想を、市は現時点で考えている。この構想に、コミュニティ・レストランなど地域連携、開かれた学校など、ワークショップからの提案は考え方としては取り入れられている。しかし、建て替えは、予算的制約から改築による整備となり、施設デザインは中学生が描いたものとはほど遠い。中学生のコンセプトが生かされるかどうかは、今後の展開に委ねられる。財政難で校舎建て替えに踏み出せないでいた当初の市の状態を考えれば、このように事業を起こしただけでも大きな変化であり、このワークショップがそのきっかけになったということは事実である。

ワークショップのQ＆A

以上、見てきたワークショップの事例もすべて大成功というものではなく、課題が残る例もある。ここで、ワークショップにおいて、よく問われる事柄をQ＆A形式で紹介しよう。この質問は、一九九九年に新潟県大潟村で開催された「第三回わくわくワークショップ全国交流会」の「ワークショップの問題・課題ってなあーんだ?」（伊藤雅春氏ファシリテート）で出された問題[*1]をベースにして、他でもよく問われる課題を加えて、リストアップし、筆者なりにその回答を考えたものである。

1 ワークショップの召集、参加者選定

Q1 ワークショップの参加者をどう集めたらよいでしょうか?

A ワークショップの開催目的によって、どの範囲の人にどう声をかけたり、広報としてどのような媒体を使って召集するかが決まります。地域の範囲を超えたテーマについて関心を持つ不特定多数の人に来てもらいたい場合もあるでしょうし、また地域限定でまちづくりや地域の活動の展開を期待する場合は、その鍵を握る人（ステークホルダー）たちに参加してもらう必要があります。前者の場合には、インターネットやマスメディアの活用などがあるでしょうが、後者の場合には、むしろ直接会いながら訴えていくという方法が基本となります。しかしその場合でも、いきなりですと面食らうことになりますので、先にチラシなどを配布して、後日に、そのチラシの件で、と相談するのがよいでしょう。

Q2 ワークショップを開催すると、参加者が偏ってしまう場合がありますが、そういう時にはどうしたらよいでしょうか?

A 公開で募集した場合には、時々、そのような偏りも生じることがあります。しかし例えば、全員が男の人とか、全員がお年寄りというようなことは、普通一般に「誰もが参加できます」として召集した場合にはありえな

いことです。必ず一人や二人、異なった層がいるはずです。そういう場合は偏りはあまり問題にならないでしょう。ワークショップの基本は、少数意見も尊重されるものだからです。問題は、まったく異なった層がいない場合、そしてテーマの関連でその層の人の意見が重要だという場合です。このようなことを回避するには、事前に、参加してほしい層に参加してもらうような根回しが必要ですが、それはさておいて、蓋を開けてみてそういう偏りが発生した場合にどうするか。こういう場合、参加者もそのことに気づいているはずです。そこで、この偏りを補正するために、参加していない層の声をどう聞き出すか、全体に投げかけながら、プログラムの修正を共有するという対処を施すことで、ある程度は補正できるのではないかと考えます。

Q3 参加してほしい人が参加してくれません。そういう参加してほしい人に参加してもらうには？

A 必ずしも参加してほしい人が参加してくれるとは限りません。まずは事前準備の段階から、参加してほしい人にヒアリングをするとよいでしょう。ワークショップの開催目的の背後にある地域の課題などは、共感できる課題でもあるので、その課題をめぐって問いかけをするのです。そうすると、その課題解決のためにワークショップを開催することの意味を理解してもらえるでしょう。「課題解決の鍵はあなたが握っている」というような伝え方で、参加しないことに負い目を感じてもらえたら成功です。しかし、それですぐに参加してくれるとは限りません。忙しかったり、世間体などを気にしてという場合もあります。その場合には、ステークホルダーのワークショップを最初に一回行ったり、ワークショップにゲストスピーカーとして招いたり、参加者のグループワークでヒアリングを行うなど、部分的に参加してもらうことなら可能かと思います。いずれにせよ、参加してほしい人にワークショップを位置づけてもらい、参加できない場合でも、ワークショップの内容をその都度知らせておくことが大事かと思います。

2 ワークショップのプログラムづくり、事前準備

Q4 ワークショップに真剣に取り組むには「準備の手間がかかりすぎて労力をすり減らす」などの声もあります。準備に相当手間をかける必要がありますか？

A ワークショップにもいろいろありますので、簡単な研修のようなワークショップなら、慣れてくれば、ポイントを押さえておくことで、また必要な道具をいつでも取り出せるようにしておくことで、次第に面倒な手間をしなくても済むようになります。まちづくりなどへの住民参加を狙いとしたようなものは、用意周到に準備する必要があります。対象地区の状況などの情報は、地域の課題を把握するのに必要で、またプログラムを組むにあたって、依頼主の問題にしていることなどを探るコミュニケーションに余裕ある時間を持つ必要があります。地域の社会調査、権力構造の把握は大事です。依頼主やスタッフと問題意識の共有化、そしてその対象（地区）との関係をつくっておくことなど、コミュニケーションが準備の主要な部分を占めることになります。そのことを認識することが必要であり、そうした準備作業も、ワークショップを請け負う時に重要な作業項目として依頼主に認識してもらうことも大事です。

Q5 ワークショップのプログラムはどのように作成したらよいのでしょうか？

A まずは、ワークショップの依頼主とよく話し、何を目的として行うのか、ワークショップを行う必要性、位置づけを明確にする必要があります。時に、依頼主側も目的がはっきりとしていない場合があります。依頼主と話しあうなかで、次第に背景にある問題も明確になってくるでしょう。課題が明確になったところで、ワークショップの目的、アウトプットのイメージが明確になり、それに向けてのプログラムづくりとなります。プログラムは、ファシリテータースタッフとともに、それこそプログラムをスタッフでワークショップによってつくるようなつもりで、全体の流れを皆でイメージしながら吟味してつくりあげます。求められる成果によって、どのぐらいの回数、時間が必要かがわかります。各回で一つの成果をつくり、それを評価した結果を次につなげるように積み上げ方式で構成します。一通りプログラムができた段階で、不安なところはシミュレーションをしてチェックします。常に、参加者側の心理を想像しながらチェックすることが肝心です。

Q6 ワークショップは万能ですか？ ワークショップで扱うのにふさわしいテーマとそうでないテーマの区別があるのでしょうか？

A どんなものにも効く万能薬がないように、ワークショップも必ずしも万能というものではありません。しかしまた、「これはワークショップにふさわしい、あれはふさわしくない」というものでもありません。要は、ワークショップを必要とする背景の問題認識、何を解決したいために集団による創造の作業が必要とされているのかという点が明確になっているかどうかで、ふさわしいかどうかが決まるといってよいでしょう。単に見せかけや免罪符としての不純な動機であったり、不明瞭なものはふさわしくないことになります。

Q7 ワークショップが最初から目的を決めていると、自由な意見が出にくいようですが?

A この場合の「目的」とは成果物のことでしょうか?必ずしも期待した成果物ができるとは限りませんので、例えばという程度で参加者に委ねることです。何のためにワークショップを行うかという目的は、はっきりさせておくべきです。しかし、その課題が参加者の日常の生活から離れている場合は、まずは参加者の身近なことから始めて、その本題に近づけていくようにプログラムを組むことです。クローズドなスコアよりもオープンなスコアから、誰もが持っている資源(経験、知識)を活用して組み立てていくことが、新しい発見や創造につながります。

Q8 ワークショップ参加者のグループ編成をどのようにしたらよいでしょうか?

A ワークショップは、一グループ六人で四グループぐらいの二四人程度が適正規模です。その各グループの構成は、日常よく話している間柄のメンバーよりは、普段出会わない者と一緒にした方が、ある程度の緊張感と、そして異なった価値との出会いで、共同作業がより新鮮な経験になるに違いありません。いろいろな年齢層、男女別をどのようにしたらよいかということもよく聞かれます。大人と子どもが一緒だと、子どもが発言しにくい、また逆に大人が子どもに遠慮して発言を控えてしまうという場合もあります。子どもグループ対大人グループ、年齢層別、男女別などグループ間の違いを明確にした方が、全体発表の時には競争意識もほどよく働き、盛り上がりますし、全体発表の時にはグループの特徴が表われて、いろいろ気づかされることがあります。しかし、それも課題、テーマによりますし、場合によっては、一グループにいろいろな層の人が混じり、じつくり話ができてよかったという場合もあります。

3 ワークショップの仕事、労働条件

Q9 仕事で受けてワークショップを行う場合、ワークショップの費用の積算はどうしたらよいのでしょうか？

A 基本的に、準備作業も含めて、何回のワークショップを行うのか、それの準備と実施、実施後の整理や情報発信など、すべての工程を書き出し、作業時間量を出します。ファシリテーターースタッフの数（参加者の規模にもよる）も含めて洗い出すことは大変ですが、すべて数値で示す必要があるでしょう。その他、いろいろな備品類や通信の発行などの費用もあります。プログラムの構想と同時に工程のシミュレーションを行うと、どのような作業が必要で、全体にどれだけの時間的負担がかかるか捻出できるでしょう。初めのうちは大変ですが、慣れてくればどの程度の準備をすればよいか、作業日程が組めます。ワークショップが導入され始めた時期とは異なり、すでに定着し始めているので、作業量から積算して、見積もりをしっかり出しておくことが大事です。当然、土日や夜間などの場合には加算してしかるべきです。そうでないと、ソフトの価値が社会に浸透せず、相変わらずその重要性が軽視されることになり、却ってワークショップの発展に障害となるのではないかと心配されます。また、公の組織も、ハードの整備に比べて、これらソフトに予算を十分に組むという認識に立っておらず、ハード整備におまけのようにくっついた予算しか用意されていないことが実態ですが、市民参加のハード整備は、後々の経済効果を考えても、初期のソフトづくりに投資して損はないと行政側にも理解してもらいたいところです。

Q10 ワークショップは、土日開催が多かったり、夜間の住民会合など、労働条件としては負担が多いのではないでしょうか？

A 住民自身がワークショップを開催するのではなく、行政からコンサルタントが委託を受けて行う場合などは、ソフト専門のコンサルタントやＮＰＯなどのスタッフは、土日、夜間が潰れてしまうという問題があるようです。それが家庭不和の原因になっては元も子もありません。

特に、子どもがまだ小さい家庭などで土日が潰れてしまうのは、子どもたちにとっても影響が大きいです。スタッフに余裕があれば、輪番制などがとれますが、このようなソフト専門の事務所や組織は零細であることが多いのが現状です。そこで、Sさんの例を紹介しましょう。Sさんは家族ぐるみでワークショップを開催しています。ワークショップの内容は楽しく、子どもでも楽しめる場合もあるので、子どもたちを現場に連れて行って行います。子どもにとって楽しいかどうかも、ワークショップを面白くする一つの目安にもなっているようです。子どもたちにとってもいろいろな大人と接することができるので、社会化されて立派に成長しています。現在のところ、こんな答え方しかできず申し訳ありません。

4 ファシリテーターになるには

Q11

ファシリテーターの資質に適性はあるのでしょうか？　養成には研修が必要でしょうか？　研修を受けると、誰でもファシリテーターになれるのでしょうか？

A

これぞワークショップに向いているという適性はあるかもしれませんが、それは短期的で集中的なワークショップの場合です。会場を沸かせ、楽しい雰囲気にさせる技量を持っている利点が発揮されるといいからです。しかし、長期的にワークショップを行う場合には、そういう技量はあまり関係なくなってきます。むしろ、人の話を聞くことができる人間、という点が第一の必要な資質でしょう。自我の主張が強い人、忍耐力がなく、短気な人はあまり適さないかもしれません。しかし、ファシリテートの極意や方法は、研修を受けて、経験を積んでくれば、できるようになるものです。技法的なことは、例えば㈶世田谷トラストまちづくりなどの組織で研修講座を組んでいるので、それらを受けて技術を修得し、そして自ら実践していくうちに、次第に自分に合った方法論を確立していくことができると思います。

Q12

ファシリテーターによってワークショップに違いが出ないでしょうか？

A

ファシリテーターの個性によって参加者の反応には違いが現れるかもしれません。しかし、アウトプットはファシリテーターによるものではないので、さして違いは出ないと思います。参加者にもいろいろな個性の人がいるように、ファシリテーターもいろいろな個性があってよいでしょう。

5 進行・ファシリテーションの仕方

Q13 ワークショップの流れについていけない人をほっといていいのでしょうか?

A ファシリテーションの極意は、「落ちこぼれを出さない」。ついてこれない人がいたら、その人がついてこれるように気配りをすることがファシリテーションです。ついてこれない人が突っ掛かっている点を明らかにして、グループの他の参加者にそれとなく問題提起をしたり、または全体の進行役に問題提起をして、課題を再吟味したりフィードバックすることも必要になるかと思います。

Q14 照れくさいとか白けた雰囲気で、気楽に話せる雰囲気をつくるのが難しい。どうしたら本気を引き出すようにできるでしょうか?

A アイスブレーキングのようなゲームと本質的な課題の投げかけの連関が大事です。ゲームも単なるレクリエーションゲームではなく、課題との関連があってつながってくるようにすることです。このようにすると、左脳が邪魔して右脳が活性化していないために、照れくささや白けた感じを持っていた人も、左右の脳のやりとりが活発になってくると理解してくるものです。

Q15 ワークショップのグループの中に自分の考えに固執する人がいると、なかなかまとめられません。他者の意見を受け入れないとうまくいかないと思いますが、どうしたらよいでしょう?

A グループの中の意見の違いを表に出して、皆でどうしようかと考えれば、自然と違いを超えて、何らかの解決策を見出すようになるものです。むしろ、まずいのは、違うと思っても口に出して言わずに、グループ内で意見の違いの対立も表面化しない場合です。そうすると、自分の考えに固執する人は、相変わらず一方的に話し込むでしょう。もし対立点が表面化しても、一致点を探す雰囲気にならない場合は、対立ゲームのように二グループに分けて、徹底的に対立点を明らかにしていって判断するようにするとよいでしょう。

Q16 良識的な意見にまとまり、新鮮な意見や反対の意見が言いにくい雰囲気になります。個人の小さな考えが同じような意見の中で消えていくのをどうしたらよいでしょう？

A これもファシリテーターが役割を発揮する部分です。対立を避けようとする感情の働きが、このようなことを引き起こします。ちょっとでも引っ掛かったら遠慮なく言ってもらうように、グループ内のメンバーに促すのも、ファシリテーターの役割です。また、グループ内の発言に注意しておいて、考慮すべき意見など置き忘れているものがあればそれにも目を向けるように促します。そのために、ファシリテーターは、あらかじめ検討すべき事項を想定しておくとよいでしょう。

Q17 日常の人間関係（上下関係等）が持ち込まれると、水平的な関係にならず、強い者の意見に左右されますが、どうしたらよいでしょう？

A グループ内のメンバー構成をそうならないように工夫することで、まず回避できます。もし、同じグループになったら、ワークショップの冒頭に、アイスブレーキングのゲームを取り入れ、身分や肩書きを捨てて、生身の人間として、水平的関係で個人個人の個性を思いっきり表してもよいという雰囲気にするとよいでしょう。どうしても、進行中にそういう上下関係が見られたら、前の回答と同じように、後はファシリテーターがフォローしながら進めることです。

Q18 時間に制限があるため、説明を要する意見を十分に検討できません。考える時間、発表時間が短い気がしますが？

A この不満は、参加者によく残ります。ワークショップで、時間を区切ってポンポンと進めるのは、全体にだらだらとした時間の流れになると、ワークショップ自体が緊張感を失い、集中力も失うことになるからです。各グループの作業結果の発表時間の場合、仮にグループが六グループで、それぞれの発表を五分とすると全体で三〇分となります。三〇分程度が発表を集中して聞く限界の時間です。そして、その後の討議に三〇分を費やして、説明できなかったことも質疑の中で補ってもらえばよいでしょう。発表時間の制限も、あくまでもゲームとして理解してもらい、短い時間でどう伝えたいことを伝えるか、そういう挑戦を参加者にしてもらうような了解を事前に得ておくとよいでしょう。

6 ワークショップの成果

Q19 ワークショップの意見や提案を住民の声（提案）としてよいでしょうか？　参加していない人のことをどう考えたらよいのでしょうか？

A ワークショップの意見＝住民の声ではありません。仮にワークショップ参加者の各人が各層や組織の代表であったとしても、ワークショップの毎回の結果を持ち帰り、組織で吟味して、次回に組織の意向を持ってくるような形態をとるなどの工夫がないと、住民の声を代表するものとはなりえません。ワークショップの意見＝住民の声という錯覚の方が心配です。また、住民の声を代表させるためにワークショップを開くというのも問題です。ワークショップは、何度も言っているように、集団創造の方法で合意形成の方法ではありません。集まった者による検討の結果、何らかの問題解決のアイデア、新しいアイデアが出ることを期待するものです。もし、一市民や一グループの声を全市民の声とするなら、その後にその提案に対しての意見を、広報誌やインターネット、またはアンケートなどを使って、参加していない市民から広く求める手続きをとるなどの対応が必要かと思います。

Q20 ワークショップの成果の提案と現実とのギャップがあり、どのように実現していったらよいでしょうか？

A ワークショップの成果の提案は、ワークショップを時間をかけて行っていれば、メンバー内の議論と吟味によって、必ずしも現実離れした空論になることはありえません。ギャップがあるとすると、検討の時間が足らないことや情報の出し方にも問題があるかと思います。現実の条件に関する情報提供をワークショップの中でどのように行うかに、現実的提案になるかどうかがかかっています。ですので、毎回の結果について、ファシリテーターらスタッフが集まって依頼主と話しあい、途中での軌道修正や必要な情報の検討をしておくとよいでしょう。しかしまた、提案に正当な論理の流れがあり、現実が不条理すぎるというような理想と現実のギャップだとしたら、現実の不条理を正していく力になることもあり、そういう場合は、ギャップを気にせず、長期的に変えていくビジョンを描き、当面のアクションプランを考えればよいのではないかと思います。

7 ワークショップの後は

Q21 ワークショップが一過性のイベントで終わってしまうのではと心配です。住民の意識をどう継続させていったらよいのでしょうか？

A 住民の意識が盛り上がったところで、ワークショップが終わると活動も終わってしまっては、大変残念です。もし、そのような盛り上がりが起こったならば、ワークショップの中で、次の展開のプランを練って、ワークショップの後に行動を起こすことができるようにしておくとよいでしょう。そこまであと一息という場合には、事後のフォローアップの仕掛けが必要なので、次の展開を参加者と依頼主の合意でつくっていくとよいでしょう。

Q22 ワークショップの成果のフォローをどうしたらよいのでしょうか？ 継続的にワークショップが必要ということはないでしょうか？

A 一過性のイベントに終わらないように、終わる前に継続のためのプロセスを確約しておくことは大事です。ただし、参加者がいつまでも行政や外の専門家に依存している場合には、いつまで経っても自発的活動にならないので、ある程度の引き際を見定める必要もあります。参加者側が組織をつくり、自発的に進むよう、順繰りに主導権を渡していくこと、そして参加者側にその点を認識しておいてもらうことも大事です。

Q23 ワークショップの後に市民が活発に活動を展開し、大きな成果を上げました。しかし、それがワークショップの成果とどう証明できるでしょうか？

A このことは、ファシリテーターの悲哀に通じるものですが、成果は当事者たちのものになります。ファシリテーターは黒衣なので、いくら成果が上がっても自分たちの成果とは言いにくい。当事者たちが、このようなことができたのもあのファシリテーターのおかげだと思ってくれていたら、それで満足すべきではないでしょうか。しかし、ソフト活動の意義が社会的に認められ、政策に反映されるために、当事者の声を集めたり、歴史的経緯を綴るなどの記録を残しておく必要があるでしょう。

8 番外

Q24 ワークショップがいろいろなところで応用でき効果的なら、普通の仕事や生活の中で応用できないでしょうか？

A その通り、いろいろなところで応用できるとよいですね。しかし、いきなり行うと、違和感があったりするので、TPOを考えて、また事前の準備も大事です。例えば、筆者も、家庭の家族会議などに応用できないかとも思うのですが、家庭でいきなりやりだしたら、妻から「あんた、どうかしているんではない？」といぶかしがられ、また子どもから「お父さん、どうしたの？」と言われてしまう恐れがあります。ワークショップを崩しながらそれとなく応用するようにできるとよいのですが。まさに、自分の生活の場、職場に応用しなければ、紺屋の白袴と同じですね。

Q25 ワークショップはすべてうまくいっているように聞こえるのですが、失敗談はないですか？

A あります。今からお話しする事例は、ある地方都市の郊外農村部から依頼があり、県の事業である施設の計画を、地区のいろいろな人の参加を得て計画したものです。それこそ、地区全体を点検し、子どもも女性もお年寄りも参加したワークショップは大変盛り上がり、地区全体でその施設の位置づけを検討して計画案を作成したものです。ワークショップの結果、女性チームの案に皆が賛同し、その計画案をこちらでつくっていたところ、政治的なルートを通じて、先に絵が描かれていたことがわかりました。男社会の古い権力の構造によって、行政に働きかけて、絵までつくられていたのです。その地域リーダーの人たちもワークショップにずっと参加していたにもかかわらず、そのことを一言も話してくれませんでした。そんな風にワークショップを住民参加の免罪符に使い、筆者もまんまと引っ掛かったわけです。ワークショップに参加して元気になった女性グループ、お年寄り、子どもたちの気持ちをこの男社会の保守的リーダーたちはどう考えているのでしょうか。そんな風に施設をつくっても、その後の運営や地域づくりのことを考えると、そう簡単に行くはずはないのですが。

CHAPTER 6

ワークショップの理論と方法

1 二つの心理学の流れ

ワークショップのルーツを探るというのは、「ワークショップ」という言葉が一般的に英語圏で使われている実態からも大変広範囲に及び、それだけで膨大な論文ができるだろう。ここでは一面的なものしか紹介できないことをご承知いただき、先に述べた定義に基づき、身体性や集団創造の点から、まず注目される二〇世紀前半の二つの心理学の流れを取りあげる。一つは、ゲシュタルト理論であり、もう一つは、精神分析理論からである。

これらは、二〇世紀を代表する心理学の二大潮流であるが、ここで注目されるのは、M・ヴェルトハイマーやS・フロイトという創始者的な理論家ではなく、後継として方法論を打ち立てた二人である。それは、クルト・レヴィン(Kurt Lewin, 1890 – 1947)とヤコブ・L・モレノ(Jacob Levy Moreno, 1892 – 1974)である。

クルト・レヴィンは、アクション・リサーチという方法論を提唱し、また小集団の研究からグループ・ダイナミックス研究を展開した。情意、欲求の実験、場の理論、元型と顕型の概念、トポロジー心理学などでも知られる。またヤコブ・L・モレノは、心理劇(サイコドラマ)の創始者として知られ、それを社会問題まで展開した社会劇(ソシオドラマ)、そして集団内の関係のソシオメトリーの理論と調査法(ソシオメトリック・テスト)の考案者として知られる。どちらも小集団に注目している点、集団と個人の関係、集団の力学、および個人の感覚の醸成や場・場面を重視し、またトレーニングのワークショップを行う専門集団が派生している点も共通している。また二人ともユダヤ人であり、ドイツ語圏からナチスの迫害を逃れてアメリカに渡り、アメリカ社会で活躍し、ユダヤ人のみならず有色人種の差別や偏見という人種問題にも取り組み、その方法論は社会での実践と応用の中で広がりが生まれている点も共通している。

2 クルト・レヴィンのアクション・リサーチ

クルト・レヴィンは、一八九〇年に、ユダヤ人の雑貨商の長男としてドイツに生まれた。ドイツのベルリン大学で、科学哲学、そして心理学を学び、M・ヴェルトハイマー、W・ケーラーおよびK・コフカからゲシュタルト心理学創始者のすぐ後を走る形となる。ケーラーと同じくベルリン大学の教授ともなったが、ナチスの台頭によって渡米し、アメリカでのゲシュタルト心理学の発展と応用に寄与した。ヴェルトハイマー、コフカ、ケーラーも渡米しており、ゲシュタルト心理学がナチスから追われる形でドイツからアメリカに中心を移し、アメリカ社会でさまざまな形に応用され発展していったのは興味深い。例えば、レヴィンは認知心理学を社会心理学へと、ケーラーは神経生理学の手法を参考にしながらパターン認識の心理学を深化させていったとも言われ、ゲシュタルト心理学が神経生理学や電子工学等と出会い、人間の精神と身体と工学との学際的なサイバネティックス研究にも発展していった。[*1]

アメリカに渡ったレヴィンは、一九三五年にはアイオワ大学で児童心理学の研究に着手し、四〇年にアメリカの市民権を得て、四三年から、マサチューセッツ工科大学でグループ・ダイナミックス研究所の創設に尽力した。そのため、レヴィンはグループ・ダイナミックス研究の創始者とも言われ、社会的疎通（social facilitations）の研究から展開する小集団の研究に道を開き、それはワークショップのプログラムの組み立ての理論としても応用されて、社会的役割を持った組織の創造的な運営のみならず、企業の組織改善による効率的な経営、リーダーシップの醸成にも取り入れられていくことになった。レヴィンは、R・リピット、D・カートライト、A・バヴェラス、L・フェスティンガーら社会心理学の後継たちを指導し、多大な影響を与えた。

レヴィンが、アクション・リサーチの方法論を提唱し、実践していったのは、この一九四〇年代である。四五年には、アメリカ・ユダヤ人会の計画による「地域社会相互関係委員会」の設立に参加し、ユダヤ人や黒人などの少数集団に対する偏見の問題に取り組み、実社会の中でいかに民主的社会をつくることができるかといった実践的研究を行った。机上の研究だけに終わらさず、絶えず現場の問題を改善することをベースにしたアクション・リサーチ法は、アメリカのまちづくりにおけるワークショップ手法の展開の基礎になり、六〇年代の公民権運動、七〇年代の平和運動など市民の草の根的な運動に、大学や専門家が入り込み、さまざまな問題解決を展開する活動にもつながっていく。

アクション・リサーチとは、「社会環境や対人関係の変革・改善など、社会問題の実践的解決のために、厳密に統制された実験研究と現実のフィールドで行われる実地研究とを連結し、相互循環的に推進する研究方法」とされる。実験研究の理論と実地研究の実践との間の相互連結が基本となっている。具体的には、図1の五段階の構成をとる。[*2]

この流れと今日のアクション・リサーチの進め方とは大きく異ならない。例えば、ロジャー・ハートの子どもの参画のアクション・リサーチの流れも、このレヴィンの流れを汲んでいることがよくわかる[*3]（図2）。

アクション・リサーチも、根底は、グループ・ダイナミ

①計画段階	対象の正確な観察と分析を行い、改善目標を設定するとともに、過去の研究知見を参考にして目標達成のための方策を検討し、仮説を立てる。
↓	
②実践段階	仮説に従って具体的な活動を実践する。必要ならば、前もって研究者・観察者の訓練・教育を行う。
↓	
③評価段階	対象の活動の有効性と仮説の妥当性を検証する。そのために、目標達成度を客観的・科学的測定に基づいて行い、活動内容や方策において改善すべき点の有無を検討する。
↓	
④修正段階	改善すべき点があれば、修正を行って再度同様の過程を繰り返す。この時、実験研究の知見の有効性を実地研究で確認し、実地研究で示された知見の理論的妥当性を実験研究で検証するという具合に、実験室と現場を相互に関連させながら進める。
↓	
⑤適用段階	目標が達成されたら、その成果を異なる社会事象にも適用してみて、その方策の効用と限界を見極める。

図1　アクション・リサーチの構成

ックスをベースにしたものである。実験としてレヴィンは、一九四六年に、コネチカット州の人種問題委員会の要請で、人種的・宗教的偏見を解消することを目的とした新しいタイプのリーダーシップ・トレーニングを企画し、実施した。それは、センシティビティ・トレーニングまたはＴグループともいわれ、人間関係のトレーニングのワークショップであり、今日の体験学習の基礎ともなったものである。

このトレーニングは、一九四〇年代にレヴィンの教え子のロナルド・リピットが応用行動科学者のリーランド・ブラッドフォード、ケネス・ベネにレヴィンを紹介し、その四人の中で知識と経験を分かちあいながら磨かれていったものである。レヴィンは、三二年にナチスのホロコーストから逃れてアメリカへ亡命した記憶が鮮明であり、民主的な社会を築くために科学が使われるべきだという強い信念に支えられながら方法論を磨いていった。それが、アクション・リサーチであり、センシティビティ・トレーニングである。彼らは、このトレーニングのためのワークショップを企画し、行動科学、体験学習の理論と実践の研修の場ＮＴＬ（National Training Laboratories)を一九四七年に設立し、今日も環境学習やまちづくりの方法論に大きな影響を与える存在となっている。[*4]

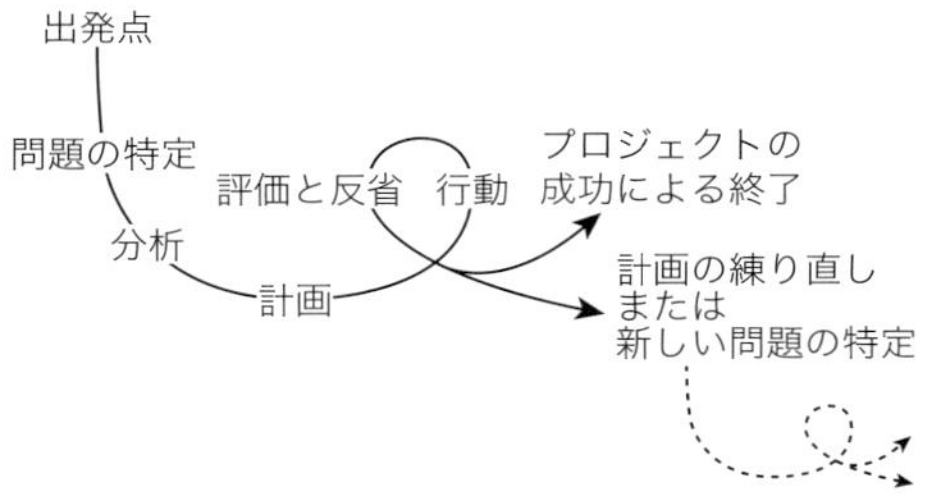

図２　R・ハートのアクション・リサーチ

一九四六年に行ったワークショップは、研究者と観察者とトレーナー（訓練者）の三つのチームで構成されていた。レヴィンは、このワークショップにオブザーバー（観察者）を参加させ、そのオブザーバーの資料を研究者やトレーナーのグループに報告したことが反響を呼び、オブザーバーの資料の解釈をめぐっての討議が、研究のみならず、実践過程の発展にも有意義であるということを見出したのである。このように、研究と実践と訓練の相互浸透性の強調こそ、アクション・リサーチの最大の特徴である。

しかしながらレヴィンは、一九四七年に、仲間とともに、メイン州のベッセルにあるゴールド・アカデミーにおいて企画したＮＴＬの開催を見ることなく、この世から去った。レヴィンは、「良い理論ほど実用的なものはない」という有名な言葉を残している。理論と実践との関係性を方法論に展開した彼の功績は、まちづくりや環境学習のワークショップの場面にも生かされている。例えば、カール・ロジャーズ（非行少年の面接を通して、当時行われていた心理療法が再犯防止に役立たないとして、クライアント中心療法を考案し、またエンカウンター・グループの理論と実践に影響を与えた）は、レヴィンらのセンシティビティ・トレーニングのワークショップについて「おそらく、今世紀が生み出した最も価値ある社会的発明である」[*5]と言う。

なお、レヴィンのもう一つの業績に、「場の理論」を提唱し、それが行動科学の発展として環境心理学にも道を開いた点がある。つまり、人の行動について、内的な動機のみならず、環境要因の重要性も言い、人と環境との相互作用によって人の行動を説明した。当然これは、先のアクション・リサーチにおいて、対象の生活の場の問題を解き明かす視点ともなるが、生活空間の均衡が崩れると、その均衡を取り戻すために人が行動を起こすという心理の動きを解明した理論である。ダーウィンの進化論をも想起させるが、「行動はそれが起こった時の場の函数である」[*6]というように、数学、物理学の場の力学的な法則を提起し、社会工学への足がかりを築いた。実は、場の理論の書物は、彼の死後、教え子らによって生前の著作を集めてつくられたものである。とはいえ、レヴィンの数学、物理学への接近によるその理論化は、すでにドイツ時代の著作を集めた『パーソナリティの力学説』で提示されていたものである。その中でレヴィンは、アリストテレス的考え方からガリレオ的考え方への転換を説き、子どもの行動に及ぼす環境の力を場の力として数式化を図っている[*7]（図3）。

ここで言う場とは、プレイス(place)ではなく、フィールド(field)である。活動の背景となる「意識の野」ともとれるが、トポロジー心理学と彼も言うように、座標軸上に落とした位相空間でもあり、アクション・リサーチの現場と実験室の相互作用と同じように、生活空間の現場を解析してもいる。$B = F(P, E) = F(LSp)$という式に表されるように、行動(B)は人(P)と環境(E)の函数で表され、それは生活空間(LSp)に連結する函数と同一と捉えた[*8]。レヴィンの図式に人が行動する場を図示したものがある（図4）。これは、後にケビン・リンチのイメージマップ[*9]や、鈴木成文らの行動領域の研究[*10]などにつながるものである。レヴィンの場の理論の研究において、実際に例に用いているのは、子どもの行動に対するものが多い。余分な条件を廃して単

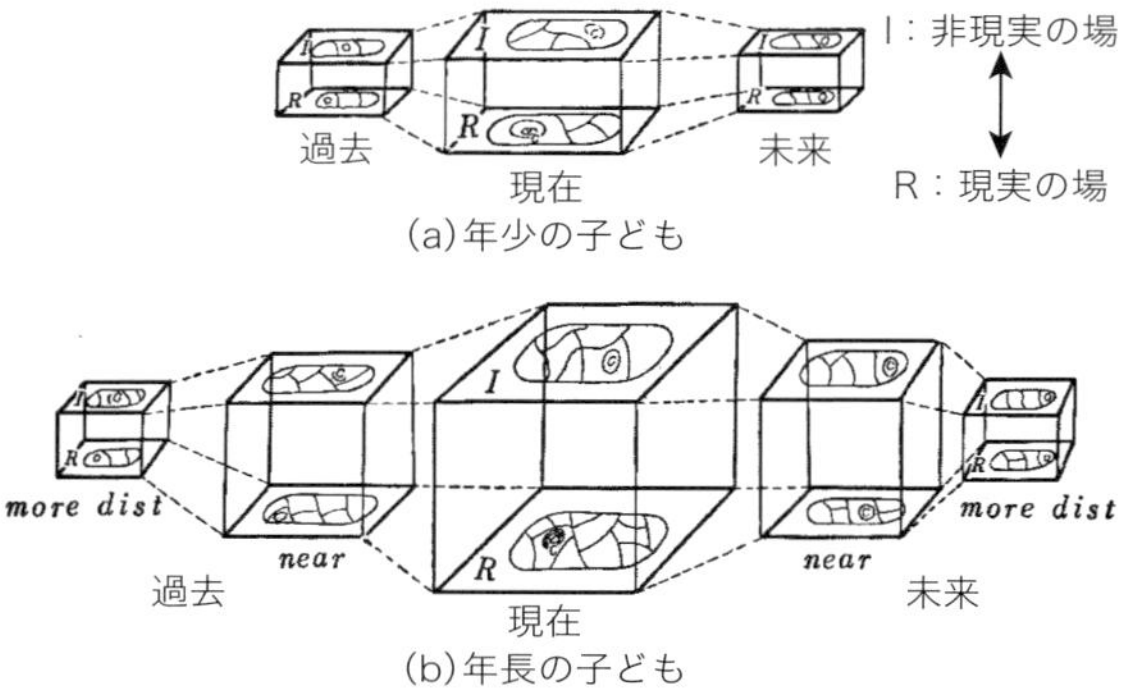

図４　年少の子どもと年長の子どもの生活空間の分化

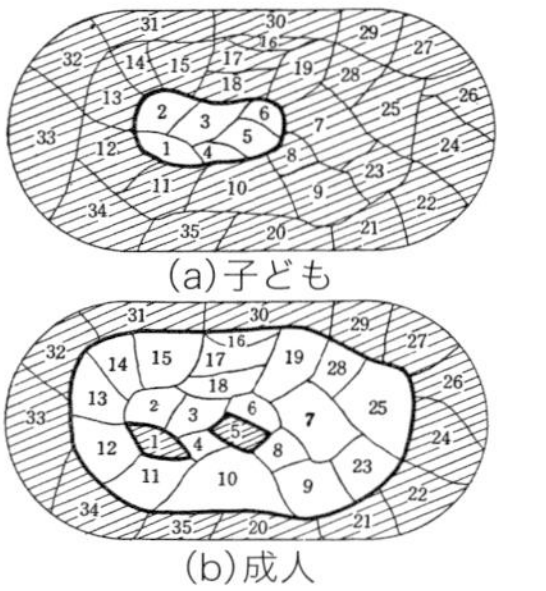

図３　子どもと成人の自由運動の空間。斜線の部分は接近不可能な領域を示す

純化して解析できるからかもしれないが、J・ピアジェの構造主義の影響もあるかもしれない。[*11]

彼はその後、〈社会的行為を変化させる場合の個人的手続きと集団的手続き〉〈変化の三段階：集団標準の溶解、移動、凍結〉〈変化の手続きとしての集団決定〉と論を進め、個人の変化よりも集団の標準の変化の方が効果が大きい点、単に個人を講議で動機づけようとする場合より、集団決定をして動作と動機が結合した場合の方が変化に対して効果が大きいことを実証している（図5、6）。[*12] このように見ると、場の理論は、ワークショップにおける小集団の効果、集団での意志決定を説明する理論ともなりうることがわかろう。

レヴィンのグループ・ダイナミックス、アクション・リサーチ、また場の理論は、今では社会心理学や教育社会学、環境心理学、環境学習、まちづくりなどで幅広く応用されている。また、企業の社員教育、職場の改善、

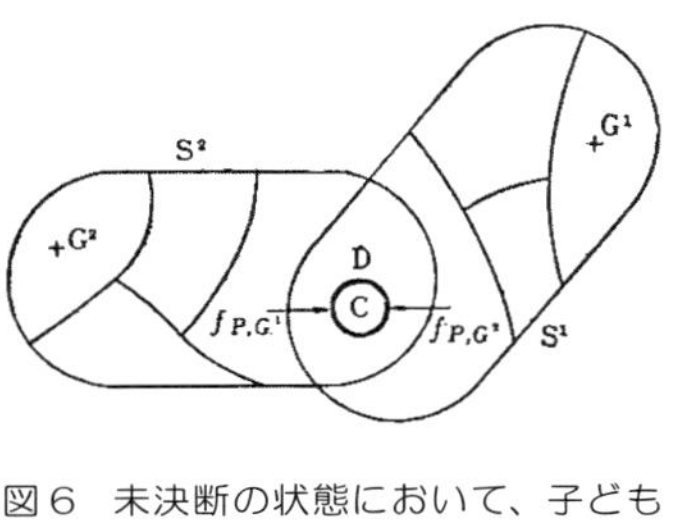

図６　未決断の状態において、子ども(C)にとって目標(G^1、G^2)が異なる可能性(S^1、S^2)を示している時、決断をなす領域はＤで表わされる

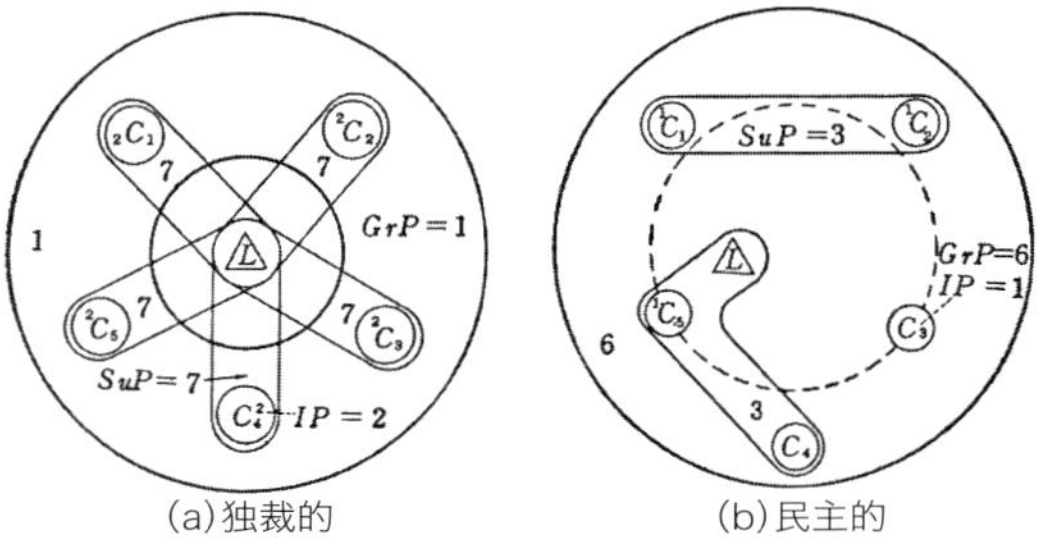

(a)独裁的　(b)民主的

図５　独裁的な関係のグループと民主的な関係のグループによる下位集団の位置。集団所属の感情は、民主的グループの方が強い

TQCなど、さまざまに活用され成果を生んできた。研究、実践、訓練の三つの柱の相互連関を唱えたレヴィンの理論は、今日の生活世界と遊離し象牙の塔となったアカデミズム、生産性向上のために人間性を廃した科学的管理のテーラリズム、目的合理性と組織維持に働く官僚主義などへ、もう一度人間の創造性と課題解決能力をベースに置く重要性を提起し、警鐘を鳴らすものとなっている。

3 ヤコブ・L・モレノの心理劇

ヤコブ・L・モレノは、心理劇（サイコドラマ）、社会劇（ソシオドラマ）、ソシオメトリー（sociometry）の創始者として、心理学、セラピー、演劇関係者にはよく知られる精神医学者である。

モレノは、一八九二年に、ルーマニアのブカレストでユダヤ人の伝統的な一家に生まれた。彼は四歳の時に仲間と劇遊びをしていて、自分は神になり、他の子どもたちには天使の役をあてがい、椅子を積み上げた教会の塔のようなものをつくり、仲間から「神さまなら飛ぶことができるはずだ」と言われ、実際飛び下りて腕をくじいたことがあるという。その年、彼は家族とともにウィーンに渡った。

モレノは、一九〇九年から一七年までウィーン大学で数学と哲学を学び、さらに医学部に進んだ。一二年に、フロイトの講義を受けている時、フロイトの自由連想法の持つ精神療法的価値に疑いを抱いた。そして後に、彼はフロイトに次のように言った。「私は貴方が触れないでいるところを手がけようとする。貴方は人工的な診察室で、夢の分析をしている。私は生きた生活の場で、ふたたび夢みる勇気を人々にあたえる」[*13]と。

彼はフロイトの授業を受ける前、ウィーンの公園で子どもたちにおとぎ話をしたり、即興劇をしたりしながら、子どもたちの行動を観察し、空間の自由な使い方を記録していた。そこで彼は、後のキー概念や理論となる「自発性」による創造性、ソシオメトリー、サイコドラマなどのヒントを得ていたのだろう。

モレノはまた、一九一三年から一四年にかけて、精神障害者に集団心理療法を応用して実施した。一四年からアメリカに渡る前年の二四年までが、彼の集団内の人間関係理論の発展期とも言える。一六年には、ハンガリー政府に、コミュニティの再編時における組織づくりにはソシオメト

図７　心理劇の即興劇場ウィーン・モデル

図８　ビーコン・モデル

リーの方法を使うことを進言している。「ソシオメトリー」の言葉が使われた最初である。

サイコドラマと言われる心理劇は、一九二一年のエイプリルフールの夜に、彼が主催した即興劇によって誕生したという。即興劇自体は、先に述べたように、彼が子ども期から慣れ親しんできたものであり、またウィーンでは当時、物珍しいものではなく、人々に親しまれていたものだった。

モレノは、翌二二年にウィーンで初めての心理劇の即興劇場をつくった。この時に、円形舞台とレベル差のある桟敷の利用の基本型が形成されたが、後にアメリカに渡ってから三六年につくられたビーコン・モデルがより完成された形である。前者は、円形の五段に下がった窪地の中心に七段ほど上がった円形ステージがあり、この円形の窪地の周囲四方に半円のちょっと上がったステージがあり、それぞれを囲むように半円状に桟敷が五段上がっていき地上レベルになるというユニークな形である（図7）。あまりにも複雑で実験的過ぎたのであろう、このレベル差が後に改良されて、後者のビーコン・モデルでは、ステージの円形三段階と、バルコニーという形として定着した（図8）。この後者の例を見ると、心理劇の舞台は円形三段階で、観客が気楽に舞台に入れるように工夫され、監督が観客にインタビューをする舞台は主に第二段に腰掛ける形で行われる（図9）。観客と並んで座

図９　心理劇におけるインタビュー

り、インタビューが開始されると、舞台と観客の間の隔たりは縮まり、顔を突きあわせ（Face to Face）、人と人（Man to Man）の関係に誘導しやすいというのが、彼の理論である。第一上段は演技が行われる場所であり、演技が終わると演技者はこの第二段に戻り、振り返って分析し、また次へのウォーミングアップがなされる（図10）。

このように、心理劇は、観客が参加しやすい場の雰囲気をつくる舞台環境を使い、次の流れを組んで行われる。

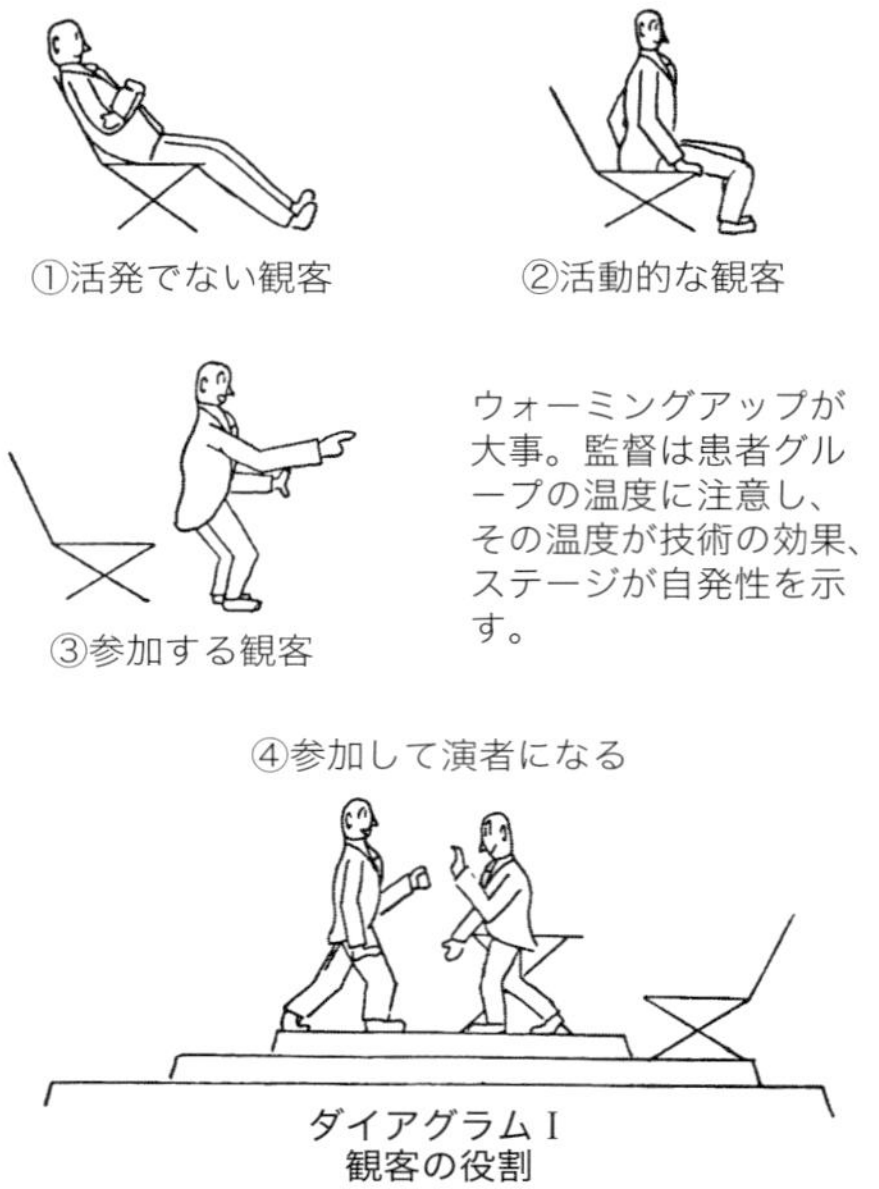

図10　心理劇の流れ

①ウォーミングアップ：助監督（補助自我というが、今でいうファシリテーターに相当）に支えられた簡単な役割取得や遊戯行動
②アクション：ドラマを演じること
③シェアリング：主役が抱える課題を全員が分かちあうこと
④レヴュー：ドラマの後の体験報告と相互批判や評価を行うこと

この流れを見ると、これが一九二〇年代に考えられたものとはいえ、今日のワークショップでも使われる要素が見られる。例えば、ウォーミングアップはアイスブレーキングにも似て、本題につなげる導入のプログラムに相当する。またアクションは、今日のワークショップで「パフォーマンス」ともいえる実際の行動である。シェアリングは、「共有化」とか「分かちあい」といい、今でもワークショップの重要な要素である。レヴューは、「エヴァリュエーション（評価）」とか「振り返り」ともいわれ、環境デザイナーのL・ハルプリンらが「ヴァリューアクション」と造語で表現したものに相当する。

またこの心理劇は、次のメンバー構成によって行われる。

・監督：治療者。監督は補助自我とともに演者を促して

場面を演出する

・補助自我（助監督）：場面展開の要としての役割を担う

・演者：舞台に上がって演技をする、心理劇の効果を最も期待される対象者

・観客：観客と演者は同じメンバーであり、観客が舞台に上がり演者となったり、演者の演技に他の観客がコメントをしたりして参加する

そしてこれに舞台の要素が加わり、五要素とも言われる。

・舞台：メンバーの自発的行動を促す役割も果たす

以上の構成を見ると、監督は今日のワークショップで言うところの「プロセスマネージャー」に相当する。補助自我は auxiliary egos の訳であり、モレノが考案した役割のためか、直訳そのままでもあり、初めて聞く人には理解しにくいが、「劇を演じる人が自発的に行為しやすいように、行為をする人の気持ちを汲んで適度な働きかけをしたりする。ある時は、その人の自我を支えたり、またある時は適度に刺激を与えることで、その人の中に葛藤を起こさせたりする」[14]と解説されている。この補助自我にはどのような人が適しているかというと、この心理劇は患者の治癒として行われるので、演者が患者であり、この補助自我には元患者であった者が適しているとモレノは言う。[15]自我を喪失したり、自我が不安定な患者に対して、自我を映したり、自我を取り戻すきっかけを与えたりと、専門的な能力を必要とするので、モレノも訓練が必要だと述べている。補助自我が演ずる患者の自発性を促す媒介であるという点は、今日のワークショップの「ファシリテーター」と類似する。

また、舞台の形態や演出が参加者に自発性を促すという視点は、今日のワークショップの「ロジスティックス（後方業務）」の役割にも相当する。

プログラムの進め方として、次のような工夫がなされる。

・場面補助：補助自我に特定の役割を担わせ、場面を具体化して演者の参加を促す

・役割交代：主役を演じていた者が、同じ場面の他の役割を演じる

・二重自我：主役のみならず、その役と同一の役を同時に一体であるかのように演じる

・独白：演者の独り言。その場で思うまま、感じるままを自由に話す

・鏡：補助自我に演者と同様の行動をとらせて演者に観察させる

以上の内容と、黒色テント68／71がフィリピンの教育演劇集団（PETA）を通じて導入した演劇ワークショップにはきわめて類似した点が並んでいる。例えば、演劇ワークショップのメニューにあるミラーゲーム、身体の形をつくった後での独白、役割交代や、ファシリテーターの場面補助などである。

モレノは、一九二五年にアメリカに移住して開業後、三六年にビーコン・モデル、四〇年にワシントン・モデル（図11）、四二年にニューヨーク・モデル（図12）という心理劇場をつくり、同年モレノ研究所を設立した。また『集団心理療法（Group Psychotherapy）』という雑誌の発刊に携わった。

著名なソシオメトリーの理論は、その原形はウィーン時代につかんだとはいえ、アメリカに渡ってアメリカ社会の中で発展させていったと考えられる。モレノが普及に力を入れたのは一九三四年頃からと言われ、四二年にソシオメトリー会館がつくられ、心理劇を活用した集団心理療法がアメリカに広がっていった。

ソシオメトリー理論の中のソシオメトリック・テストとは、集団成員間の関係を調べる社会調査法にもなっており、学校教育の現場で生徒の席順を決める時に応用されているので、教育関係者にはなじみのある調査法である。成員個々に、他の成員について選択と排斥を記してもらい、その関係を調べる方法である。だが、好き、嫌いという微妙な問題を子どもに聞くという点から、人権問題に絡むという批判もあって、この調査法はかつての隆盛からは下火になった。だが、イジメやシカトが問題になる今日、教師が集団の成員間の関係を客観的に把握し、対処を講じる方法としては有効と考える。

もともとモレノの考

図11　心理劇の即興劇場ワシントン・モデル

図12　ニューヨーク・モデル

案したソシオメトリー理論においては、このソシオメトリック・テストは一つの段階にすぎず、知人テスト、ソシオメトリック・テスト、自発性テスト、事態テスト、役割演技テストの五段階の構成が全体のソシオメトリーの体系であり、彼の関心は、集団としての創造性と成員の自発性の促進にあった[*16](図13)。いわゆる社会の制度や科学技術、芸術その他文化的所産は、人間の創造性の産物であるが、その創造性も人間が自発性に基づいて行動して発揮されると、彼は考えている。その自発性も、集団の成員間の関係から促進されると彼は考えて、そのためにこのような科学的な調査方法を考案したのである。

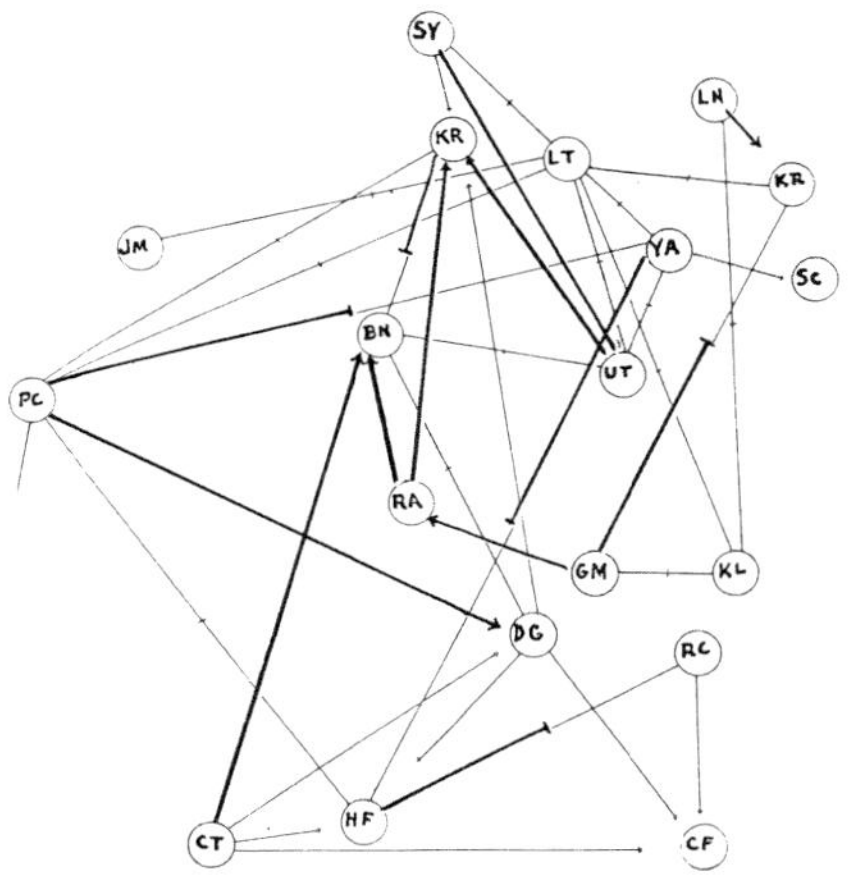

図13　ソシオメトリック・テスト。集団内の各人の親しいつきあいの関係を聞いて、結びつきを図示する

　彼は個人と集団を結びつける「テレ」という概念を提起し、そのテレには、肯定的なテレと否定的なテレがあり、このテレに見る情緒の流れによって成員間の吸引、反発、無関心を測定するのがソシオメトリック・テストであり、この調査によって解明された問題や要因を患者が気づき、洞察するのを援助するのが心理劇とされる。

　彼の関心は、このように個人の自発性を集団の創造性に結びつけ、行き着くところは社会の問題解決または社会の創造的な営みにあった。その点が、ワークショップの理論の原点とも言われる所以である。そして、社会と心理劇の関係を発展させてソシオドラマ(社会劇)も考案している(図14)。個人の抱える問題を扱う心理劇の上演を重ねるうちに、異なる個人の生活を再現している中に共通の課題や要因を発見するようになる。「あ、うちにもある」というような共感も働き、それが共通の問題意識として浮かび上がってくる。それは、個人の抱える問題はパーソナルな要因もあるが、帰属する社会集団や文化的風土による要因もあるからである。特にアメリカのようなさまざまな民族が、異なる風習、文化を持って、しかも異なる時代に移民し、

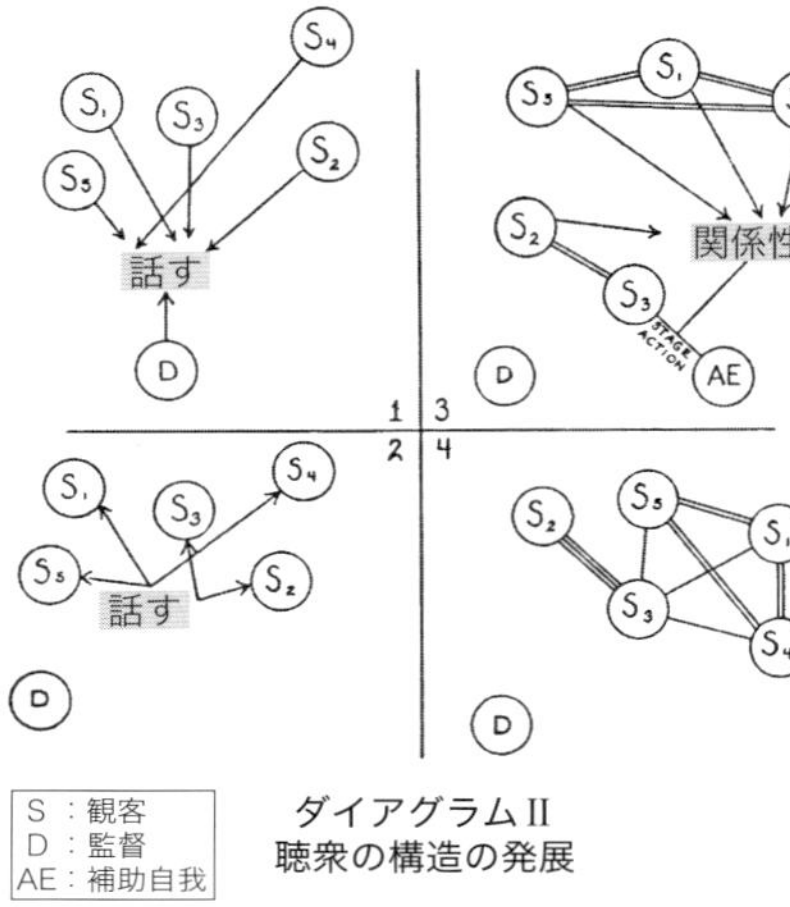

聴衆が進歩する相互作用と総合の4段階

①無定型のステージ
②認知されたステージ
③アクションステージ
④互いの関係を築くステージ

図14　社会劇の流れ

多民族国家をつくっている社会では、なおさら、その帰属集団間のズレや摩擦が、個人の問題、人間関係の問題の陰に内在している。モレノが活躍した時代は、まだ人種偏見が強い時代でもあった。そのような状況が社会劇を生み出したというのは想像に難くない。

　この社会劇を創出するのに、演劇と新聞を結びつけた演劇新聞法なるものを彼は考案したが、これはウィーン時代にすでに「生きた新聞」として考案している。新聞からとったナマの事件を上演する。参加者は役割を代えて、自分が所属する集団とは別の集団の成員として上演する。そうすることによって、異なる立場になった時の感じも身体的にわかり、見方が変わる。同じ事件の捉え方も人によって異なり、人の持っている硬直化した認識にも気がつく。社会に適応できずに苦しんでいる患者には、患者個々の要因を離れて、そのような社会的な集合因子による要因もあり、その改善のために、彼は社会劇を普及させていった。

　例えば、ハーレムで民族暴動が続発した直後に、彼は白人や有名人を招いて社会劇を行っている。その時には、暴動の暴徒も被害者も連れて来て上演をしたという。また暴動の問題だけでなく、有色人種の日常生活の中で起こる差別なども当事者によって再現されたりした。

　精神分析学では、「カタルシス」という言葉がよく使われる。辞書では次のように解説されている。「抑圧されて無意識の中にとどまっていた精神的外傷によるしこりを、言語・行為または情動として外部に表出することによって消散させようとする精神療法の技術。浄化法のことである」(『広辞苑(第五版)』岩波書店)。アリストテレスは、演劇において、人々が悲劇を見て涙を流し、苦しみの感情（パトス）を浄化していることを認めて、それをカタルシスとして論じた。モレノは、観客としてではなく、上演することに観客が参加し、演ずる者と観客とが区別なく対話と理解を重ねる、この開かれた身体的コミュニケーションにカタルシスを見出し、それが個人と社会の問題解決へ向かうことを期待した。フロイトの夢分析にもカタルシス効果があるが、その違いについて、桜林仁は次のように指摘している。「フロイトは、精神分析的事態に、厳密なプライヴァシーと個人的特質とを強調した。そこにはどんな近親者でも第三者の介在をゆるさなかった。モレノによれば、そういうフロイトの閉ざされた相談室では、真の深いカタルシスは実現しないで、失敗したばかりでなく、社会劇ではたらくカタルシスのエッセンスにたいし、フロイトは目を閉ざしていた」[*17]。

モレノのキー概念はいろいろあるが、なかでも「自発性」(spontaneity)は根本をなすものであろう。フロイトは、リビドー（性衝動）を人間の生存への原動力の根幹に置いたが、モレノの自発性も、そのように原動力をなすものであるが、フロイトが人間の身体に原動力を求めたのに対して、モレノは、他者との関係、つまり社会的な関係に求めた。

患者が自発的に演ずることは、すぐにはできない。そのために、補助自我のサポート、状況設定、ステージの環境設定などが必要であり、また他の演者や観客との関係から促されてくる。言葉のみでなく、少しでも自発的なものが生まれたなかで、カタルシスが起こる。それがさらに自発性を促し、問題を直視し、解決に向かう。このように自発性が創造性につながる。この時間のプロセスをモレノは重視している。モレノがA・ベルグソンの時間哲学の影響を受けていることは、サイコドラマの著作の中で何度かベルグソンを引用していることからもわかる。ベルグソンは、時間が空間に置き換えられていることを問題として、経験される時間の重要性を説いたが、モレノは、その生きられた時間ともいうべき瞬間の創造性をベルグソンの「存続」(durée（duration））を引用しながら述べる。そのような空間に規定されない時間（瞬間）の創造性がドラマにはある。モレノは、ベルグソンが、我々が生活している人工的時間および空間と絶対的創造性との間の掛け橋を築きえなかったと批判的に検討して、そこに自発性の重要性を説く[*18]。

ベルグソンは空間に帰着させない時間の連続性を提起したが、日本でモレノの心理劇を捉えて自閉症児の治療教育を行った石井哲夫は、これをヨーロッパ的として、それに対してアメリカの哲学は空間の広がりをもって捉えようとする傾向を指摘し、アメリカの精神医学も正しい克服をなしえなかったと言う。加えて次のように言う。「しかし、それでもなお、人間というものは、いろいろなことを考えたり、しゃべり続けていく必要がある。考えたり、しゃべり続けたりするということ自体が現在なのである。そして、現在が何を意味しているかということをもっと積極的に明らかにし、必要ならば、その現在に触れて、我々は臨床的・操作的に働きかけていく必要もあるわけである。そして、そのことを実験的にしていくために、モレノは『心理劇』という方法を考えたのだと思うわけである[*19]」。

この視点は、桜林仁が「人間は言葉で表現する前に、もっと、実演への飢えをたたえている。アクションのなかで、人間はその実存を感じあう[*20]」とモレノの心理劇について述べた点と同じである。

モレノは、ベルグソン流に生きている現在を正面から捉え、演劇の状況から自発性を促す。その自発性も、まったく自由に連想してというと、却って抑制されたものしか生まれず、自発性が最も駆り立てられる状況をつくるのがモレノの方法論である。

このように、結果そのものよりもプロセスに重要な意味を見出すのは、ワークショップの根本の精神でもあり、そういう意味でも、モレノの方法論はワークショップの原点とも言える。

モレノの方法論は、弟子のジョナサン・フォックスによってプレイバックシアターとしてさらに広がりを見せて展開し、そこで学んだ者たちによってさまざまなワークショップが行われている。

4 心理学のワークショップ方法論のその後の展開

レヴィンらが、集団内の人間関係のトレーニングとしてセンシティビティ・トレーニングまたはＴグループを展開していった流れは、ＮＴＬとしてワシントンに事務局を置き、国家的広がりを見せて、産業界の管理者や重役などのグループ経験、リーダーシップ研修などにも応用され、職員研修などに深く浸透していったと同時に、さまざまな分野への広がりも見せていった。一方、モレノの心理劇も、演劇や心理学関係のみならず、実験的な芸術表現と融合したワークショップやコミュニティの改善などに広がりを見せていった。この両者の展開の広がりは、それぞれ共通して社会の問題に結びつけて開かれていたところに起因する。

レヴィンらの動きと同時期に、シカゴ大学のグループは、来談者中心療法の方法として、集中的な集団体験を試み、徐々にその方法が確立されていった。これは、レヴィンらの方法と異なり、個人の成長と個人間の対人関係の発展と改善を目的としていて、どちらかと言えば閉じた形態のものであるが、社会学ではシカゴ大学がシカゴの都市を実験室と見立てて地域密着型の都市社会学を展開していた、いわゆるシカゴ学派の土壌があるので、当然、社会との関係は視野に入っていたと推察される。その後、この集中的な集団体験はアメリカで広がるにつれて、Tグループ（人間関係のトレーニンググループ）などの動きと合流されたり、さまざまな形態の方法が行われるようになった。このシカゴ・グループのリーダー的存在のカール・ロジャーズは、六〇年代に広まった方法として、表1のようなものをリストアップしている。[*21]

ロジャーズは、一九六九年の講演で一二〇〇人の聴衆のうち四分の三がこれらグループ（ワークショップ）の経験を持つと答えている点を取り上げ、一〇年前ならせいぜい

表1　C・ロジャーズの挙げた集中的な集団体験の方法

Tグループ	人間関係のトレーニングの原点となる方法。具体的には、構成員7～10人とスタッフ2人が一つのグループを組み、1週間程度を過ごす。そのなかで生じる人間関係自体を題材にし、ともに学び、ともに成長することに取り組む研修方法。K.レヴィンのアクション・リサーチから展開したセンシティビティ・トレーニング、NTLに広がり、多様な形に広がりを見せている
エンカウンター・グループ	C.ロジャーズらシカゴ・グループの考案した方法で、個人の成長と対人関係の発展と改善を促進する、人間同士の基本的な出会いと学びあいのワークショップ
感受性グループ	上記二つを組み合わせたような形態
課題達成グループ	対人関係を吟味しながら、グループの課題に焦点をあてて進める方式で、企業で広く用いられる
感覚覚醒グループ、身体覚醒グループ、身体運動グループ	運動や舞踏の身体の動きによる覚醒と表現に焦点をあてる方式
創造性ワークショップ	芸術的媒介を通し、個人の自発性を促し、表現の自由によって創造性を養う（筆者注：J.L.モレノの方法論の芸術分野への展開と見られる）
組織開発グループ	リーダーシップのトレーニング
チームづくりグループ	企業で取り入れられている効果的な作業チームづくり
ゲシュタルト・グループ	ゲシュタルト・セラピーの応用
シナノン・グループ（ゲーム）	シナノン組織が開発した、麻薬常用者の治療法

五〇人程度であったろうと述べている。

つまり、六〇年代にアメリカではグループ作業によるワークショップの方式（グループ経験という）が急速に普及したことを物語る。レヴィンが開いた社会心理学的および社会工学的な方法論が広がったのは、企業経営者が職員研修や組織経営に取り入れていった企業の戦略的経営拡大期と重なる。そのように職員研修や組織経営への貢献以外に、まさにレヴィンが社会の問題に注目したように、社会の問題解決や改善に、グループ経験、グループによるワークショップが応用され盛んに行われたのも六〇年代である。

六〇年代といえば、古い時代のさまざまな社会矛盾が露呈し、変革の嵐が吹いた時期でもある。アメリカは公民権運動、平和運動、学生運動が盛んになり、またヒッピー文化というような自由や人間性を求める新しい動きが加速した時代とも重なる。つまり、旧体制の非人間的な社会の官僚主義化、機械的統制システム、人種差別による権力温存、産業癒着の政治体制などの問題の上に、六〇年代半ばからのベトナムへの軍事的介入が重なり、反戦・平和運動、学生運動、市民運動のうねりとなってきた。このような市民の自発的な運動の盛り上がりと、これらグループ経験のワークショップの広がりとは軌を一にしている。

しかしながら、Tグループやエンカウンター・グループは、対人関係を主眼としたものであり、我々がまちづくりというところの、地域の物理的な環境の改善にはどのような動きがあったのであろうか。実は、まちづくりにおいても、この六〇年代が市民参加の発展期であり、さまざまな草の根的な運動のうねりと呼応している。

5 アメリカにおける住民参加のまちづくり運動の展開とワークショップ

一九六〇年代は、世界的に見ても学生運動、市民運動のうねりの時期であり、規制秩序に対しての疑問が投げかけられ、さまざまなオルタナティブな方向が示された時期である。特にアメリカの場合、その変動は凄まじく、それは都市計画にも大きな影響を与えた。民主主義の基本である市民参加は、西欧においては古くから行われてきたかのように言われたりもするが（ヨーロッパの市民社会の発達からそうイメージされるが、イギリスにおいても、六八年の都市・地方計画法の改正で市民参加の保障の規定が盛り込まれ、委員会でその具体的検討を行った報告書「スケフィントン・レポート」が大きな転換となっている)、実質的にアメリカにおいて定着したのは、この六〇年代になってからのことである(表2)。それは、大きく二つの問題が絡まって起こってきた。つまり、人種問題と都市問題である。

まず、都市問題から言えば、特に北部大都市は五〇年代に労働人口が集中し、住宅不足、交通問題、犯罪の増加、都市衛生上の問題が噴出していた。その労働人口の大半は、南部から流入する黒人を中心とする有色人種である。ホワイトカラー層は都市郊外へ移り住み、都市中心部に黒人ゲットーが形成され、暴力、非行、不衛生の都市問題は、主にこのような黒人近隣住区の問題として捉えられていた。そこに、「貧困地区都市更新計画」なる都市計画的対策が講じられるようになった。このような事業に行政が取り組む最大の関心事は、犯罪や非行である。例えば、一九六二年には、「青少年非行に関する大統領委員会の実験」が行われ、社会的治療として市民参加を行おうとしている。この点は、先に述べた心理学からの流れの関係が推察される。

もとより市民参加は、制度的には初めて一九四九年に都市再開発に関する法律に位置づけられている。この法律によって、都市再開発事業への政府からの補助は「市民参加」を条件にすることが義務づけられた。しかし、市民参加は理念として語られていても、実際の地域社会の権力構造の中では効力を持たなかった。民主主義の原理は、まだ黒人有色人種を含めて適用されていなかったのだ。各自治体当局は、地域の代表をホワイトカラー層の有識者、当局にとって安心できる人物に指名し、形式的に市民参加を行うという方法を常としていた。

それに最初に噛みついたのが、ソール・アリンスキーである。彼は地域を代表するものは一体誰かと問い、地域住民の中から、つまり黒人住区なら黒人の中から指導者が出るべきだという「はえぬきの指導者」を主張した。[*22] 彼は、ウッドローン機関という黒人コミュニティ組織をシカゴで組織し、当局のハイドパーク・ケンウッド更新計画に対抗していった。アリンスキーの理論は、直接行動をとるという形でわかりやすく、他の地区での黒人暴動や学生紛争、反戦運動に飛び火していった。

人種問題は、黒人の政治的発言力を地域内でどう確保していくかという問題であり、具体的には、都市の黒人近隣住区の改善事業への市民(黒人)参加の問題として表れてきたわけである。このようにして、市民参加は、人種問題を

表２　アメリカの市民参加のまちづくり年表

年代	市民参加の関連事項	備考
1910～30	・ニューヨークでハーレム・ルネッサンス（黒人文化の開花）	・J.L. モレノ、演技が行為者へ及ぼす心理的効果の発見。自発的表現演劇として実験演劇の場を持つ（1923） ・第二次世界大戦始まる（1939） ・S. アリンスキー『はえぬきの指導性』（1946）
1932	・J.L. モレノ、アメリカで集団心理療法の実践	
1935	・K. レヴィン、アイオワ大学で児童心理学の研究	
1940～	・南部から北部大都市、工業地帯への黒人人口集中とゲットーの形成	
1943	・K. レヴィン、MIT でグループ・ダイナミックス研究所を設立	
1947	・K. レヴィン死去、R. リピットら志を受け継いで NTL 設立	
1949	・都市再開発に関する法律に「市民参加」が定義	
1950～60	・J.L. モレノの集団研修（ワークショップ）の方法が活用され始める（医師、教員、心理学者、産業、軍隊、組合、市民活動、ケースワーカー、民族学者、行政官、演劇関係者）	
1954	・アメリカ最高裁判所において公立学校における共学判決下る ・M.L. キング、アラバマでバス・ボイコット闘争	
1958～59	・シカゴでハイドパークケンウッド更新計画 ・ローマ大司教区が反対、S. アリンスキーと足並みを揃える	
1960	・S. アリンスキー、シカゴにウッドローン機関（黒人コミュニティ組織）設立	・この頃、S. アリンスキーの理論により近隣政府の思想が広まる ・この頃、貧困地区更新計画が盛ん ・貧困者に計画能力あるか論議 ・J. ジェイコブス『アメリカ大都市の死と生』（1961）
1961	・フォード財団がボストン地域開発活動（Action for Boston Community Development。コミュニティ・コーポレーション）設立	
1962	・青少年非行に関する大統領委員会の実験。社会的治療として市民参加を推進。背景に都市犯罪、青少年非行の増加	
1960 年代初期	・ニューヨークに半官半民のコミュニティ・コーポレーション MFY（Mobilization For Youth）設立 ・ニューヨークで、小さな建築家グループがスラム街など地域に入り込み、研究所・仕事場を設け、コミュニティ・デザイン・サービス活動を始める。 ・カリフォルニア大学バークレイ校で、自由発言に関する騒動以降、学園紛争、反戦運動が展開	
1963	・ロサンゼルスでワッツの黒人大暴動 ・公民権運動、ワシントン大行進	
1964	・経済機会均等法に「コミュニティ活動計画」と「最大限可能な参加」が明示される。以降、コミュニティ事業計画展開 ・ニューヘブンで、フォード財団が灰色地区計画（Community Progress Inc.） ・AIA や大学、地方機関の後援で、コミュニティ・デザインセンターを組織化 ・アメリカ北部、西部で黒人暴動頻発	・この頃、パブリックサービス・アーキテクチュア活動再開
1966	・モデル都市事業法（実験都市法）。市民参加のモデルとして実施 ・ニューヨーク、オーシャンヒル、ブランズヴィユで学校行政へ地域コントロールを主張する住民運動、教育ストから、教育、自治の分権化の運動へ ・S. カーマイケル、「ブラック・パワー」スローガン発表	・P. ダビドフ、アドボカシー・プラン主張
1967	・デトロイト等で公民権運動が活発化 ・ブラックパンサー党（黒人解放組織）出現 ・AIA（アメリカ建築家協会）にアーバンデザイン援助チーム（R/UDAT）発足	
1968	・M.L. キング、暗殺される ・L. ハルプリン、サンフランシスコで「環境における実験」ワークショップ	・ベトナム和平交渉破局。ベトナム戦争泥沼化（1968）
1969	・フォートワース、テキサスで「環境における実験」。L. ハルプリンら、ダウンタウン・ウォークやダウンタウン・リバーのデザイン	
1969～76	・ワシントン DC のタコマ小学校で食物工場反対から学校建設運動へ	
1970	・L. ハルプリン、エヴェレット・コミュニティプラン・ワークショップ	
1972	・セントルイスでプルイット・イゴオ住宅団地の取り壊し	
1972～76	・R. ムーア、バークレイでプロジェクト WEY	・ベトナム戦争終結（1973） ・C. アレグザンダー『オレゴン大学の実験』（1975）、『パタン・ランゲージ』（1977）、『時を超えた建設の道』（1979）
1974	・ニューヨーク・サウスブロンクスに CDBG（コミュニティ開発包括補助法）創設	
1975	・コミュニティ・デザインセンター、全国 80 ヶ所以上に広がる ・ニューヨーク市憲章改正によってコミュニティボードがつくられ、77 年から実施。ピッツバーグやポートランドに広がる	
1975～76	・デンバー、ロングランチ、トレントン、バーミンガムなどでアーバンデザイン援助チーム R/UDAT（AIA 後援）のコミュニティデザイン	

年代	市民参加の関連事項	備考
1976	・L.ハルプリン、クリーブランドでコミュニティ・ワークショップ	
1977	・CDC、バナナクリー設立 ・UDAG（住宅コミュニティ開発法）創設	
1980年代初期	・ニューヨークでアーバン・ルネッサンス、民間版ニューディール巨大再開発に抵抗するコミュニティボードの活躍	・CDC（Community Development Corporation）成長、ハウジング・パートナーシップ活発に
1981	・ビレッジホームズ建設 ・ミッションベイ開発、反対運動から計画変更→1996年実施	
1980年代後期	・ニューアーバニズム、カリフォルニア州諸都市で成長管理政策	
1991	・アワニー宣言	・NPO活動活発に
1998	・バークレイでパシフィック・リム・コミュニティデザイン会議	

含みながら、近隣住区という末端コミュニティから、住民の直接的要求によって沸き上がってきた。加えて、国家レベルでは、非行・犯罪対策を含みながら、法制度で市民参加を推進する動きが出てきた。例えば、一九六四年、経済機会均等法に「コミュニティ活動計画」と「最大限可能な参加」が明示され、以降、コミュニティ事業計画が実施されるようになった。この背景には、六三年のロサンゼルスでのワッツ黒人大暴動、公民権運動のワシントン大行進がある。

市民参加に関する黒人居住者層と政府との両者の目的は矛盾するものだが、市民参加への下からのボトムアップの動きと、上からのトップダウンの動きとがぶつかりあいながら、この六〇年代に市民参加が定着するようになったわけである。このぶつかりあいは、中間層にも実質的に及んだ。地域レベルで言えば、近隣住区と国との中間の州、地方自治体、階級層で言えば、白人ホワイトカラー層の大多数であり、この中間層が現実の壁であって、その壁をぶち破るために数多くのエネルギッシュな衝突があった。

そんななかで、ようやく有識者、専門家たちの間でも、既成の制度、方法に疑問を持つ者が現れた。例えば、建築プランナーでは、開発案に対して、住民側に立って代替案を作成するという者が現れた。ポール・ダビドフのアドボカシー・プランはその先駆的な代表例といえる。また、あえて黒人スラム街などの問題とされる地区に入り込んで、住民とともに改善案をつくろうとする者たちも現れた。六〇年代初期に、まずはニューヨークで小さな建築家グループが、スラム街に研究所や仕事場を設けてコミュニティ・デザイン・サービスを始めた。これがパブリックサービス・アーキテクチュアという活動に広がり、AIA（アメリカ建築家協会）や大学、地方機関の後援でコミュニテ

図15　シンシナティのコミュニティ・デザインセンター

ィ・デザインセンターの設立が活性化し、七五年には全米で八〇ヶ所以上に広がった（図15）。しかし、アメリカ経済が不況に見舞われた八〇年代に消滅する所が増えてきた。このコミュニティ・デザインセンターでは、建築家や都市計画家、大学教官、学生らが、地域の中で住民と計画案作成の作業を行うために、さまざまなワークショップ手法が考案されていった。

一九六一年には、フォード財団が「ボストン地域開発活動（Action for Boston Community Development）」を設立したように、民間機関の中にも、このような地区改善、コミュニティづくりを支援して、地区の改善に取り組むコミュニティ・コーポレーションが生まれてきた。これがいわゆるＣＤＣ（Community Development Corporation）であり、その後も各地に発展して、今日もアメリカのまちづくり活動の担い手組織として注目されている。このＣＤＣは、日本において、まちづくりのＮＰＯ論議が起こるきっかけともなったものである。

6　ローレンス・ハルプリンのテイク・パート・ワークショップ

一九七〇年代に建築や都市計画、造園の専門家たちも地域に入り、住民参加の方法論を開拓していったが、レヴィンらのアクション・リサーチなどの社会工学的方法、集団力学の方法をベースにゲーム性のあるものに改良するなど、改良に改良を重ねてさまざまな方法が考案されていった。また、このワークショップを行う専門性を持つファシリテーターという職能も定着してきていた。

建築や都市計画、造園などハードな造形に関わる専門家が、住民参加の方法論を持つ、いわばソフトの専門家と組んでコミュニティデザインに関わるスタイルも、この頃には発達してきた。ハードな環境造形をつくる専門家には、それが専門家の職能として、住民参加を真っ向から否定する者もいて、住民参加に取り組む専門家とそうでない専門家の二手に指向性は分かれるが、先に述べたように、ＡＩＡ

といった専門家組織や大学の動き、および連邦の政策の変化などが追い風になって、参加のプロセスデザインを考える専門家も次第に増えてきた。

なかでも環境デザインで独特のワークショップ手法を展開したのが、シーランチやニコレットモールの造形で知られるローレンス・ハルプリン（Lawrence Halprin, 1916－）である。正確には、ハルプリンとファシリテーターのジム・バーンズ、そして陰で支えたハルプリンの妻アン・ハルプリンらの考案したワークショップ・プログラムである。彼らの方法がゲシュタルト心理学の流れを汲むことは、チームの仲間にゲシュタルト治療医のボール・バウムが加わっていることからも想定される。[*23]

ハルプリンらのワークショップ・プログラムの組み方では、「資源」(R)、「スコア」(S)、「ヴァリューアクション」(V)、「パフォーマンス」(P) のサイクルの上昇螺旋プログラムを基本とする（4章参照）。

資源とは、ハルプリンの言葉で「与えられた状況の中での最大限の知り得る、また使い得るもの」[*24]であり、グループ作業によるプロセスで創造的に組み立てていくベースになる資源であり、あらゆる所与の環境の要素も含まれる。例えば、地域の物理的環境のみならず、人的環境、そしてクライアントがいればその要求や目的はもちろん、さらに参加者の動機や期待、イメージ、問題が地域で起こっていれば問題そのものも資源となる。そしてワークショップのプロセスで得た情報、グループで作業した結果そのものも次の資源として使われることになる。

スコアは、言葉としてはオーケストラなど合奏の総譜として使われている言葉であるが、妻のアン・ハルプリンが前衛ダンスでのワークショップで使用した言葉である。スコアとは、ここではグループの行動へ導く伝達手段であり、プロセスをつくり、伝える方法でもある。単純なものでは個人に対する行動の指示であり、複雑なものでは時間と空間の広がりをもったプロセスを人に伝えるものとなる。

ヴァリューアクションはハルプリンの造語で、評価とフィードバック、そして意思決定を包含するものとして、さらにアクションを強調して考え出された概念である。例えば、議論が盛んに行われ、いろいろな代替案が検討され、選択が行われるというように。ただし、意見や批判がパフォーマンスの時に出されると、その集団での創造性にブレーキがかかる。そのために区分して考え出されたものである。これは、スコアではっきり明示して、集団内の全員で行われる。

パフォーマンスは、スコアに従い、文字通り実行してみることである。

参加者はたいがい六〜八人程度のグループに分かれ、まずはオープンにテーマの外縁にでも関わる程度の参加者それぞれの資源（R：経験でも、イメージでも）を出しあい、その資源を使った行動の指示（S）に従って行動し（P）、情報を分けあい（シェアするという）、結果を評価し（V）、その結果を次の資源（R）として、次の指示（S）に従い、新たな行動（P）につなげていく、というようなプログラムで進む（図16）。つまり、参加者個々の資源（経験や能力、情報など何でも）を集団で分けあい（シェアする）、創造に向かっていく集団創造（コレクティブ・クリエイティビティ）というものである。この螺旋は、誰もが参加できるオープンな段階から、課題に迫るクローズなプログラムへと展開していく（4章図3参照）。

すでに環境デザインにおいて第一線で活躍していたハルプリンが、なぜ住民参加に関心を持ったのかということを示すのに、よく彼の次の言葉が引用される。「我々のデザインがいかにうまくできていても、またうまく提案されても、必ずそのデザインの基本的前提に自分たちが参加していないとか、勘定に入れられていないとかの理由で、誰かしら異議を申し立てる者が出てくるのを発見した」[*25]。これをそのまま鵜呑みにすると、何だ「ガス抜き」のためか、と思われかねない。そうでないことは、彼らの

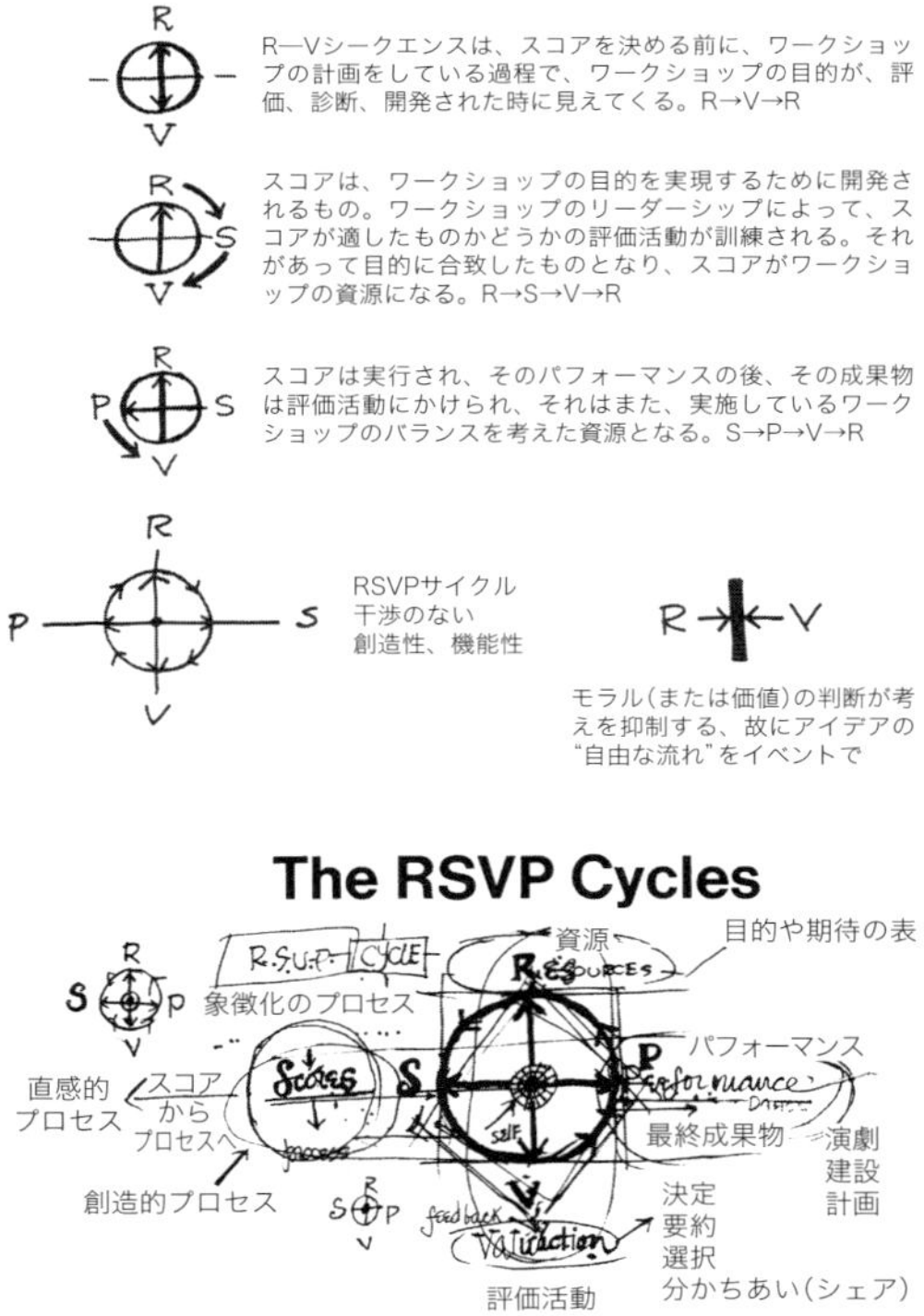
R—Vシークエンスは、スコアを決める前に、ワークショップの計画をしている過程で、ワークショップの目的が、評価、診断、開発された時に見えてくる。R→V→R
スコアは、ワークショップの目的を実現するために開発されるもの。ワークショップのリーダーシップによって、スコアが適したものかどうかの評価活動が訓練される。それがあって目的に合致したものとなり、スコアがワークショップの資源になる。R→S→V→R
スコアは実行され、そのパフォーマンスの後、その成果物は評価活動にかけられ、それはまた、実施しているワークショップのバランスを考えた資源となる。S→P→V→R
RSVPサイクル
干渉のない
創造性、機能性
モラル（または価値）の判断が考えを抑制する、故にアイデアの"自由な流れ"をイベントで
The RSVP Cycles
資源
目的や期待の表
象徴化のプロセス
パフォーマンス
直感的プロセス
スコアからプロセスへ
最終成果物
演劇
建設
計画
創造的プロセス
決定
要約
選択
分かちあい（シェア）
評価活動
図16　L・ハルプリンのRSVPサイクル

作業を見ればよくわかる。たとえ優秀な専門家であっても、地域や環境の諸問題にあたる時、一人よりも、関係する多くの人々の経験と知恵、知識を出しあい、総合的に解決していく集団による創造力（集団創造性）で解決していく方が有効であるということを発見したからではないだろうか（図17）。

この集団創造への着眼は、妻アンの方が、モダンダンスへ取り入れて先んじていた。そのきっかけは、レヴィンらゲシュタルト心理学、行動科学の流れを汲むフレデリック・S・パールスのゲシュタルト療法のグループ・ダイナミックス（集団力学）による、芸術も人生も問題解決も総合的に可能になるという方法論に触れたことによる。それは六〇年代初頭の頃であり、アン・ハルプリンは、前衛ダンスワークショップで集団内の相互作用による創造的な芸術表現に取り組み始めた。そこで「スコア」を重視した方法論を導いていった（図18）。

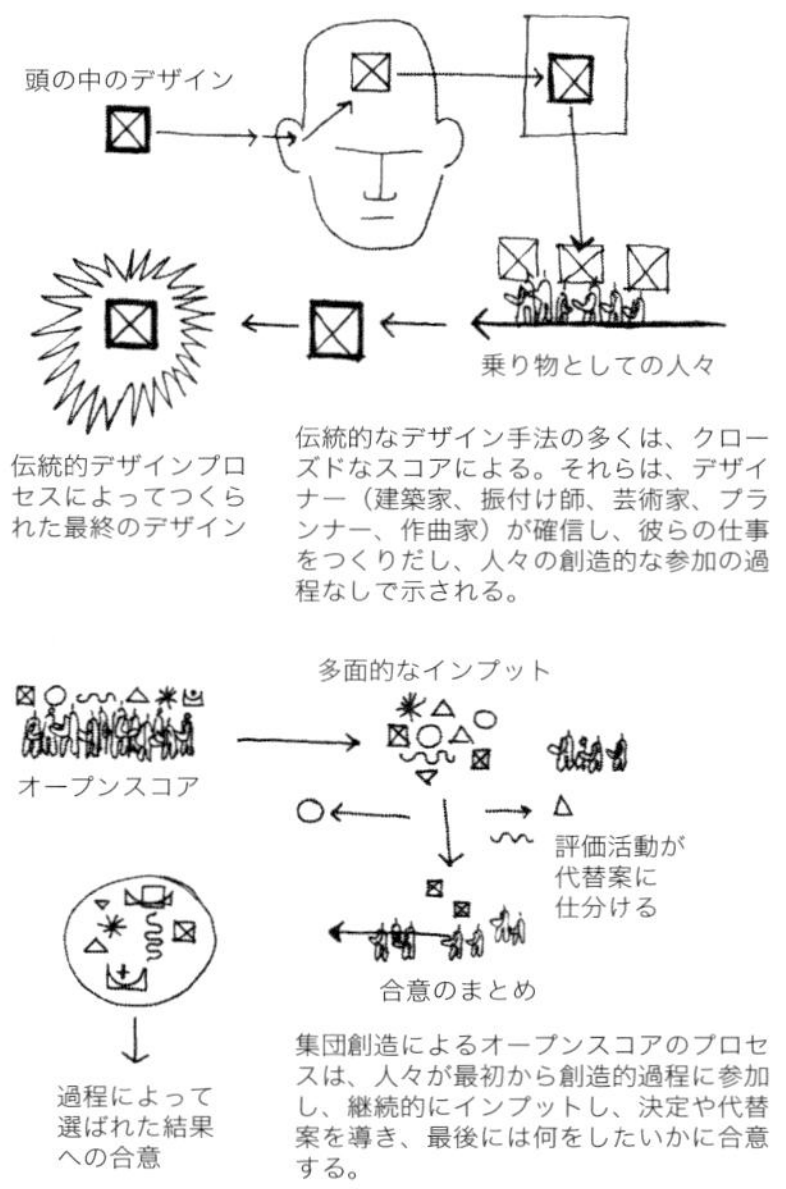

図17　L・ハルプリンの集団創造性の解釈

ハルプリンらの環境デザインにおけるワークショップにおいても、このスコアは、プログラムを組む上での重要な四要素の一つである。ハルプリンが妻アンの方法を取り入れるきっかけとなったのは、一九六六年に合同で行ったワークショップだったという。そのワークショップでは、街の計画を練るために人々が集まって検討する前に、自己表現の技法を学ぶプロセスを冒頭にしかけた。それが集団創造を発揮させる鍵であり、過去のこれまでの集まりでは組織のあり方に関心が向けられていたが、個人の自由な表現を促す運営が重要であることを発見して、独自のワークショップの方法論の発展につながった。

六八年には、「環境における実験」という二四日間のワークショップを実施した。サンフランシスコのダウンタウン、樹木地帯のケントフィールド、海岸のシーランチというサンフランシスコ湾一六〇キロの地域で四〇人の学生が参加して行われたプログラムは、声明文にあるように、「個人の認識を環境との相互作用に拡張し、環境との集団相互作用の思想の展開」を目的として、環境への認識から始まり、自己認識、身体への認識、他者とのつながり、家族やコミュニティの形成、個人と社会との関係などをテーマに繰り広げられた。

七〇年には、ワシントン州エヴェレットでダウンタウンのコミュニティプランのワークショップが実施された。また七六年にクリーブランドで開かれたコミュニティ・ワークショップも、単に環境デザインだけではなく、ダウンタウンのコミュニティ問題が経済や社会環境が関係しているように、人間の活動も含めてコミュニティの問題を総合的に解決するために、人々を個人の認識から集団創造に向かわせるべく展開したワークショップとして位置づけられる。

名ファシリテーターと言われるジム・バーンズは、ワークショップについて次のように言う。「ワークショップでは、あらゆる年齢層・社会層の人々が共同作業をする。ワークショップの雰囲気は、グループ間の対立や、狭量な功名心や敵対心の衝突を防ぐために役立つ。逆に人々は互いに尊敬しあうことを学び、個人的利益だけでなく他人の要求をも満たすことのできる方法を探そうと努力するようになる。このような総合提案は、狭い排他的なプロセスによって作られる提案よりも、皆、常に豊かで力強くまた有効であることが、現実に証明されている」[*26]。

ハルプリンもこのような集団の創造力を発見し、環境デザインに取り入れていった。それは、一人の専門家が創造するよりも、より創造性が高まるし、人と環境との関わりを高めると確信したからである。彼はアメリカ生まれであ

図18 いろいろなスコア

るが、学生時代にイスラエルに渡り、キブツを体験している。その経験も集団創造やコミュニティへの関心に影響しているのか、または彼のデザインが、噴水に人が入りたくなるようなラブ・ジョイプラザなど、人の関わりをもともとデザインのテーマとしていたからか、妻アンの影響以外にもさまざまな要因が考えられる。

彼は、『プログレッシブ・アーキテクチャー』誌に「モーテーション」という概念を提起している。これは、動きをデザインすることを狙いとした新しい考え方である。スコアをさらに進化させた空間と時間の広がりのリズムによる環境のデザインであり、人の関わりのモチーブ（動機）と引っかけている概念である。もちろん、一コマ一コマの動きの連続で環境を捉える方法は、妻アンのダンスの影響が大きいが、『シティ』で著した、都市を楽しみと創造のための場に再構成するという都市論を発展させた論とも言える。*27 人も自然の存在の一部として見た建造物環境のデザインのプログラム化の試みであり、音楽と建築をつなぎあわせようとしたヤニス・クセナキス*28を想起させる。

環境デザインの専門家が専門の範囲にとどまらず、環境や社会に開いて問題解決を探る時に、人々が経験と知恵を分かちあい、より大きな高みの環境デザインの創造力を発揮する。ハルプリンは、そういうことに気がついて、住民参加のワークショップを構築していったのであろう。

7 まちづくりワークショップのさまざまな方法

先に述べたように、パブリックサービス・アーキテクチュアの展開、コミュニティ・デザインセンターの活動によって、さまざまなワークショップ手法が開発されていった。

MIG（ムーア・アイサファノ・ゴルツマン）事務所のロビン・ムーア、ダニエル・アイサファノ、スーザン・ゴルツマンらは、ダニエルの「ファシリテーション・グラフィック」という独特の方法を展開していった。

ロビン・ムーアは、ケビン・リンチの教え子でもあり、建築を学び、後に造園に転向した。バークレイの小学校のアスファルト舗装の校庭を、住民や生徒とともに自然環境豊かな土の庭につくり変える「Project WEY」（ワシントン小学校エンバイアロンメンタルヤード）(図19)に七二年から七六年まで関わり、話題をまいた人物である。

ダニエル・アイサファノは、建築や造園といった環境デ

図19　Project WEY。子供たちと、校庭のアスファルト(左)をはがして、自然豊かな校庭(右)に改造する

ザイン畑の出身ではないが、ファシリテーターとして活躍し、得意のイラスト入りの模造紙の上に会議の発言を記載していくファシリテーション・グラフィックで学位を取った。この方法によると、参加者は自分の発言がそこに記載されているという満足感と参加意識が高まるということを心理的分析で明らかにしている。またこの模造紙の記録は、記録としても役立つだけでなく、会議での情報の共有化(シェアリング)から合意形成にも役立つ方法である(図20)。

　造園家のスーザン・ゴルツマンは、MIGの傍ら、「PLAY For All」(図21)というNPO活動を組織し、障害を持つ子どもにもさまざまな遊びの機会を増やすための活動を展開し、[*29] 公園や遊び場づくりへの人々の参加意識を高めるソフトプログラムにも積極的に関わっている。ゴルツマンは、NPOの非営利の活動と、事務所の環境デザインの仕事をうまく両立させている。

　MIGと同じく、世田谷まちづくりセンターで紹介されたランディー・ヘスターのアクション・リサーチ的方法論も、日本ではワークショップの流行とともによく知られるところとなっている[*30](図22)。

　ワークショップのメニューでもあるが、ある程度、対立条件や論点が絞られてきた段階で、方向性を住民で検討す

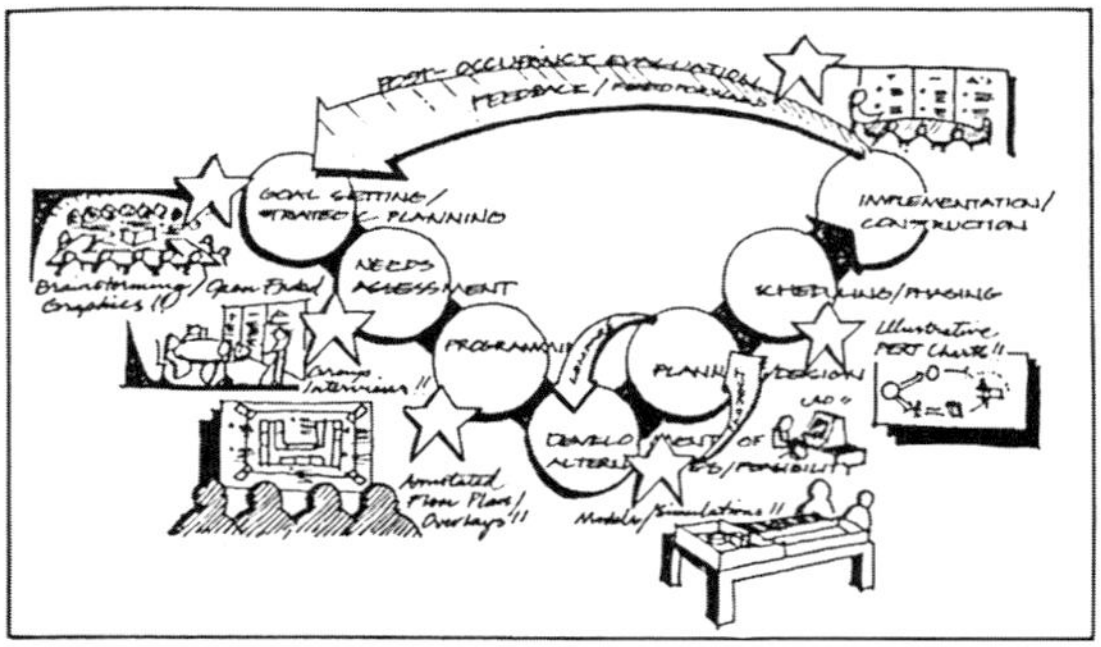

図20　D・アイサファノのファシリテーション・グラフィック

るのに向いている方法が、ヘンリー・サノフが考案したデザインゲーム[*31]である。サノフの方法論はゲーム的でもあるので、小道具なりで、先にいくつかの選択肢に設定されている感じ、いわば、最初からある程度のクローズドなワークショップの段階から始まる。それ故に、ハルプリンがオープンスコアから始めるのに対して、クローズドスコアの窮屈さを感じるかもしれない。しかし、事前調査で課題なりがわかっている場合の設定ならば意味を持つものである。

例えば、平面図の作成で、部屋の機能や規模など記したカードを、あらかじめ想定される限り用意しておき、その

①能力のレベルに関わりなくどんなタイプの子どもにも遊ぶ機会は必要である

②遊び場は自然世界について学ぶ機会を提供するものでなければならない

③遊び場はいろいろな障害をもつすべての子どもたちが利用できるものでなければならない

④遊び環境の計画地の外的・内的な両面が、考慮すべき重要なこととなる

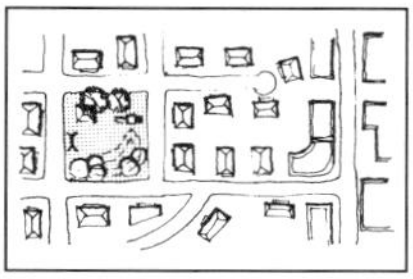

⑤敷地の位置によってどのような計画上の問題点が生じてくるのか？

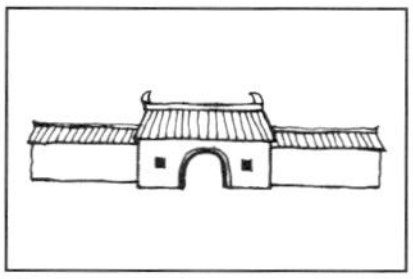

⑥敷地には考慮に入れなければならない現時点での利用形態があるのか

図21　S・ゴルツマンのPLAY For All

12段階のマスタープラン・プロセス

景観形成への好ましい市民の活動

1 聞くこと
場所を知る

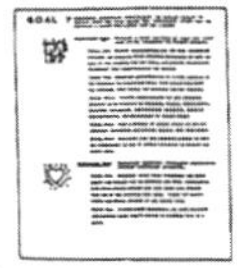

2 ゴールの設定
場所を知る

3 マッピング＆資源目録
場所を知る／場所の理解

4 コミュニティを自ら紹介
場所を知る／場所の理解

5 形をつかむ
場所の理解／場所の世話

6 期待される活動の設定
場所の理解

7 形を吹き込む特異性
場所の理解

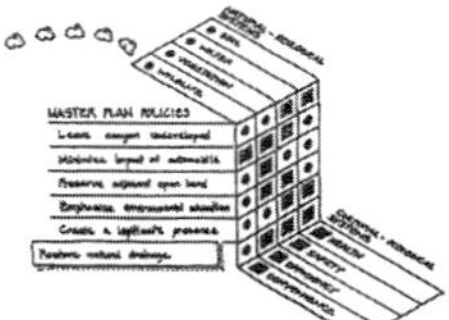

8 方針の基準をつくる
場所の理解

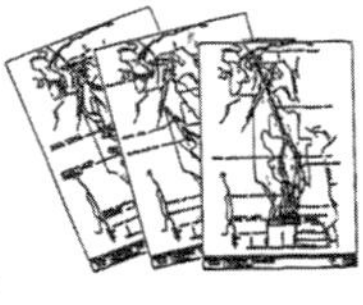

9 計画の範囲
場所の理解／場所の世話

10 費用＆便益の評価
場所の世話

11 責任の分担
場所の世話

12 施工後の評価
場所の理解

図22　R・ヘスターのアクション・リサーチ

配列を参加者がカード並べのように行うゲームがある（図23）。また、積み木などでそのボリュームを検討し（図24）、これまで出た意見を整理して並べ、それを限られた数だけ選択して議論を深める。また、街並みの立面の並びをつくり、対象とする敷地の所だけ繰り抜き、そこに想定される建物のファサードをあてがってみる（図25）など、ゲーム感覚で巻き込まれていくことが、ユニークな方法である。

六〇年代後半から七〇年代に展開した、建築や都市計画の専門家が地域に入り込む活動は、地域に事務所を構えてアクションを起こしていくスタイルがよくとられた。

オハイオ州シンシナティのダウンタウンの改善を依頼されたウールン・アソシエイツは、対象地区の古い市場の真向かいの空き店舗に事務所を構えて、全体の総合計画、旧市場周辺の地区改善案、そしてパイロットセンターとして後に知られることになる、複合的に施設群を配したコミュニティセンター地区を整備し、古い街区を残した（図26）。

この計画には、シンシナティ大学のコミュニティ・デザインセンターも関わり、ハリス・フォセット教授やドゥレイド・ダースらも、子どもの遊びの環境づくりから市民参加のプログラムを展開した（図27）。八八年に筆者らが訪

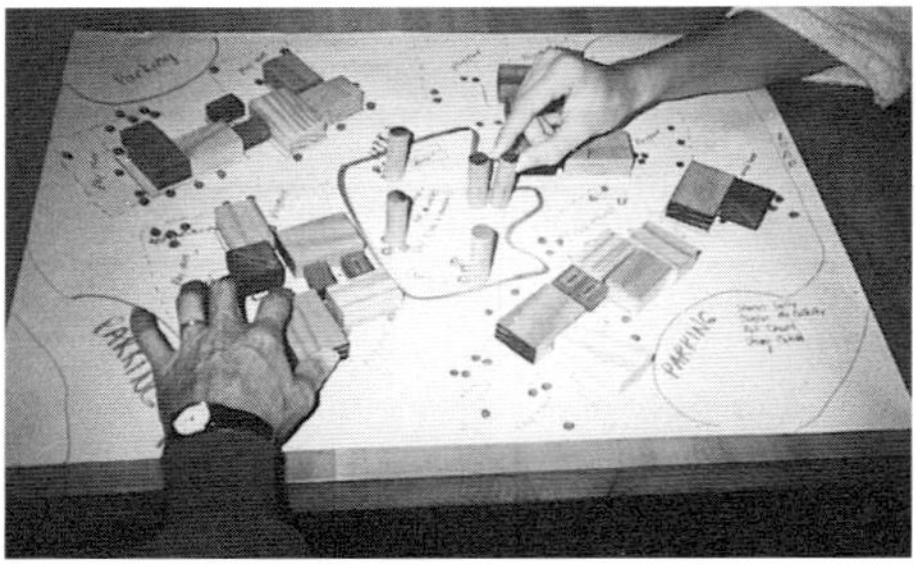

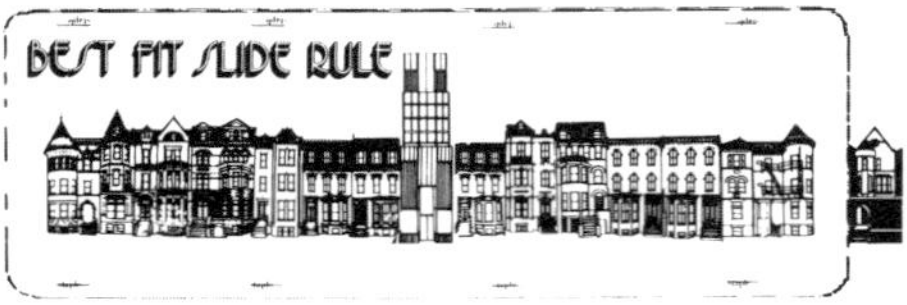

スライド尺の中身を動かすと、次々に計画案が登場し、街並みに合う建物がどれか、わかりやすくイメージできる

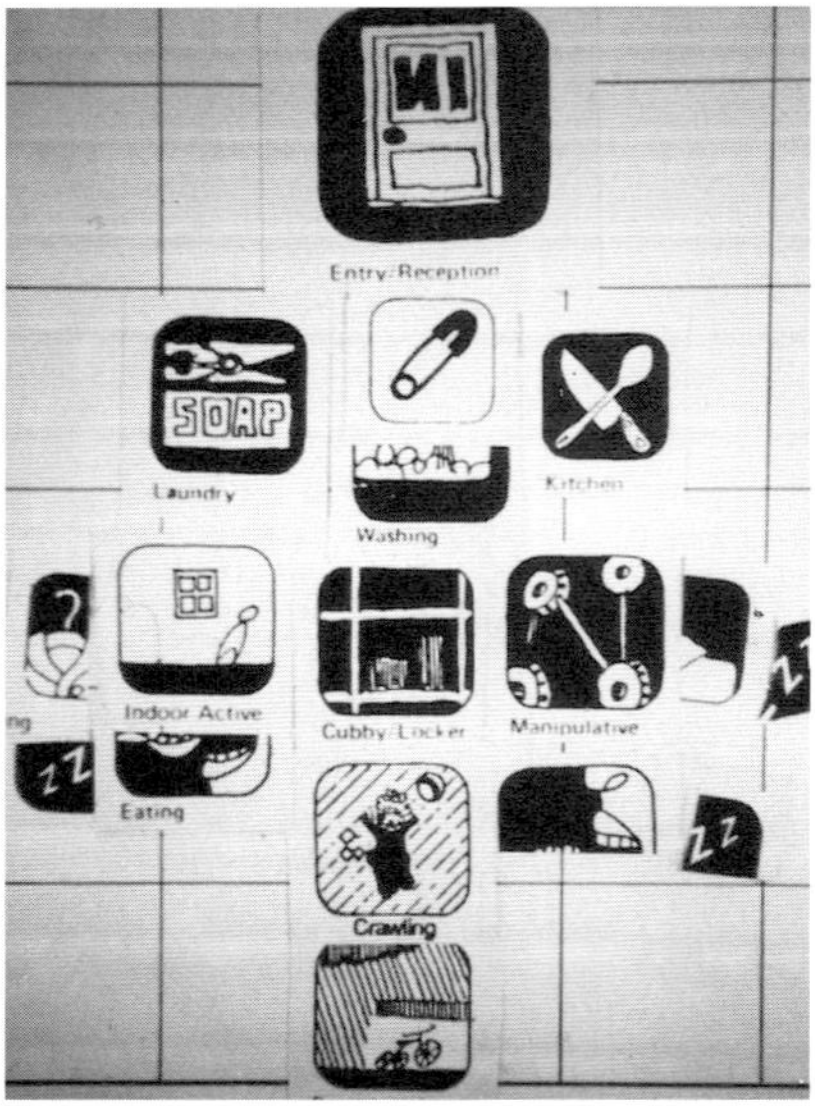

(右)図23　H・サノフのデザインゲーム、カードを使った平面図の作成
(上)図24　同上、積み木でボリュームを確認
(下)図25　同上、街並みと建物ファサードの関係をチェックする

図26　シンシナティのダウンタウンの改善

図27　H・フォセット教授らの市民参加のプログラム

問した時に、フォセット教授は癌に冒されている身ながら、我々を案内し、帰国後に訃報に接してその事情を知った、優しさが印象に残る人物である。ドゥレイド・ダースは、住民参加のコーディネーターとして故フォセット教授の後を継いで活躍し、日本に何度か招聘され講演を行っている。住民の圧倒的多数は無関心であり、どのように人々の関心を集めるのかと質問した時に、彼は「それは簡単さ。一軒一軒訪ねて行き、ドアをノックし、この問題はあなたに関係あると口説くんだ」と笑いながら言った。また「ワゴンに大きな模型を乗せて、音を流しながら練り歩くんだ。そうすれば人々は何事かと寄ってくる」とも。とかくワークショップ手法に関心がいきがちな我々の心を見透かしたように、彼はもっと大事な住民参加の基本を力説する。

　パブリックサービス・アーキテクチュアで興味深いのは、シーランチでハルプリンと組んだ建築家のチャールズ・ムーアも住民参加のプログラムを展開している点である。七六年にオハイオ州デイトン市のリバー・デザインで住民参加のプロセスを経てつくられた計画案は、一三〇頁のカタログの体裁で出版された。ムーアらも、他の例と同様に、現地に事務所を構えて、人々が気楽に立ち寄り、事務所にあるスケッチや模型を見ていろいろな意見を言いあうという方法をとっている（図28）。例えば、デイトン・

図28　事務所で協働するC・ムーアらと住民たち

表３　ワークショップに使われるスコアの例

	スコア	目的	方法	適正規模	バリエーション、参考
導入スコア	部分動かし体操	身体の動きから緊張をほぐす	目、首、肩、胸、腰、足首、手首など前後・左右平行運動、力を抜く	不特定	野口体操
	コミュニケーションゲーム	初めての参加者同士がすぐに打ち解けあう	名前を連ねて紹介しあうネームチェーン、属性が次第にわかる早並び競争など	10～30人	PETAの演劇ワークショップ
	似顔絵描き・他己紹介	描くことの抵抗感を拭い、また相手を知る	紙を見ず、相手の顔を見たまま似顔絵を描く。お互いインタビューをしあい、相手になりきって全体に紹介する	2人／組×2～4組×2～6グループ	PETAの演劇ワークショップ
	月に迷ったゲーム	集団による作業のメリットを体験	月に不時着した想定で、生き残るための設問を個人で答えた後、数人のグループで答えを作成し、正解率を比べる	4～7人／グループ×3グループ以上	NASAが開発
	期待カード	参加者の期待を聞き、ワークショップとの関連づけ	集会への期待を各人にカードに書いてもらう。それを資源にワークショップ・プログラムを展開	4～8人／グループ×2～6グループ	L.ハルプリンのテイキング・パート、KJ法
	イメージ・シェイプ	テーマの関連のイメージ像の糸口をつかむ	期待、記憶、理想などテーマに関連するイメージを紙1枚で形づくる	不特定	PETAの演劇ワークショップ
オープンスコア	歩こう会・ウォッチング	ある視点から見て歩き、新鮮な発見を得る	グループで歩く。問題点のほか、良い点（資源）の発見、または各人で視点分担	4～8人／グループ×2～6グループ	タウンオリエンテーリング等ゲーム化、路上観察、ウォーキングツアー
	点検地図づくり	地図に落とすことから分布の構造を把握する	グループで大きな地図を囲み、気づいた点を地図に書き込む（カードに書いて貼る）	4～8人／グループ×2～6グループ	「ガリバーマップ」（大きな地図の上に人が乗って書き込む）
	写真投影法	各層の関心ある事物、風景を捉える	世代、男女別など住民グループに使い捨てカメラを渡し、テーマに関連するものを撮影後回収	4人／グループ×10グループ以上	「移ルンです！」（1人6枚ずつ撮り、次の人に渡す）
	ファシリテーション・グラフィック	会議で発言者の意見が位置づけられ、確認される	会議の議題（アジェンダ）に向けて、大きな紙（ボード）上に発言内容の関連構造をイラスト等を用いながら示す	不特定	MIGの方法
	ロールプレイ対立ゲーム	物事のプラス・マイナスの面を深めて認識	テーマについて賛成派と反対派（その中で配役も設定）を仮想して徹底的に議論する	10人／グループ×2グループ以上	PETAやA.ボアールの演劇的方法
	バズセッション、6・6方式	短時間に討議を集約	6人ずつの班構成、小題を制限時間6分で班ごとに競いあって意見をまとめる	6人／グループ×2～6グループ	農村での生活改善、普及教育
	KJ法	自由な発想、事項の類型・整理	各人の意見を項目ごとにカードに書き、類似したカードを集め、グルーピングを重ね、整理	4～6人／グループ×2～6グループ	川喜田二郎が考案。ブレーンストーミングと組み合わせて行う
	思い出絵地図	各人の記憶からテーマに関連する糸口をつかむ	目を2～3分閉じて、子ども時代のテーマに関連する風景を思い出し、描く	4～8人／グループ×2～6グループ	他己紹介につなげる。環境自伝（思い出の場所の空間の質を表現）
	ウィッシュポエム	最初にテーマに関連する理想像を描く	テーマ○○について「私の望むのは‥ができる○○」と書き記し、発表し、討議	4～8人／グループ×2～6グループ	H.サノフのデザインゲーム
	街頭インタビュー	さまざまな立場の意見を知る	主旨を説明しながら意見を求める。情報収集以外にもPRと対人不安の解消につながる	2～6人／グループ×2～6グループ	L.ハルプリンのテイキング・パート（アクティブ・リスニング）
クローズドスコア	ビジョンゲーム	テーマに関連するイメージを広げ、共有化する	テーマに関連する20枚程度の写真の中から4枚の写真を選び、4コマ物語を作成	2～5人／グループ×6グループ	心理療法では絵カードを使用
	形容詞さがし	場所の感じを表現し、環境の意味を知る	環境を言い表す単語と対の言葉の150近いリストから場所の写真等の印象を選ぶ	4～8人／グループ×2～6グループ	H.サノフのデザインゲーム
	使い方デザインゲーム	図面の読み方を知り、使い方からチェック	施設の使用行為に応じた大きさの紙を切り、図面上に配置し、不都合な点等を記す	4×8人／グループ×2～6グループ	H.サノフのデザインゲーム
	旗上げ方式アンケート	リアルタイムなアンケートで意見交換を図る	事前に、アンケートの選択肢4問、その他を5～6問用意し、配付した回答番号札を挙げてもらい、インタビューしながら議論を展開	30～50人	多い時は2人以上の組編成。100人以上の時はパネルディスカッション方式

	スコア	目的	方法	適正規模	バリエーション、参考
クローズドスコア	敷地読み取りゲーム	敷地の状況を短時間に体験的に情報収集する	質問形式の観察項目や敷地図周辺状況等が記された用紙を持って敷地を点検。スケール感をつかむための行為も入れたりする	4～8人／グループ×2～6グループ	歩こう会
	ブラインドウォーク～テクスチャー擦り取り	視覚以外の体感で捉える	目を開けたガイド役が目隠しされたペアの手を引き、音や匂い、触覚などを体感する。触覚の気になる箇所は、紙をあて擦り取る	2～6人／グループ×2～6グループ	心理療法、ネイチャーゲーム
	ノミナル・グループ・プロセス	問題の重要性や優先順位を決定する	テーマに対して順にアイデアを出しきり、そのアイデアの中からベスト5を各自点数制で出してランクづけ	6～9人／グループ×2～6グループ	デルベック＆ファン・デン・フェンが開発したブレーンストーミングの改良
	予算配分ゲーム	予算の選択という立場に立った時の新しい認識を得る	できるだけ現実に近い全体予算、工事項目金額を設定し、予算相当のお金カードをグループに分け、買い物ゲームのように進める	4～8人／グループ×2～6グループ	H. サノフのデザインゲーム
	集団詩	コンセプト、イメージの共有化	歩こう会等の体験の後に、印象を各自5行詩にまとめ、各行を切り取り、班で再構成する	4～8人／グループ×2～6グループ	PETAの演劇ワークショップ（群読形式で発表）
	物語づくり・シミュレーションゲーム	コンセプトの明確化・共有化	発表にあたり、配役、場面等を決め、3分程度の物語として発表	4～8人／グループ×2～6グループ	H. サノフのデザインゲーム、PETAの演劇ワークショップ
	人間粘土・場面づくり・寸劇づくり	コンセプトの明確化・共有化	身体で形をつくり、数人の組み合わせで場面をつくり、事の前、後と3場面で構成	6～10人／グループ×2～4グループ	PETAの演劇ワークショップ
	模型旗立て評価ゲーム	模型を見るだけでなく、検討の材料とする	参加者から計画案への評価を集め、カードに1枚1項目書き、模型上に立て、配置や他の可能性等を検討	10～50人	立体デザインゲーム、L. ハルプリンのテイキング・パート、H. サノフのデザインゲーム
	原寸確認ゲーム	現場で実際のスケールで検討、決定の確認	白線、ビニールテープ、段ボール、ベニヤ板、仮設工事資材、風船等で計画案のポイントを原寸で表現し、全体と部分を討議	10～50人	L. ハルプリンのテイキング・パート、C. アレグザンダーのパタン・ランゲージ
	施工ワークショップ	建設に関わることから、施設に愛着を持つ	曼荼羅絵的装飾、材料の持ち寄り等、素人でも参加可能な部分があれば、行事で行う	不特定	絵タイル、ビー玉、玉石、貝殻等で平板づくりなど

リバー・デザインでは、二ヶ月目の終わりには二〇〇〇ものアイデアが集まったという。さらにテレビを使い、六時間に及ぶ生放送の都市計画ショー番組をシリーズで企画した。テレビに出た専門家に視聴者が電話で質問すると、専門家も難しい専門用語を噛み砕いて説明する努力をしだした。またアンケートには新聞を活用した。

一般に、これらパブリックサービス・アーキテクチュアやコミュニティ・デザインセンターでのワークショップ手法は、図面や模型を使った会合形式が一般的であり、それにインタビューやアンケート（ベンチマーク）が加えられる。現地事務所の拠点での情報活動が大事であり、そのためのニュースレターの発行など、参加の土壌づくりの作業もこれらの拠点で行われている。

先に述べたように、アメリカ経済が落ち込んだ八〇年代に、パブリックサービス・アーキテクチュアもコミュニティ・デザインセンターも下火になった。代わって、CDCという地区まちづくり組織の活動が台頭してきた。CDCでは、資金調達や地区の団体間の関係調整など、組織的な活動がより中心となった。

手法か、組織か、といった論点は確かにありうる。ワークショップにおいて、導入段階から住民が楽しく、ゲーム感覚で参加できるような仕掛けとしてのメニューは、これまでさまざまなものが開発されている（表3）。手法が人間関係を切り開き、集団の創造力を発揮させるという展開もあり、また組織的活動で合意を図りプロジェクトを展開するという道もある。この点は二者択一というものではなく、一方に偏るというのが問題なのであろう。ワークショップは、あくまでも手段であり、どのようなコミュニティを築いていくのか、どのように築いていくのかという目標とプロセスの明示が重要になる。

確かにワークショップ過信は禁物だが、ワークショップ軽視や敵対視も問題である。これまで述べてきた理論や方法論は、レヴィンらゲシュタルト心理学～行動力学の流れから派生した、集団の関係において個人が啓発される集団力学、それはモレノの言うところの集団内のメンバー間の関係から個人が自発的になり、創造性が高まるという原理に基づいている。この点は、個人単位の競争原理が席巻している今日、より重要な意味を持っている。

8 パウロ・フレイレ、アウグスト・ボアール、PETAの演劇ワークショップ

モレノの、身体を契機とした個人の自発性と創造性を開拓するワークショップは、単に心理療法のみならず、さまざまな表現活動にも影響を与えた。日本で六〇年代から七〇年代にかけて起こったアンダーグラウンド劇団の一つに佐藤信率いる黒色テント68／71がある。筆者は、前述したように、学生時代、及部克人氏（武蔵野美術大学教授）に誘われて世田谷でテント劇団を上演する実行委員会にも関わり、さらに演劇ワークショップに参加するようになった。それが、世田谷区羽根木公園の南西角地に張られた黒テントの下で、日中の空いている時間に障害を抱える人たちが行う表現の広場「太陽の市場」である（図29）。黒色テントの舞台は、最初は役割が交代する変化の激しさについていけなかったが、次第にその難解な演出にも慣れてきた。彼らに関わるようになったのは、演劇ワークショップという

図29　太陽の市場（右）とワークショップの風景（左）

観客参加のワークショップに惹かれてである。

さて、黒色テントの使う手法、役割の変化も、これらワークショップの手法を取り入れ（モレノの考案した心理劇にもすでに役割の交代などがある）、モレノからの影響があることに気がつき始め、モレノ↓演劇ワークショップの系統に関心を寄せるようになった。それも、まちづくりのワークショップと演劇ワークショップは類似点もあり、どのように関連するのかという素朴な疑問からであった。

黒色テントの演劇ワークショップは、通称ＰＥＴＡというフィリピン教育演劇協会の方法であることがほどなくわかり、筆者は黒色テントを経由してＰＥＴＡの方法論を知ることとなった。そして驚いた。ＰＥＴＡは、単にプロの演劇集団ではなく、社会教育の団体でもあり、また社会の問題解決に実践的に取り組んでいる。その組織の存在にも驚いたが、ファシリテーターのアーニー・クローマのファシリテーターとしての能力に驚き、彼からもらったＰＥＴＡが発行するマニュアル（図30）に驚いた。それは、これまでの日本にはない知の体系であり、教育方法であり、地域社会の課題解決へ人々を巻き込む方法であることを知った。これらの文献や黒色テントの知人らからの情報によって、次第にこの方法のベースに、パウロ・フレイレ(Paulo Freire, 1921－97)、アウグスト・ボアール(Augusto Boal, 1931－）らの理論が関係していることを知った。

パウロ・フレイレについては、アジア・アフリカ・ラテンアメリカ問題に詳しい里見実や楠原彰らによって紹介・翻訳されている図書や、七〇年代に思想界をリードしたイヴァン・イリイチとの共著『脱学校の社会』などで、その思想や背景を知ることができる。[*32] フレイレは、識字教育の理論と方法論を開拓し、それを弱者（被抑圧者）の視点か

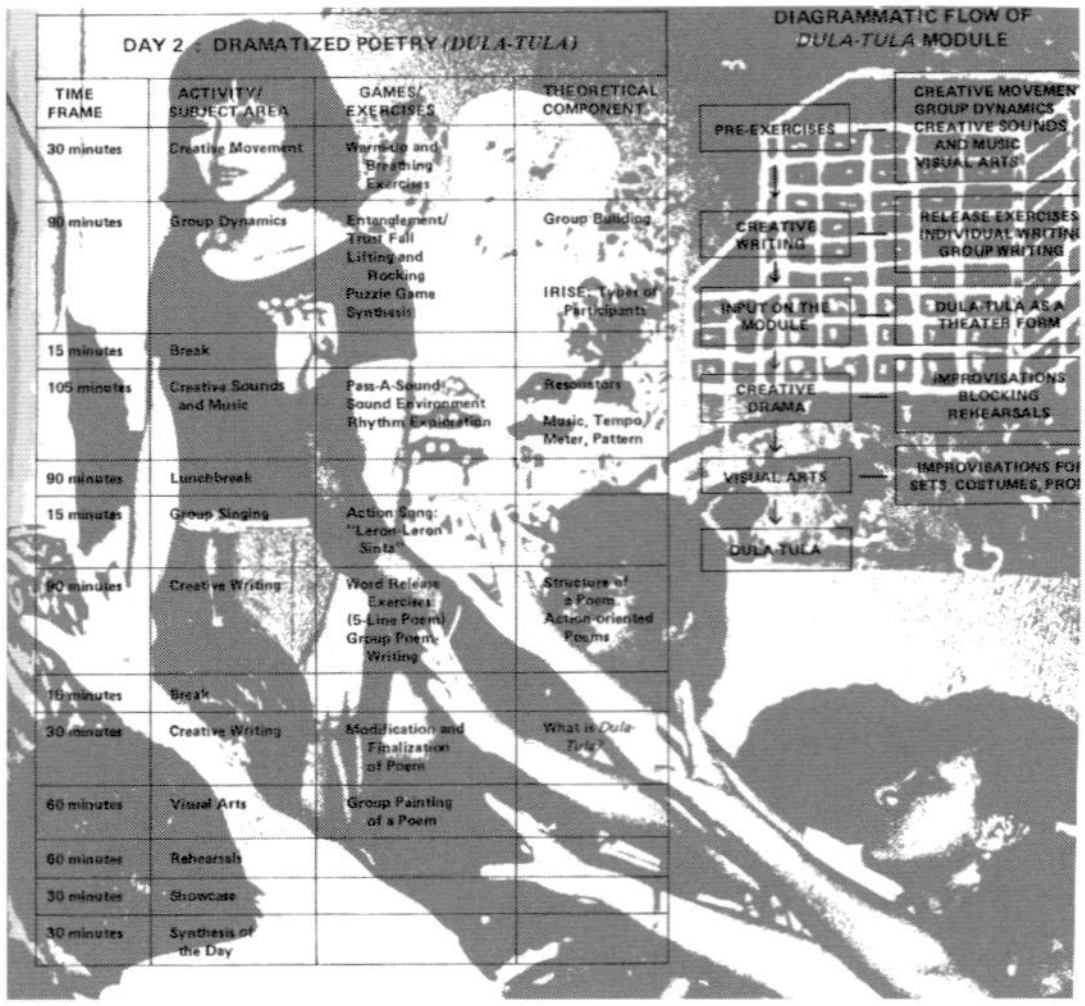

図30　PETAが発行するドゥラトゥラのマニュアル

ら、社会の不平等や不正義の制度を変革する新しい知として展開した思想家でもある。

ブラジルで実践した識字教育は、簡単なものであった。文化サークルといって三〇人程度の参加者にコーディネーターが一〇枚の絵を見せて、参加者に聞いていく（図31）。一枚目の絵には、鍬を持った農夫や井戸、それに家や樹木が描かれている。コーディネーターは「誰が井戸を掘ったのか」「なぜそうしたのか」「どのようにして掘ったのか」「鍬をつくりだした力と木を生じさせた力とは同じだろうか」「違うとすればどのように違うか」などの質問を発しながら、自然と文化の違いや、労働に対する認識を深めていく。最後の一〇枚目の絵には、人が囲んで議論している様子が描かれ、自分たちの置かれた状況そのものを対象とした絵を示すことで、自らの行動を客観的に捉えるようになっている。このような過程を通して、参加者は、自分たちがなぜ今まで文字を知らずにいたのか、なぜ知ろうとしなかったのか批判的に考察して、読み書きの学習に対する意識を高めていく。フレイレは、このように参加者が意識をもって主体的に取り組むような変化を「意識化」（conscientization）と名づけた。例えば、先の一〇番目の絵にもあてはまるが、「状況のなかに生きる存在としての人間は、自らが時間—空間条件のなかに根ざしていることを発見する。それらの条件は、人間を特徴づけると同時に、人間によって特徴づけられもするからである。かれらは、状況から働きかけを迫られる度合いに応じて、自らの状況性（situationality）を省察する傾向をもっている。人間が生きるということは、状況のなかで生きることである。そしてかれらが、自らの存在を批判的に省察し、同時にそれに批判的に働きかければかけるほど、かれらの存在はその重さを増すだろう」という。その状況の省察から、客観的課題状況を把握し、その時初めて積極的関与が可能となり、埋没状態から脱却する。そして現実のヴェールがはがされるにつれて、介入する能力を獲得する。意識化とは、このような「脱却のさいに必ずみられる自覚的姿勢の深化である」と言う。[*33]

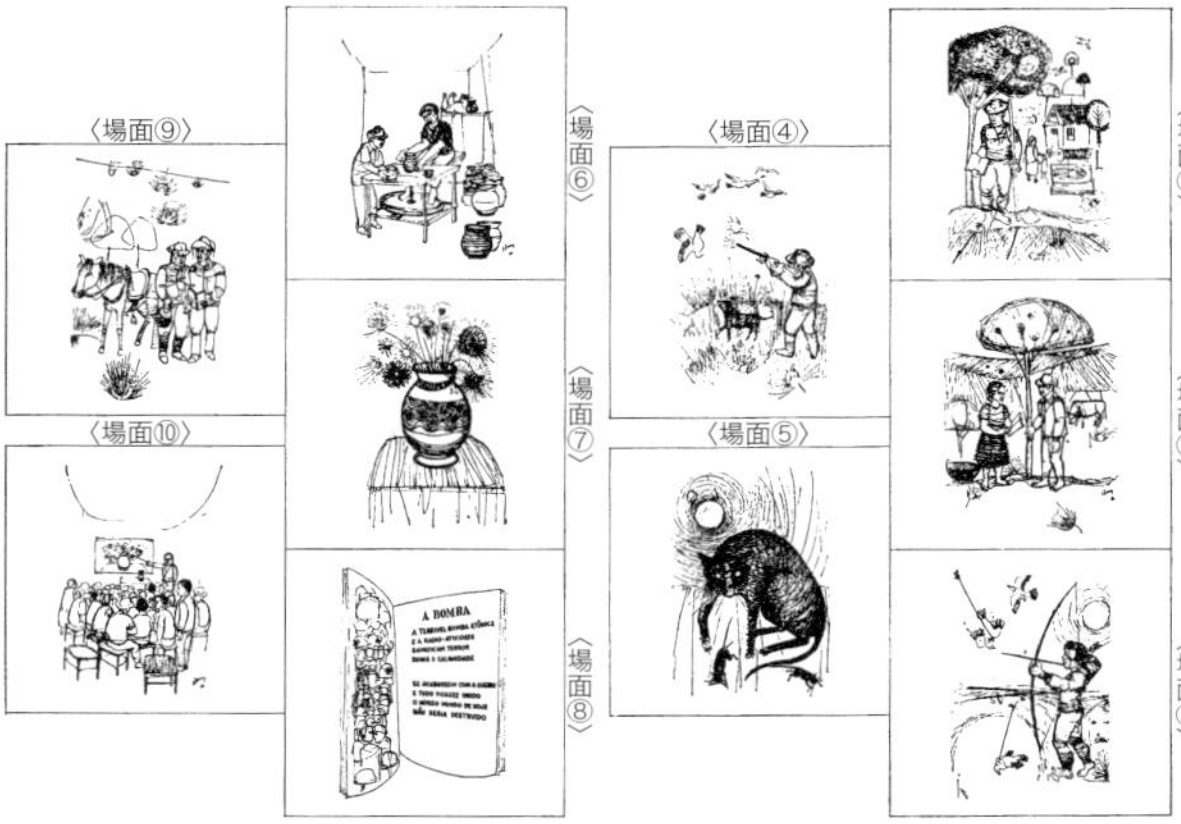

図 31　P・フレイレの識字教育を通した意識化

この意識化は、「批判的知覚行動のなかで、人間はみずからの時間性（temporaridade）を発見する」というように、現象学的またはハイデッガーの「世界内存在」、ヤスパースの他者との関係における存在という実存哲学をさらに発展させた捉え方ともいえる。彼はこの批判的知覚行動の方法として対話に向かうこと（交流と参加）を提起し、対話（communication）と相反対する概念として伝達（extension）と「反・対話」を挙げる。

彼の論によると、対話は共同の探究に従事している二つの極の間の感情移入関係であり、基盤マトリックスは愛、謙譲、希望、信頼、批判で構成される。一方、反・対話においては、感情移入関係は壊れていて、基盤マトリックスは愛の欠如、傲慢、絶望、不信、批判の欠落で構成される。対話は水平的関係であり、反・対話は垂直的関係である。真の交流をつくりだすのは対話だけであり、反・対話は人間同士の交流をつくりだせず、コミュニケを発するのみであるという。[*34]

「変動期の社会と人間」という項では、カール・R・ポパーの開かれた社会[*35]に対して閉じた社会としてのブラジルの現状、エリートの支配によって民衆が従属する状況、そして変動期に開かれた社会ではなく、人々の認識が歪み変動期の歪みがそれに対応して、人間を従属させ飼いならす「大衆化（マス化）された」社会に導くと批判している。この「マス化」(massification) が人々を従属させるものとして、意識化の対極に位置する。[*36]

フレイレは、絵や写真に表したものをコード表示と言っていたが、言語学的または記号論的に対話がコードの共有によってなされることを示す。ブラジルおよび軍事政権下で亡命したチリにおいては、このコード表示に絵や写真を用いていたが、一九六九年にアメリカ・ハーバード大学の客員教授として招かれ、七〇年にジュネーブの世界教会協議会の特別顧問として活動をアフリカに移してから、アフリカの身体表現に出会い、人間の身体もコード表示に使うことができることを発見した。

ここに、僚友でブラジル出身のアウグスト・ボアールの影響もある。ボアールは被抑圧者のための演劇ワークショップの方法論を考案し、イメージシアター、フォーラムシアター、目に見えないシアター、欲望の虹、頭の中の警察という、身体表現から参加者が意識化していくプロセスの場を開いた。[*37] 彼はアメリカで演劇を学んだ後、ブラジルのサンパウロで被抑圧者の解放のための演劇ワークショップを展開したが、亡命後、アメリカなど世界中でさまざまな課題解決のための演劇的方法論の指導にあたっている。彼の方法論は、演劇を、演じる人と観客という一方向的な関係ではなく、観客も参加する対話的な関係のものとした点に大きな工夫がある。観客は、相互の対話や批判的な検討、そして身体で動き、喜びを分かちあうプログラムに自然と加わるようになる。そのガイドをする役割が、ファシリテーターであるが、彼は「difficultator」という造語をあてる。困難な面倒を引き起こす役割と形容されようか。また、ジョーカーというワイルドカードの役割を果たすこともある。楽しいゲームが最終のプレゼンテーションの準備のように組織され、知らず知らずに観客も演じる側に立っている。それは、その場だけでなく、日常の生活の現場においてもアクターとしての主体性を喚起させる仕掛けとなっている。

5章でも紹介したフィリピン教育演劇協会ＰＥＴＡは、フレイレの理論、ボアールの方法論を取り入れて、彼らなりの方法論を開発してきた。フィリピンの民主化の動きのなかで、彼らの果たした役割も決して小さくない。日本における演劇ワークショップの方法論も、彼らから黒色テントを通じて移入されたと言ってもよい。毎年のように日本に招聘され、また日本からの研修ツアーも頻繁に行われている。そのPETAの中でもひときわ優れたファシリテーションの技術を披露しているのが、アーニー・クローマ氏である（図32）。彼はマニラ周辺部にできたゴミの山スモーキー・マウンテンでゴミ拾いで生活をしている子どもたちが、ミュージカルをつくり大人相手に演じたプログラム（セーブ・ザ・チルドレン・ジャパンのプロデュース）のファシリテーターとして活躍したことでも知られる。彼は、性的虐待を受けた少女の治癒、東ティモールなど戦禍の後遺症の被害が大きい子どもたちの治癒、女性の地位向上など、世界中の課題解決のワークショップのファシリテーターとして第一線で活躍している。

図32　PETAのワークショップ。左端がA・クローマ氏

　PETAの演劇ワークショップは、一九六九年の設立時から試みられていたが、アートを総合的に組み入れた彼ら独自の方法論を確立したワークショップは七三年に始められた。ドラマと音楽、美術、身体の動きを組み入れたワークショップで、参加者は楽しいゲームなどを布石として、最終的に歌あり踊りありドラマありの表現の役者となって演じるようになる。彼らの方法論は、現場の探索などで参加者が得た経験から感じることを詩に表し、その言葉を身体で表現するドゥラトゥラが骨格をなす。ここに、身体表現からの意識化、言葉と身体との融合による意識化のプロセスが見られる。[*38]

　言葉が実体から離れ、空虚な記号になってしまうことの多い現代において、特に今日の発達したIT技術は、人々の間のコミュニケーションに、空間や時間を越えて進化をもたらしている一方、コミュニケーションの変化が人間関係に影響を与えて、時折悲惨な事件をも引き起こしている。

　「言葉の知から身体の知へ」と、身体知が重視されるようになってきて久しい[*39]が、さらに今、そのことがより重要となっている。あらゆる情報、空虚な言葉が氾濫するなかで、我々に最も必要なのは、知ったかぶりではなく、身体で理解していく行動力や積極性である。伝統的社会では、口ばかりより身体を動かし行動する者が信じられるという、そんな基本原理と同じである。ハーバーマスのコミュニケーション理論にも、ドラマトゥルギー的行為は人々が諒解しあうための重要な要素として挙げられている。教育や治癒の世界においても、竹内演劇教室など、身体化したコミュニケーションは地味ながらも着実な成果を上げている。ハイデッガーが言うところの開示された世界、我々の意識に世界が表れる瞬間というものは、そういう身体の動きを伴ったものであろう。その時に共有する場というものは開かれたものでないと、ワークショップも洗脳集団のようにとられてしまいかねない。どうしても演じている参加者と遠巻きに見る者との間には身体的な温度差がある。そのためにに、ボアールやPETAの方法論のように、ゲームから導入し、開かれた共有の場をどのように構築するかが課題となる。それをおろそかにすると、単なる洗脳集団のように映ってしまうからである。

9 川喜田二郎のKJ法と移動大学

日本にも世界に誇れる集団創造の方法論がある。「ワークショップ」という言葉こそ使っていないが、わが国のまちづくりの場面でもよく使われ、また企業の経営にも取り入れられている創造的方法「KJ法」である。[*40] 考案者の川喜田二郎（1920－2009）のイニシャルから命名された。

今や、川喜田二郎の名は知らなくとも、KJ法なら知っている、またKJ法は知らないけれど、カード一枚に一項目を書いて、家族合わせのようにグルーピングする方法なら知っている、という者も少なくない。筆者は、KJ法を先輩の小野邦雄（当時、東京工業大学助手）から教わり、小野の大学時代の同級生である佐藤年緒氏を通じて川喜田氏を紹介いただき、念願の面会が叶った。

川喜田は、京都の旧制中学校時代に山登りに凝り、登山家として憧れていた今西錦司にバスの中で偶然会い、一緒に山登りをする関係になった。三高（京都大学）に進み、同級生で同じく落第仲間であった梅棹忠夫とともに今西錦司に師事した。もっぱら山登り、探検の方に師事したといった方が適切かもしれないが、この探検が彼のKJ法考案の源になっているとも言えよう。

戦後、川喜田は今西錦司と合議してヒマラヤ探検に向かう。彼は、小学校、中学校と植物採集に熱心で、採集してきては自分の家の庭に植えていたという。そのような採集の癖は、ヒマラヤ探検時もノートに書きつける癖となって発揮された。ありとあらゆるものを書きとめる。そうやってたまったノートの記録の整理の仕方としてカードに書くことを思いつく。物資に欠いていた当時、川喜田は使い古した図書館カードの裏に書いていた。それがたまると、今度はそれをまとめるのに困り、どうまとめるか、ルールなりフォームが必要だと考えた。一九五一年の八月のある日、「○○が○○である」という調子で書いていたカードを、「いつ、誰が、どこで（データ出所）」という、記録者の注記と一行見出しのスタイルに統一した。

　そのフォームを考えた二年後、今度は、カードに書いた定性的データをどのように科学的に高めていくか、自然科学系の実験的方法と異なり、データを使えるようにするにはどうしたらよいか思案していた。ある日、川喜田は、奈良県都祁《つげ》村の定性的データをどうまとめるか、カードを机の上に広げて、カルタとりみたいに、一枚ずつ読んでいくと、次第に親しみのある、かわいいものに見えてきた。一回読んだだけでは身につかないので、徹底的に読む。二回目、「お前、何がいいたいのか」と、カードにつぶやきながらしつこく読むと自分自身の心が変わる。三回目、四回目までが親しみを感じ、六回目、七回目になると人間を前にしているのと同じように感じるようになり、似たカード同士を合わせて、三分の二ほどが相性よくまとまったが、残り三分の一がうまくいかない。相性よくまとまったものはクリップでとめて束にして、残りのカードをもう一度読んで、似たものを近づける。そして、似たものを集めてグルーピングした理由を見出しの表札としてつけていった。このようにして一〇〇枚のカードも数束になれば、全体の意味を伝えることができる。いかに多くとも一〇束ぐらいまでだという。それらの束を模造紙に貼り付ければ、一目瞭然で全体像がわかるというものである。「人間、行き詰まらないと新しい工夫をしない」と、後に彼は述懐しているが、今思えば簡単なことのようであるが、この一行見出しと表札による段階的整理の方法は、画期的なことであった。

　彼は、東京工業大学の教授をしている時に大学紛争に直面する。一九六九年一月一四日、東工大キャンパスの寮問題から、学生二〇〇〇人が学長の団体交渉を要求し、一七日には学生二〇〇〇名が講堂と三〇五番講義室に集結した。彼は学生たちの行動について「権力に抗する自分たちも権力的方法しか工夫できなかったという意味で、完全に自殺行為だった」と感じ、学生ストの集会学生と対峙し、彼らの権力的方法の矛盾を諭す。「この日本には、なりゆきにまかせて既成事実化するやり方や、勝てば官軍的なやり方があまりにも多すぎるからです。それがため、正しい筋が、俗論のために、あまりにも泥の上で足蹴にされてかえりみられないからです」と、大学体制側にも見られる矛盾を学生側にも見出して、問うたのである。[*41]

そして彼は、話しあいを通して、大学側から学生への回答というべき声明を作成し、一月二七日に発表する。これが大学に波紋を呼んだ川喜田声明である。その内容には次のような文が含まれている。「(大学執行部は優柔不断で信頼を失い)すなわち組織の体質的欠陥が遺憾なく暴露された。(中略)個人としてはともかく、組織として大学運営に思想性の欠如したことを率直に認めよう。その結果は、愛情なく、単にコンクリートの牢獄と化した学寮が生まれ、そこに孤独で荒廃した魂が住むことになった」と。このように反省調の声明が教官側から出されたことに、学生側は戸惑いも感じたに違いない。彼は、「権力の上にアグラをかいていているうちに、自分たちが噴火山上にすわっていたのだということを、どれだけ自覚していたでしょうか。まことに痛憤事です。(中略)いったんぬるま湯の組織の中で安居楽業しているうちに、いつしか『思いやり』のセンスが麻痺し、平気で他人を物件や可塑材として片付けて省みないところへ堕落してしまったのです。(中略)それほど自由意思は尊いのです。だからあんな『団交』とやらの環境で強いられた、吹けば飛ぶような反省なんぞ、毛頭すべきではないのです。しかしそういう場を離れて、静かに自分たち自身に還った時なら、自発的に反省を表明することにはいささかも抵抗感がないわけです」[*42]と述べ、この大学紛争の経験が、移動大学という次の展開に大きく影響したことがうかがえる(図33)。

「一つの組織が単一の意思決定機関を持たないということが、いかなる重大な弱点を意味するか、これのわからない人々に組織の運命などまかされましょうか」と言い、「最高意思決定者を嫉妬深くあいまいにしておいたり、審議と執行の両権限がナレアイで癒着しているような、日本的組織体質、広くは文化的体質が、いうべくして簡単には変えられないことぐらいは、百も承知でした。それならば、私にとっての不可能事を承知の上で、なぜ声を枯らし、莫迦のように叫んで力んだのでしょうか。それは、あとに悔いを残すのがいやだったからです。（中略）そしてじっさい、これをやっておいたので、後で私は淡々と移動大学の事業に取り組めたのです」[*43]と、彼は大学を辞して、野（フィールド）に本来の大学のあり方を求めて、移動大学を始めるのである（図34）。

この移動大学の仕組みは、彼の探検で培った野外（フィールド）科学の方法論と、KJ法とが組み合わさった独特のものであり、前述のように、知の集積である大学への批判、

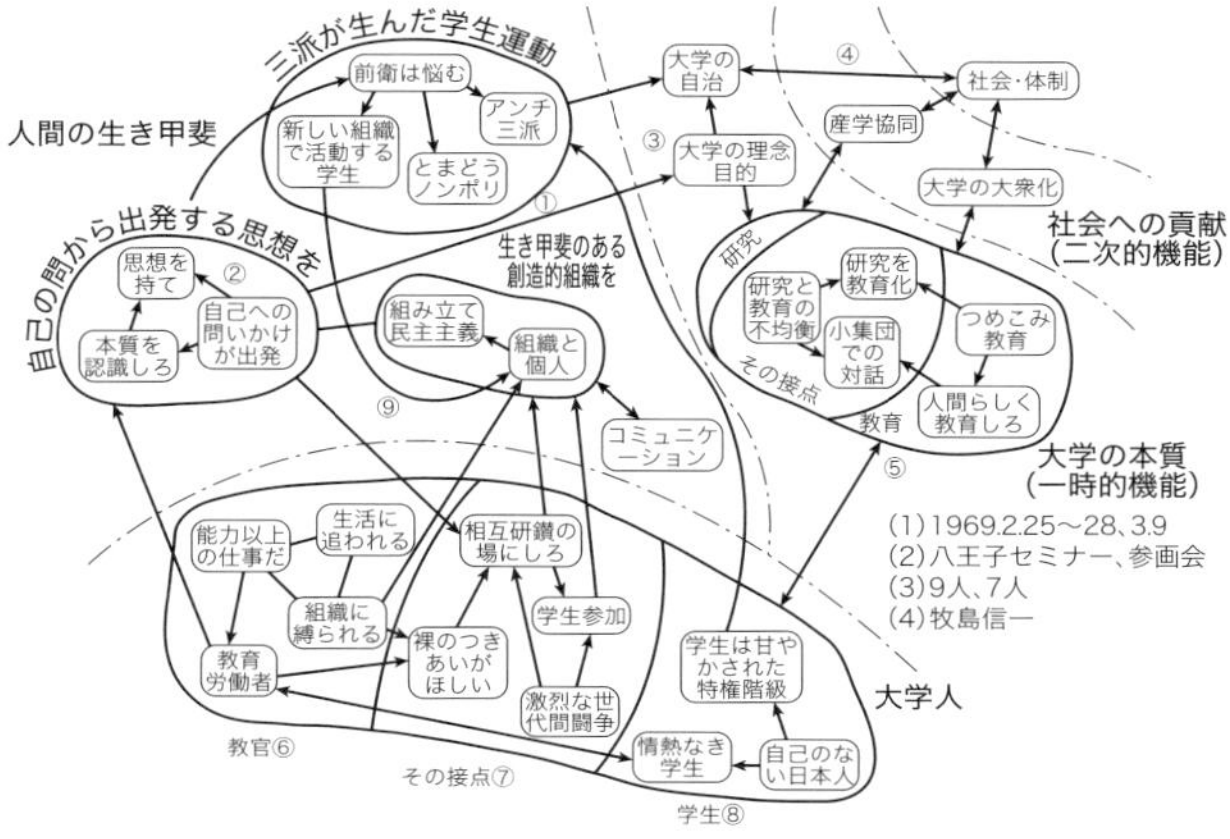

図33　大学問題

組織体質への批判も込めた、意欲的で創造的なものであった。

六人構成のチームが六チームで三六人のユニットを組む。その三ユニット、合計一〇八人でキャンパスとなる（図35）。野外で各チームごとにテントでの自炊生活を営みながら、野外キャンパスで二週間、課題の発掘と解決に向けて学習を重ねる。このテントも移動大学用に開発されたもので、携帯ベッドが椅子となり、テーブルを囲み、グループ作業ができるようになっている。この野外キャンパスに

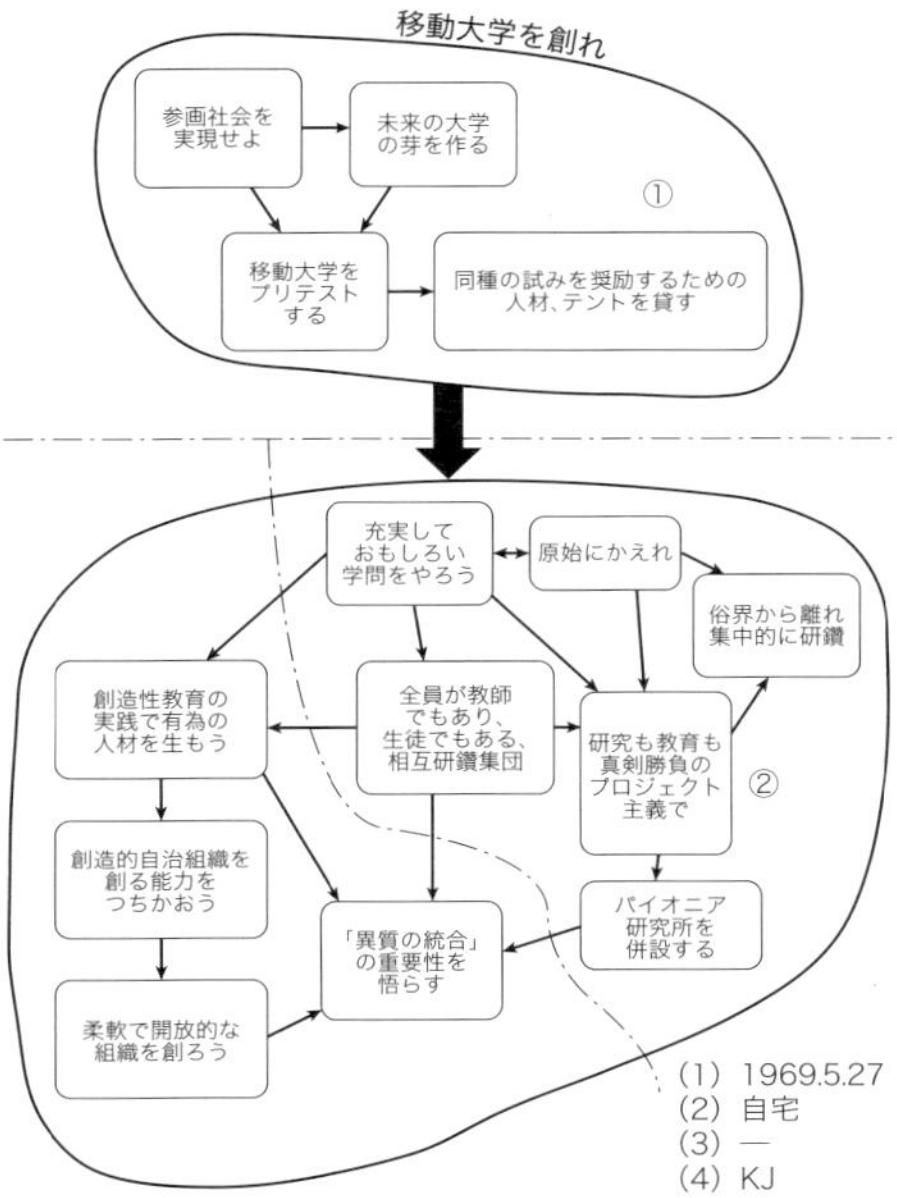

図34　移動大学の構想

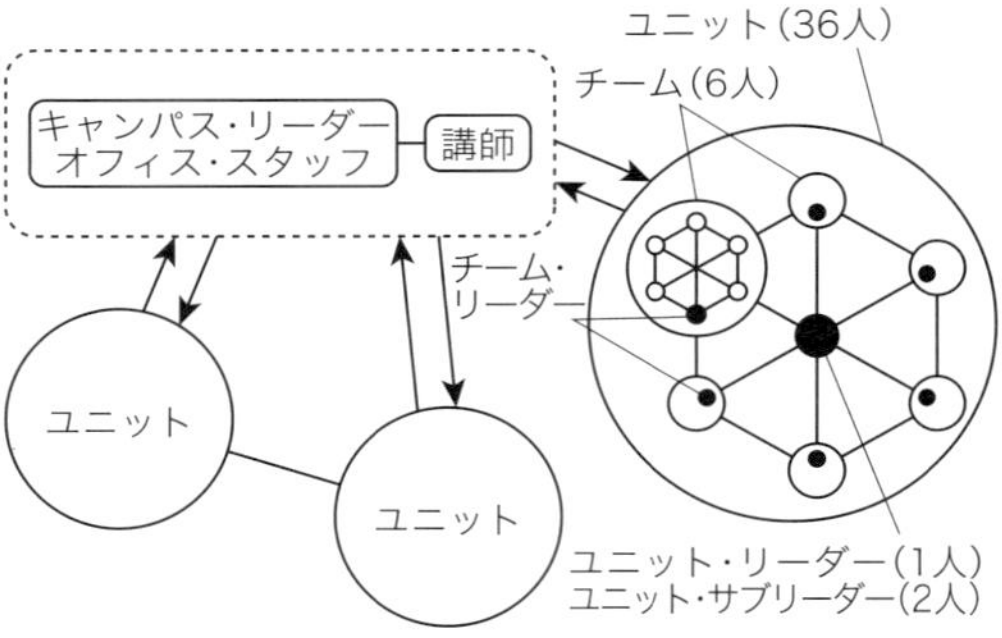

図35　移動大学の組織

は、チームのテントと講義室ともなる大型テントが張られて、さしづめテント大学かキャンプ大学とでも言うべき光景を呈していた。

考えてみれば、キャンパスもキャンプも同じ語源で、ラテン語では「平原、集会場」の意味がキャンプにはある。つまり野原の中で集会し、討議をして研鑽する場が大学のキャンパスの原点と言える。そういう意味からも、この移動大学というのは、大学を原点に戻す批判精神に満ちている。移動大学は、第一回が一九六九年に黒姫高原で開催され、琵琶湖畔やえびの高原、十勝平野、沖縄のビーチなど、毎年場所を変えて、九九年の月山まで一八回開かれている。

六九年に黒姫高原で開かれた第一回移動大学では、川中島合戦にちなんでのぼり旗が掲げらた（図36）。それは、次のスローガンを表していた。

創造性開発と人間性解放
相互研鑽
教育即研究・研究即教育
頭から手までの全人教育
異質の交流
生涯教育・生涯研究
地平線を開拓せよ
雲と水と

KJ法の背後の思想、川喜田らの移動大学の仲間の思想はこの言葉に集約されるだろう。一人一人の創造性を開発し、人間性を表に出し、教師も生徒もない相互の学びあいから、研究と教育を相互に補足し、行動と頭の働きを一体的に捉え、異質なものを進んで受け容れ、学校のみが教育や研究の場でなく、現実の第一線の課

図36　移動大学ののぼり旗

題に取り組む、というワークショップの基本的な精神を語っているかのようである。最後の「雲と水と」は上杉謙信の「天と地と」をもじった余興とも思われるが、何ものにもとらわれず、大自然に親しみ、自然の流れに任せるというような、心構えである。

　以上のようなＫＪ法の精神を一言で語るに、都合のよい言葉がある。「参画」である。「参画社会」をつくることこそ、移動大学の狙いであった。この言葉について、川喜田は「参画ということばは古くから日本にあった。そのことばを私は起用し、これに新しい息吹きを吹きこんだのである」[*44]と言う。彼が問題にするのは、三公害（環境公害、精神公害、組織公害）であり、それには参画社会をつくらなければならないという理想を掲げ、その方法として、フィールドワークとＫＪ法による野外科学の方法をもって進めようとしたのである。[*45]

「人と環境、人と人とは、お互いに異なるがゆえに結ばれるのではあるまいか。いのちというものは、このような異質のものの交流からおこる火花で生まれ落ちるものなのだろう」「集団が連帯感をもって結ばれるために、絶対に必要な一つの条件は、共通の達成課題をもつことである」[*46]といった言葉は、ＫＪ法のみならず、ワークショップの普遍的な特性を語っているものである。そして彼は、「最近、気になるのは、某職場の心情的・陶酔的盛り上げを狙って、ＫＪ法を使うといった傾向だ」[*47]と、すでに、この方法の悪しき利用の仕方に不安を抱いてもいた。これはワークショップが直面する現在の状況にも通じる問題である。

　ＫＪ法の本来の狙いはどこにあるか、それを川喜田は次のように語っている。「ススキが原に月が昇った。『ああ、今夜の月は美しい』と、ありのままにまず受け止めるのが、根源的なものであるはずだ。ところが、自分は天文学者でもないのに、『月は天体だ』とか、（中略）つまり、見る自分と見られる月という主体客体の分離以前の純粋経験の方が根源的なのに、反省的な主客の分離的なもの、いわば二次加工的なものを、根源的なものとまちがって受け取ってしまう。しかもそれを、『科学的』な態度であり、真実だと思いこむ。ここに現代人の虚構の悲劇がある。ＫＪ法はこれを虚構だと気づかせ、そのような姿勢のワクをみずから粉砕させる。そこで、存在するものはすべて存在理由がある、価値がある、ということを受け容れるようになる。また、何ものにもとらわれない無邪気さで、まず見よう、聞こう、感じよう、の世界に踏み入るのである」[*48]。

実は、このような哲学的な深い洞察から、彼は人間の主体的な参画を描いていたのである。実践と研究の堅い握手と移動大学を形容し、それを僧院になぞらえる。まさに哲学、思想を磨く究極の場としての僧院である。「人間を、何か静止的に存在するモノとして捉えるのではなく、創造の主体的な『場』であると悟るとき、人間は執着から離れる。しかしそう悟るには、真に創造的に実践せねば悟れない。このような創造的実践の中に、『永遠』と『真実』が感じとられ、このような創造の場であるとき、人間が真に実在となる」と言い、移動大学が参加者に期待するものは、「原体験からスタートし、状況して語らしめた創造を通して、自分を実在化するということである」と要約している[*49]。

このように、KJ法や移動大学の方法には、哲学的な問いかけを参加者に起こし、意識を変えて人を創造的に主体的に解放する。これは大変すばらしく、世界的にも誇れるワークショップ方法論とも言えるし、他のワークショップ方法論と目的とするところには共通性も見られる。

しかしながら、哲学的本質に言葉でなく感覚としても触れる時に、一般に人は遠ざかる傾向がある。実在から遠ざかるように反発し、遠巻きを好むのである。それは、潜在意識として壊されたくないものを抱え、その守りに入る、そして変化を嫌う意識の表れかもしれない。ワークショップにある種の宗教的な雰囲気を感じとり嫌う人がいるのも、この点にあるのではないだろうか。

しかし川喜田は、宗教的なものとはほど遠い、徹底した科学者の批判精神から物事を見ているのである。それは次の言葉にも表れている。「事実とデータとは異なる。事実に何らかの方法手段が加わってデータとなる。たといその手段が『この眼で見た』であろうとも、この眼に狂いはある。精密な計器を用いようとも、計器にも器差があり、読み取りの誤差がある。それゆえ、我々が直接知り得るのは、事実ではなく、データと方法手段なのである。あらゆるデータは、誇張していえば、ウソなのだ。しかしまた、誇張していえば、あらゆるデータは、真実の面影を宿している。これを実践を通して胆に銘ずるのが、移動大学のやり方である」[*50]と。

この批判精神は、グループ内において他者の考え方との間にも、また自分自身にもさまざまな葛藤を引き起こす。その葛藤について次のように言う。「葛藤こそ万物の母なのである。しかしその葛藤には、生産的な葛藤と不毛な葛藤とがあるようだ。もしも不毛な葛藤の道を歩めば、そこには『罪深き挫折の道』が待っている。他人を責めあい傷つけあったり、深い罪悪感に襲われ、自分を責めさいなんだりする。この両方が多くは同一人に同居するに至る。ここからは悲惨な破滅がやってくるかもしれない。しかしまたその苦しさを脱しようとする超人的努力が、深い宗教的思索を伴って、赫々たる光明界を招来することも、なきにしもあらずである」[*51]。

一般に、人は葛藤を避ける傾向がある。葛藤があると問題だとばかりに、心情的にマイナスの方向に人は捉えてしまい、その後の行動はそれに蓋をする方向に動くか、表に出さずに裏の世界で処理しようとしたりする。ＫＪ法やその他ワークショップの場面においては、グループ内に、そのような葛藤があった場合に、その葛藤をグループで取り組む課題に表面化して共有化し、あくまでも心情を廃して、科学的に知を働かして、課題解決に向けて創造的に進むようにする。そのためには、熟練したファシリテーターが時に必要かもしれないが、そのように進めることが新しい創造を生み出す力となることは、数多く認められていることである。まちづくりにおいても葛藤はつきものであり、葛藤を避けては先に進むものも進まない。見せかけの表面をつくろった合意形成のためのワークショップが開かれたりしているが、それは人を創造的、主体的にするワークショップの本質から外れていることは言うまでもない。その点に、川喜田の言葉は通じるものがある。続けて彼は次のように言う。「われわれが何ゆえに問題解決学を移動大学のために用意したかといえば、不毛な葛藤をではなく、参加者に生産的な葛藤を手にしていただくためにほかならない。無葛藤の『まあまあ主義』をではなく、葛藤をまともに受け止め、生産的にそれを乗りこえていくためにこそである」[*52]。

川喜田が問題にした七〇年代に比べて、社会の矛盾は解決されるどころか、よりいっそう不合理で、批判や葛藤を避けた、非科学的で根拠のない事柄が既成事実化して、人を支配するものとなり、人間の創造性や主体性が削がれ、さらには組織の創造力にも危険信号が点り始めている。今、まさに川喜田の方法論が再評価され、必要とされる時代なのである。

CHAPTER 7

ワークショップの危機を乗り越えるために

以上、見てきたように、「ワークショップ」という言葉は市民権を得るように広まっているが、その広まりとともに、本来の意味と異なるものになったり、それが逆にワークショップそのものを否定するようなことになりかねない危機にもある。人類の知の創造的かつ民主的方法として考案されてきたワークショップが、そのような誤解や間違った解釈で無に帰するようなことは何としても避けたい。最後に、ワークショップのこの危機的状況を乗り越えるために注意すべき点を考えたい。

ワークショップは、本来、ボトムアップのアプローチ、つまり力を与えられていなかった民衆が、集団相互作用によって創造力、計画力、提案力、実行力を高めていく方法である。そのため、もともと権力を握っている層には、ワークショップを好ましく思っていない人たちもいる。特に、ワークショップの安易な使い方や誤用によって問題が起こると、そういう層に格好の攻撃材料を与えることになる。そのようにして、ワークショップを負のイメージに陥れるという力も働くであろうことを懸念する。

時代は、グローバル化した競争社会、ネオリベラリズム的な価値観が政治経済にはびこり、それを情報テクノロジーが後押しし、その一方で人々からゆっくり考えるというような時間的ゆとり、コミュニケーションを奪っている。

異なる価値観を持つ他人との意見のやりとり、葛藤とその解決への努力を面倒くさいと避ける傾向が、特に若い世代に顕著に見られるようだ。ワークショップのような手間暇のかかることのみならず、話しあいの会合でさえ、それを「煩わしい、面倒」と避け、むしろ誰かやってくれる人に任せておきたいという、権力集中を歓迎するような空気さえある。

一方、幸いなことに、今までの市民活動の蓄積の上に、また意欲的な地方自治体の努力によって、まだまだ不十分とはいえ、市民参加の仕組みの面では、かつてより向上しているところもある。まちづくり条例、自治基本条例、市民参加条例、市民活動推進条例、市民協働支援条例などの制度、そして事業における市民参加の取り組みなどの面では、その先駆的自治体がリードしながらの発展が見られる。また国の公共事業においても、パブリックコメントの配慮がなされるようになった。NPO法の制定は、これからの市民社会への大きな弾みともなったかのように、以降、数多くのNPOが生まれている。

つまり、権力集中と参画の二極化した相反する流れがあり、それがまともにぶつかることもなく、見えない緊張状態で並存しているのが今の状況なのであろう。市民参加の制度を推進する行政職員や、その推進委員会やまちづくり協議会、NPOの人たちは、なぜもっと多くの人が参加しないのか、どうやったら多くの人に浸透できるのかと悩むところである。また一方で、政治経済的な力による巨大開発が、仮に周辺環境への影響の問題が大きくあったとしても、一部の反対の声は無視されて、大多数は無関心ということから、合法的に行われる。

例えば、都市計画法改正によって導入された、実質的な都市計画の緩和策である、都市計画の提案制度は諸刃の剣となっている。〇・五ヘクタール以上の一団の土地において、住民が地権者の三分の二の同意を得て、都市計画を提案できるということは、良好な住宅地への地区計画の提案もできるが、一方で土地を買い占めた開発業者が都市計画の規制緩和によって利益を得る道具ともなる。当然、前者のタイプとして力を有しない住民には時間も手間もかかり、容易なことではなく、後者のタイプとして富の権力を有す側に有利に働くことは明らかである。このように、制度の運用について、住民自身が力を得て、チェック機能を働かせないと、より悪い方向に進むこともありえる。

相反する流れの見えない緊張は、都市計画の歴史でもある。一方で正当な都市計画の実現に努力してきた流れがあるが、一方で政治経済の力によって歪められる。これまでも数多くの名だたる都市計画家の努力があるが、しかし社会の現実に無念な思いをしてきた。市民も、財産権や生活権が侵害されるとなると、反都市計画に加担するようになるのは、ある面で仕方のないことでもあった。

このような過去の経験が蓄積された都市計画の正当な流れの中に、市民参加、市民主体のまちづくりが位置づけられるようになり、市民が力をつける道具としてワークショップが注目されてきた。

ワークショップは、まちづくり協議会など市民参加の仕組みの中で、市民が集団の力を発揮する道具でもあるし、都市計画のみならず、福祉や環境、文化、教育とあらゆる面で、NPOなど市民団体が創造的に集団の力を発揮する道具となるはずである。このように市民側が力をつけてきて初めて、権力との見えない緊張関係を見える葛藤として明示し、その葛藤を克服するより良い解決策を導き出す創造的プロセスを開くことになる。

以上の根本的な認識のもとに、以下にワークショップの危機を乗り越えるための具体的な注意事項を列挙する。

1 ワークショップの意味の理解

これまで述べてきたように、ワークショップのルーツや現代社会での位置づけから、ワークショップの意味を理解し、位置づけを明確にしておくことは大事である。細かい点は抜きにしても、以下のような誤解は避けるべき、重要な点である。

①ワークショップは、参画の道具、方法である。「ワークショップ＝参加」のような錯覚は禁物。

ワークショップは、あくまでも方法、手段である。ワークショップさえすれば住民参加、人々が参加したと、免罪符にするような捉え方は戒めるべきである。

　ワークショップは住民参加の免罪符ではないし、また住民参加の免罪符として使うようなことがあってはならない。あくまでも個人の意識化、いわば認識を広げる道具であり、そのプロセスは、小集団の相互作用によって、個人個人の認識の広がりが重なり、集団としての創造性を高めていく、人間の創造性開発の道具である。その基本的認識が大事である。

②ワークショップは、合意形成の道具ではない。よって、「ワークショップ＝合意形成」という期待も錯覚も禁物。
　ワークショップは、その過程で、主体の意識化がなされるが、時にそれが合意形成に有利に働くことがあっても、合意形成のためにワークショップを行うというような本末転倒した、よこしまな動機も避けるべきであろう。合意形成は、状況によって難しい課題であり、必ず合意形成が保障されるということは、前もってありえるものでもない。永遠と続く課題となる時もある。ただし、ワークショップは、合意形成以前の問題の掘り下げ、多面的な視点からの検討といった部分に役立つものでもある。参加者が問題を掘り下げ、創造的に提案し、行動することにもつながりえる、集団創造の方法であり、行程を積み重ねていくなかで、参加者の水平的関係における対話的行為やドラマトゥルギー的行為を契機とする主体的な意識が、結果として醸成されるものである。

2 ワークショップの成果をどう展開していくか、全体の戦略での位置づけ

　何のためのワークショップの開催なのか、目的（具体的な到達目標）、結果がどう使われるか、生かされるかといった、目標と位置づけを明確にして、参加者に伝えておくことが必要である。ワークショップ↓フィールドウォッチング＋点検地図（発見マップ、資源マップ）の作成を、よくワークショップの簡単な形式で行うことが多いが、その後のプログラム展開が用意されていないケースも目立つ。やりっぱなしのイベントで終わることも少なくなく、せっかく参加して盛り上がったワークショップも、熱が下がってしまっては意味もない。また逆に、幻滅感などを与えて、却ってマイナスに働くこともありえる。そういう意味でも、

全体の長期ビジョン、その後の展開などのシナリオを描くなり、見通してを立てて実施すべきである。そうでないと、参加者も不安なままの参加か、気楽な参加となり、向かっている方向が見えないと、ワークショップそのものの成果の質にも影響してくる。

特にワークショップは、一回だけの開催でなく、二週間ごとや月に一回などのペースで時間をおいて開催されることもある。そのような時には、全体のスケジュールの中での毎回の位置づけを示しておくことも好ましい。そのワークショップ全体の中で、その回に目的とすることは何か、そのための手順はどうするのか、といったアジェンダ（議題および進行手順）を冒頭に示すことは、参加者にとっても安心感を与えることになる。また、そうすることによって、共通の目的、目標意識が醸成されるのであり、全体の流れや参加者の主体性形成の上でも重要なことである。

3 ワークショップを開く以前の地域社会調査の必要性

ワークショップの拙速な導入も注意が必要である。ワークショップ以前の事柄は、前記の事項も含めて、大変重要なことである。地域との関係がつくられずに、いきなり行うことは、その場は良くても、後々に問題が生じることにもなる。まずは、地域の状況の把握なくして、ワークショップは組み立てられないので、当然、下調べは必要なことである。

その下調べの過程において、地域の社会構造を把握しておくことは、重要な調査項目である。地域のステークホルダーにあたる人物は誰か、地域社会の組織間の対立はないか、誰が参加すると、その後の動きに広がりが出てくるか、そういった社会構造の把握は、ワークショップの効果を上げるためにも重要なことである。そして調査は、単純な統計的レベルで終わらせてはならない。スタッフ自ら地域を歩き、物理的環境の問題や、地域資源を把握しておく必要がある。

場合によっては、求められている課題に対して、まずはスタッフが自分たちでワークショップを試してみると、どのような情報が必要か、わかるであろう。そして情報が集まってくると、ワークショップのプログラムの組み立てが行いやすくなる。スタッフ（ファシリテーター）とそのような現況調査をともに行うことからワークショップの組み立てのアイデアを出しあうことが、有効なプログラムをつくることになる。

なお、事前の調査で進めたいのが、ヒアリングである。ステークホルダーを含めて、先に地域の主だった人たちが、その課題に対してどう考えているかといった、ヒアリングを先に進めていくことは、後で述べるように、ステークホルダーへの根回しともなるが、事前にどのような課題や意見の違い、衝突があるかを予測することにもなり、またヒアリングを通して、ワークショップの位置づけを理解してもらい、場合によっては参加への勧誘の機会となる。ワークショップの参加者になりえなくても、重要な発言なら、ゲストスピーカーとしてワークショップで話題提供してもらうような参加の仕方も考えられる。このような作業は、瑣末なことのようでいて、意外と効果をもたらすものである。ワークショップによる土地利用調整計画を実施した長野県高森町の行政担当者は次のように言う。「参加の平等性が、逆に問題意識や意欲の高い地区民の積極性を平準化してしまうというワークショップ自体の限界を考慮して、拙速な実施を避けるようにしてきた」と。

特に農村部など伝統的コミュニティにおいては、地域社会の序列のしきたりや、定常的活動を無視して導入することは思わぬ波紋を引き起こすので、要注意である。

このようにワークショップ実施前の準備が、ワークショップ成否の鍵を握る。特に地区の社会構造を捉え、ステークホルダーの把握、実質作業を担うワーキンググループの主体的な構成などの準備が必要である。

4 地域との関係づくり、ステークホルダーへのコンタクト

ステークホルダーの捉え方もいろいろある。ステークホルダーには「賭け金の保管人」という意味もあるが、一般には利害関係者と訳される。ある課題に向けたワークショップを開催する場合は、その課題に関係する利害関係者という意味になる。まちづくりのような場面においては、事業に関係する地権者、事業周辺の住民などが筆頭に挙げられる。広い範囲の、まだ抽象的な課題においては、地域で

の合意形成のための自治会、町内会の役員なども相当しよう。そしてまた、その課題に関連して活動しているＮＰＯ団体の主要メンバーなども相当する。

特に伝統的地域社会においては、家の格などの歴史性からくる序列があったりする。その序列を超えて情報の伝わり方をすると、その些細なことが問題になったりする。これは形式的なレベルの話であるが、形式が重んじられる社会も存在する。このような地域社会においては、話の通し方にも細心の注意が必要である。いわゆる根回しが必要な地域もある。そのことも念頭において、地域の有力者、有力団体には根回しを行い、これから開こうとするワークショップの位置づけを理解しておいてもらうことが大事である。なお、地域社会にどのような序列があるかは、地域の人二、三人に聞けばすぐわかるだろうが、この目に見えない構造が見えるようになっている場面がある。それは、祭礼など伝統的行事で座る場所の位置であったり、また社寺の普請への寄付者の一覧が記載された看板や札に見られる。

できるなら、そのようなステークホルダーの人たちにもワークショップに参加してほしいが、そのような人たちには忙しい者もいたり、またなかにはいきなりワークショップのような自由な雰囲気の場に出ると、拒絶の構えをとる人もいる。序列の構造が目に見えてわかるような公式の場に出ることに慣れている者が、参加者が皆水平的関係で創造的に動くワークショップの場に立つと、面食らい、逆に反発を感じてしまうこともある。

そこで、ワークショップを開催する前に、半日程度でもステークホルダーを招待したステークホルダー・ワークショップを開くことも考えられる。先に述べたように、ロビン・ムーア（ノースカロライナ州立大学教授）は、公園計画においても、まず先にこのようなステークホルダー・ワークショップを開催するという。そして、事業全体の目的と関連する地域課題を共有した上で、ワークショップの位置づけの理解と協力を仰ぐという。どこにおいても、やはり事前の根回しというのは大事なようである。ムーアらは誰を招待するかも、事前の地域社会の構造を明確にした上で戦略的に取り入れている。

ステークホルダーは利害関係者である。参加や協力を仰ぐには、「これはあなたにも利害が絡む関係のある課題である。故にあなたの参加や協力なくしては成り立たない」「あなたはまさにこの課題の鍵を握っている」というように説得していくことである。

なお、ステークホルダーになるのは、このような地権者や古い伝統的組織の役員といった力を握っている層ばかりではない。NPO活動やボランティア活動の担い手は、どちらかというと、新住民層といわれる、意識の高い人たちである場合が少なくない。そのようなテーマ型の活動の担い手の人たちもステークホルダーである。そして、そのような人たちこそ、実質的に身体を動かしながらワークショップに参加して、またワークショップ後の活動を支えていく力になったりする。その点も考慮しながら、どのような組織、集団に声をかけておくべきか、熟考した上で取り組むべきである。

5 参加者の選定と位置づけ

ワークショップを効果的に行うには、適正の規模がある。二四人程度が適正で、一二人から四〇人程度が好ましいとされる。そのため、どのように参加者を選定するか、事前の地域社会調査によって、地域のキーパーソン、地域運営の次期担い手などを把握した上で、参集をする。伝統的地域組織の役員層には、行政を通した参集の方法でないと、参集は難しいかもしれない。また、地域で活動するNPOなどには、目的の明確化、課題の共有が必要である。

参集の方法は、一般案内で公募する方法と、指名や推薦による方法とがあるが、課題によって、その組み合わせ方はいろいろであろうが、両者が組み合わさっている方が好ましいと考える。公募によって参加する人は自発的で、意識も高い。一方、指名や推薦による参加者は、最初の動機のポテンシャルからして低いからである。

しかし、ある程度嫌々ながらの参加者であっても、動機はともあれ、参加しているうちに次第に意識が芽生えてくるのが、ワークショップの良い点である。そういう意味で、指名して参加すべき人に参加してもらうことは戦略的に進めてよい。特に地域社会の運営などにおいては、次期リーダー層、今まで参加していない層からの参加を期待するのと、長期ビジョンの下に戦略的に考えて参加者を選定することも大事である。

先に紹介したフィリピン・ボホール島でのワークショップは、まさにこの点に注意を払った。それによって、今まで地域社会に関わっていなかった層の参加を得て、より問題解決と活性化に意義のある成果が生まれた。また、世田谷区太子堂・三宿地区での「老後も住み続けられるまちづくり」（梅津政之輔氏企画）のワークショップにおいては、高齢者と若者が出会う場となり、その出会いとワークショップによる創造的提案によって「楽働クラブ」という実際の組織の立ち上げにつながった。

なお、事業に関連するワークショップであったら、その事業の中での位置づけを組織上も明確にしておく必要がある。案の作成のみなのか、その後の役割はどうなるのかといった点である。また、そのワークショップの開催が、地方自治体主催なのか、任意の場合は何らかの位置づけを明確にしておく必要がある。既存の自治組織やＮＰＯからメンバーを誰か送りこんでもらう時には、その母体組織への情報の伝達を参加代表者に認識しておいてもらうことも必要だ。

6 参加者以外への広報

ワークショップは、限られた人数によって進めていく形となる。すると、参加していない地域住民にどう伝えていくか、その広報活動が大事となる。ワークショップが長期にわたる場合には、ワークショップの結果を、ニューズレターやホームページを駆使して、参加していない一般住民に知らせ、その内容への意見を募集するという応答関係があるとよい。場合によっては、課題に関連してアンケートを行い、その意見などをワークショップの中で参加者に参考資料として提示したり、またワークショップのメニューの中に一般住民にインタビューを行うことを組み入れることも考えてよいだろう。さらには、ワークショップの間に、市民フォーラムなど、広く市民の参加を募った討議の場を設けることも考えられる。

参加者たちも案を考えるにあたり、「私たちだけで作成してよいのか」といった疑問や不安を抱くはずである。よって、このように広報活動を通じて、判断の根拠の裾野の広がりを得ることは、自信をもった案の提示へとつながっていく。

また、ワークショップの内容を広報紙や通信紙にまとめていくことは、参加者にとっても毎回の流れを振り返ることにもつながる。通信紙は、何も凝ったつくりにしなくても、前回の作業の成果と全体の流れの位置づけ、そして次回の案内が載っているだけでもよい。発行が重なってくると、途中参加の新しい参加者にとっても、これまでの流れを理解してもらう助けともなる。

7 ファシリテーターの養成

4章で述べたように、ワークショップの進行において、ファシリテーターの役割は大きいものがある。参加者の表情を見ながら、その気持ちを推し量り、次のプログラムを考えるような柔軟な進行ができるようになるには、経験の積み重ねが必要である。特に「決しておちこぼれを出さない」を鉄則に、参加者が主体的に動きだすまでをサポートする技術は、専門的職能である。わが国ではようやく、「ファシリテーター」という言葉が使われてきだしたが、まだまだ専門家として認められているとは言いがたい。

世田谷区のまちづくりセンター（現在、㈶世田谷トラストまちづくり内のまちづくりセンター）では、ファシリテーション技術の研修講座を開いているが、そのようなファシリテーターの養成を行うことができるところもまだ少ない。ワークショップのファシリテーション技術のみでなく、住民参加のまちづくりの推進において、地域社会の社会的構造を分析し、どのようにソフトプログラムを展開したら、人々が主体的に取り組むようになるか、そういう参加の技術のみならず、戦略、政策にも長けた専門的職能を身につけた人材を養成していく必要がある。

このような専門分野は、社会学や心理学に期待されるところもある。そういった領域からも、ファシリテーション技術を身につけ、住民参加のまちづくりの推進に貢献する人材を輩出していってほしいと願うところでもある。

ワークショップの中のメニューには、アイスブレーキングなどレクリエーションリーダーなどが行うプログラムに似たものもあったりする。レクリエーション教育や社会教育の分野においては、その場を楽しく、参加者が身体を動かしながら次第に巻き込まれていくようにする技術を開発してきた蓄積もある。レクリエーションリーダーのような、また環境教育のファシリテーターのような役割を、イタリア語ではアニマトール（英語でアニメーター）と言う。アニムは、アニマルと語源を同じくするように、まさに生き生きとした生命の息吹を与える、活力を与える役割である。そのような技術を持った者が、社会学や心理学、また都市計画学などに関心を持ち、まちづくりの素養を身につけていくと、多くの人材の輩出にもつながる。

ただし、ワークショップは楽しい組み立て方が必要であるが、メニューはレクリエーションゲームではない。課題の解決に向けて必要な情報や作業を挙げて、創造的に人々の協力の輪を広げるためのプログラムを練るところにレクリエーションゲームと異なる点がある。葛藤はつきものである。厳しい場面もある。しかし一方で、楽しくなければ続かないということもある。その厳しさと楽しさのバランスをとりながらこなしていく専門的技量こそファシリテーターに求められるものである。

8 ファシリテーターの専門性に対価を

コーディネーターという役割は、言葉として根づいているが、職能としてそういう役割に対価を払うというところまで社会的に根づいていない。横文字の新しい職種が、わが国の社会風土に根を下ろすようになるには、相当の年数を必要とするのだろう。同様に、ファシリテーターという言葉もようやくさまざまな領域で使われ始めてきているが、その役割に対価を払うというところまでは社会的に認められていない。

まちづくりの場面において、国や地方自治体の事業において、補助金事業の委託や、入札またはプロポーザル方式の仕様の中に、住民参加で行うこと、またなかにはワークショップを行うことといった条件が組み込まれるようになった。設計事務所や計画コンサルタントには、現在の経済状況下で一つでも多くの仕事を受注したいということから、無理をして住民参加のファシリテーションを行うと企画書に書き込む。そして契約に至ると、実際に住民参加のノウハウ、ファシリテーション技術を持たない、これまでハード整備一辺倒であった事務所が、住民の集まった場を仕切ることになる。すると、ワークショップまがいの形式だけの参加が行われ、却って住民の不信を招くというような事態になる。

アメリカでは、住民参加のソフトが重要な事業には、ハードの専門家とソフトの専門家が協働して事業にあたるということが普通に行われる。ソフトの専門的職能に対価を払っているのである。例えば、6章で紹介したファシリテーション・グラフィックという住民参加技術を開発したダニエル・アイサファノは、そういうソフト技術をバックに、ハードのデザインの専門家と組んで、住民参加のランドスケープ・デザインやプランニングの職域を広げてきた。八〇年代後半に、我々が訪問した時には、彼らの事務所ビルは小さな倉庫を改造したものであったが、今や自社ビルを建てるほどになっている。

行政側への理解をまずは求めるべきであるが、住民参加のデザインを考えるならば、そのソフトにそれなりの予算を投じるべきである。そして、事業の発注形態においても、ハードの専門家のみならず、ソフトの専門家とのコラボレーションをつくりだしていくことである。そのコラボレーションが事業に生かされることはもちろんであるが、住民が積極的に関わることによって、後々まで愛着をもってアフターケアまで行うようになることによる総体的費用のことを考えると、つくりだす段階でのソフトへの費用の投入は、たいした問題とはならないはずである。

9 柔軟な進行（跛行的プロセス）

ワークショップのプログラムは、当初企画したように進むとは必ずしも限らない。参加者の反応、そして作業の成果と評価によって、変更する必要が度々出てくる。それを最初に提示したプログラムに固執して進めると、却って進行のスムーズな流れにならず、また参加者が自分たちでつくりだしたという達成感をも持ちえず、何か操作されているのではないかと、疑心暗鬼の気持ちを増すことになる。

そういう意味で、ファシリテーター、プロセスマネージャーは、参加者と応答しながら、プログラムの変更を行っていくことになる。ただし、変更をスタッフ側だけで決めるのではなく、必ず参加者と相談の上で決めていくべきであろう。例えば、「皆さんの成果とその評価の討議によって、こういう作業をすることが必要となったようです。それによって、当初提示したプログラムに修正が必要です。この作業を追加することによって、プログラムの練り直しが必要です。次回はこの作業を行うことを中心に修正しますが、全体の流れの変更の叩き台を次回に提示しますので、そこでまたご審議いただけたらと思います」というようなアナウンスをするように。

参加者の反応、新しい情報、そして大きな問題や葛藤の発生などによって、プログラムの進展は当初の予定通りには行かないのは常である。フィードバックも必要であり、そしてそれが次のフィードフォワードに展開する。いわば「一歩下がり、二歩進む」というような進み方もありえるのである。これも参加者本位の柔軟なプログラムによって成り立つ。住民参加そのものについても、そのような進み方である。このような進み方を跛行《はこう》的プロセスともいう。

計画家や事業管理を司る行政職員は、進み方を直線的に最初に設計する。それ故に、住民、参加者の反応で予定が狂うとパニックになる。またそれを恐れるので、住民が余計なことを提案することを嫌い、当初の予定のスケジュールに無理矢理合わせようとするので、住民との相克も生まれる。最初から予定は柔軟に対応できるように組むべきであり、また途中で狂っても、その善後策をすぐに講じるような対応をしていく覚悟をもって臨むべきである。

しかし一方で、予算年度中に事業を消化しなくてはならないというスケジュール管理の責任も問われる。全体で決まっている期限と到達点は、最初に参加者、住民に提示し、タイムテーブルに到達目標を段階ごとに設定するなど、スケジュールも参加者と共有しておく必要もある。

なお、ワークショップを定期的に開催している場合などにおいては、途中から参加した人や、前回の欠席者がいると、同じ議論が再び繰り返されるということがある。他の参加者はこのような流れになると辟易してしまう。ワークショップは積み重ねによって創造的に進めるために、基本的に途中参加などは好ましくないことであるが、実際に地域での住民参加の場面では、地権者などステークホルダーの参加を考えたら、むげに断れるものでもない。そこで、これまでの取り組み、成果を示した広報・通信や経緯を綴った情報誌で補うか、そのような繰り返しの議論になったら、ファシリテーターが個人的に聞いて説明し、それでも全体に投げかける課題があったら、整理して紹介するなどの工夫が必要であろう。

10 積み重ねの成果を評価する

ワークショップは、RSVPサイクルや資源、スコア、実行、評価のように螺旋上昇プログラムの積み重ねによる。その回の作業の結果が次の回の資源となるような、積み重ねによって創造的に進む。そのため、常にその回で得た事柄をまとめ、次の回に参加者に情報として返していくことが大事である。「会議は踊る」とよくいわれるような会議では、堂々巡りの議論を続けている場合があるが、それはこのような積み重ねの情報の整理と提示をしっかり行っていないからでもある。

6章で紹介したファシリテーション・グラフィックは、発言が模造紙に記録として残るので、これまでの経緯を振り返るのにも便利であり、参加者は自分の発言が記載されているのを見ると、参加している実感や意欲も増してくる。また広報・通信にまとめてあれば、それも積み重ねを確認できる材料となる。

毎回のワークショップの冒頭に、「我々はここまで行ってきた。全体のスケジュールではいついつまでに○○を作成しなければならない。そこで今日は□□をやりますが、どうでしょうか」というように、積み重ねからアジェンダの説明につなげていく。そして毎回のワークショップでは、その日の作業を振り返り、ここまでできた、課題は△△などと、成果の評価を行い、次につなげていく。

さてそこで、成果のまとめ方であるが、それにはファシリテーションの特別な技術が必要である。専門家があまりにも抽象的にまとめてしまうと、参加者はその成果が自分たちのものではなく、いいように解釈されて使われているのではないかと、猜疑心も働きやすい。しかし、参加者のつくりあげた生の材料のみでは、あまりにも生でありすぎて、課題の事業に結びつけて一般に理解してもらえないということもある。このギャップをどう埋めていくか、そこに視覚伝達デザイン的な編集技術が求められる。

筆者の行っている方法はこうである。参加者の生の言葉や生の表現で、共感を呼ぶものを選び出す。それには、成果の発表の時点で、発表者が自信をもって強調したり、聴衆側が反応を示したような事項をチェックしておく。また場合によっては、評価の時点で優先順位や良いと思ったものにマークをつけてもらう。そのように選び出した生の材料を使いながら、まとめていく。しかしながら、ただそれだけで良いものができるとは限らない。ＫＪ法の川喜田二郎風に言えば、一匹狼のカードにも核心を突いたものもありえる。排除項に新しいものがある可能性もある。そのように、多数決原理のみならず、具体的な一片のカードの言葉、個人の発話に新鮮なものを感じる時がある。そのようなものは心に留めておき、そしてタイミングをはかって全体に投げかける。その言い方には注意が必要である。当方が新鮮と感じるのは、いくら経験的なものがあるとはいえ、主観的な作用でもあり、客観的に根拠が示されるものでもない。進行役の当方がそのように指摘することに疑念を感じる者もいるかもしれないし、また進行役が信頼される者である場合には、その言葉が絶対的力を持つことになるからである。あくまでも参加者の発話、言葉に個人的に共感したと控えめに言うように留めておいた方がよい。このように、違った角度からの問題提起を投げかけて、判断は参加者に委ねるべきである。

そのようにして、参加者の一個人が何気なく書いたカードの言葉やグループ討議での発話が、計画全体のビジョンを示す言葉になるというケースもある。それは、他にはなく、個性的なものであり、それだけ参加者は自分たちでつくりあげたビジョンを共有し、自信を得ていく。故に、人々の言説の中から課題解決の鍵となる言葉、光る言葉、力を持つ言葉、共感しイメージが持てる言葉などを取り出し、紡いでいくことが、積み重ねのワークショップでの一つのまとめ方にもなる。このような手法をディスコース・コアリションというが、いわば語りの連携というような言葉の積み重ねによるまとめ方でもある。

具体的な例で示すと、筆者は岩手県の紫波《しわ》町で中心市街地活性化基本計画の策定に関わり、市民参加のワークショップの場面で座長のような役割も担った。そこでの討議の中で、あるグループの一市民の発話から「過去と未来が循環するまち」というスローガンが生まれた。これは、中心市街地活性化の議論の中で、高校生が販売体験をした試みなどが話され、また町は循環型まちづくりを方針として堆肥化センターを設け、有機農業などを進めていること、そして商店街の歴史などが話されていたことから生まれた言葉である。言葉の組み合わせ方としては現実にありえるかと不思議な雰囲気を醸しだしているが、それが却って言葉の力となっている。よくある「歴史を生かした活力あるまち」などという平凡な言葉よりも、かなり力を持ち、それが全体をまとめて参加者の意欲を高めていくきっかけにもなった。

　ハード整備の事業においては、最終的には、言葉ではなく形となる。しかし、市民は形をつくる専門家ではない。そこでは最終的な形と言葉との関係、いわば言葉を形に変換する作業が必要になる。それは専門家の仕事であるが、そのように形を規定する言葉を編み出していく作業は、専門家でなくてもできる。場合によっては、模型をつくったり、絵を描いて、形にする作業をしながら再び言葉を確認していく。そういうプロセスも、ハード整備の事業においては、ワークショップで工夫のしがいのある作業である。ヘンリー・サノフは、そのためにデザインゲームという方法を考案したし、[*1] また早稲田大学の佐藤滋教授らのグループは、立体デザインゲームにそれを発展させていった。[*2] これらも、言葉と形との関係を吟味しながら、最終的に形への変換作用の力を持つ言葉を紡ぎ出していく過程として重要な意味を持つ。

11 ワークショップに嫌悪を感じる人もいるということの理解

世の中には、ワークショップに嫌悪感を持つ人もいる。時に、そういう人も参加者の中にはいる。そういう人が参加者にいると、大声でまずはこのような集会を否定する発言から始まる。そのような批判者が言う論点は、大きくは次の二通りある。

　一つは、会議においては発言をリードすることに慣れた人が満足する高揚感を感じられない点である。ワークショップは、皆が水平的関係で、発言の機会もできるだけ均等に分けようとする。そうすると、普段会議で発言をリードしていた人には不満が残る。そういう人は、自分が持ち上げられることに慣れているだけに、自分が認められていないという疎外感を感じたりする。この場合は簡単である。位置づけをつくってあげればよいのである。

二つ目は、課題である事業に対して反対の意見を持っている場合である。話しあいを進めること自体を否定しようとする。この場合は、4章のアクティブ・リスニングの項で述べたように、言い分をきちんと聞いて、その問題点を全体に投げかけて、考えてもらうようにすることである。当然、事業には反対がつきものであり、反対する根拠の問題点を聞くことは、事業のあり方や提案の方法、代替案の作成には欠かせないことである。ワークショップは、先に事業ありきで進めるものではない。その点を理解してもらい、ともに考える参加者に迎え入れることができるかどうか、その点に成否がかかっていると言っても過言ではない。この点については、5章で紹介した世田谷区太子堂地区の緑道せせらぎ整備の例を参考にしてもらいたい。

事業を推進する側にとっては、反対者の声を聞くことさえも拒否しようとする態度が、一般によく見られる。反対の声は、問題点をチェックして提起しているのであって、そういう提起された問題点を考えることなしに事業を進めた場合のリスクの方がはるかに大きいということを理解していない。反対の根拠となる問題を吟味し、それらを解決しうるような代替案を作成していくことが、より良い問題解決となる。

ワークショップは、そのように反対者がいるからといってひるむ必要はなく、考えていなかった問題を提起してくれたと、オープンなスコアに戻って、プログラムを変更して進める契機と考えて進めるとよい。

12 ワークショップの後のフォロー

ワークショップを実施した後がどうなったか、その事後評価を試みているものは意外と少ない。ハードの事業は、つくって終わりというように、つくるまでが事業のようにとらえられているし、予算的にもそのようになっている。しかし、実際に整備後に、ワークショップによって提案された点が、どの程度実現されているのか、また後々の運用において、当初話しあったような問題が生じているのか、それ以外の問題が発生しているのか、それらにどう対応しているのか、といったモニタリングを行っていくことは、大事なことである。

このような事後評価は、後々のケアの仕組みを考えることにもなる。それによって、次はケアの仕方を考えるワークショップを行おうとか、マネジメントに向けた取り組みにも発展しうる。

そして、モニタリングが必要なのは、問題点のみではなく、ワークショップの効果についてもしっかりした評価を行っていくということである。特に、問題については声を出して言うが、良い点についてはあまり声に出して言わないという傾向が一般にはある。ワークショップのメリット、有効性を評価して社会に訴えていく必要もある。そのためには、事後のモニタリングをしっかりと行う必要がある。

5章で紹介したフィリピン・ボホール島での事例は、たまたま私的な用で七年後に現地を訪れることができたものであるが、図らずもモニタリングのように事後の状況を知ることができた。それによって、筆者らも知りえなかった、その後の展開を知ることができた。そして、そういう変化のきっかけがワークショップによるものであったことを、そこで初めて知った。このように、ワークショップの成果や有効性をもっと情報発信していくことも、ワークショップの危機を克服するためには必要なことである。

13 ワークショップ・住民参加を支援する中間組織の役割

以上のように、後々のことを考えると、ワークショップ前の下準備、団体間のコーディネート、専門家など人材のネットワーク化、資料や情報の収集といった住民参加を促進するための作業を誰がどのように組織して行っていくかが課題となる。導入時には、ファシリテーターら専門家や行政の働きが大きかったとしても、ワークショップの後にも地域でさらに住民参加、いや住民主体の取り組みを実施していくような組織が必要となる。そのためには、参加者の中からワーキンググループを組織し、次第にそのワーキンググループが主体的に動く仕掛人となり、事務局を担うようになることが、長期的に考えた時には好ましい。いずれそのような組織が行政と住民との中間的な組織、専門的なNPOといったものに育っていくことも考えられる。

NPO法が施行されてから、NPOの数はうなぎ上りに増えているが、中間支援組織としてのNPOの伸びは鈍い。常駐スタッフも有しない、事務所も自宅の一角を登録しているだけというようなNPOも少なくない。そういう状況の中で、中間支援組織のNPOが成り立っていくのは、本当に苦しいところでもある。当面は行政側がテコ入れしながら、そのような組織の立ち上げを支援していくこと、育てていくことが必要であろう。本格的に住民参加のまちづくり、住民主体のまちづくりを推進しようとするならば、行政はそこまで施策として展開するべきであろう。市民活動の支援や、市民活動団体との協働支援の仕組みなどを設けて支援している地方自治体もある。そのような支援制度を使って中間支援組織を育てていくことが望ましいが、なかなか日本の状況では、まだまだ足腰の強い中間支援組織が立ち上がるまでに至っていない。

住民参加のまちづくりを支援する世田谷区のまちづくりセンターは官製の組織である。経緯からいうと、ベースには市民の活動がそのイメージをつくってきたという下地がある。その上に、公益信託まちづくりファンドが行政と市民および企業との連携により設けられ、市民参加の活動の資金的バックアップの源泉となって、市民のまちづくり活動の支援も始まった。市民のまちづくり活動の助成支援と、公共事業などに専門的なファシリテーション支援を行う両輪で、市民参加の推進に大きな成果を上げてきた。世田谷のまちづくりセンターに倣ったまちづくりセンターの設立に取り組んでいる自治体もある（神戸、京都、浜松など）。形態や活動内容に、それぞれの地域の特色をもった展開が生まれつつある。

アメリカでは、先に述べた通り、学生運動のうねりのなかで、大学側から、また建築・都市計画の専門家集団から、地域にコミュニティ・デザインセンターを設立する機運が高まって、七〇年代に活発に展開した。しかし、その動きも八〇年代後半から、アメリカ経済の情勢を反映してか下火となり、代わりにCDCなどまちづくり会社のような組織が増えていった。自立した地域のマネジメント組織が立ち上がってきたように、いわば支援から自立へと展開してきた。そうしたなかで、再び大学内にコミュニティ・デザインセンターや地域と連携を組むコンソーシアムを設立する機運がある。次の段階は、自立した団体が連携して取り組むパートナーシップの時代とも言える。支援から自立、そして自立から協働へという流れである。

日本ではまだ支援の段階である。地域が自立するまでにはまだ至っていないというのが大勢である。自立のきっかけとしても、自立の意識化への道具としても、ワークショップの果たす役割はまだまだ期待される面がある。

そこで一言、わが身の属する大学側も、アメリカに倣えというわけではないが、学生を地域に送り、ファシリテーションを磨くよう、人材育成を図っていくべきであろう。とりわけ、現代の若者たちはコミュニケーション能力に欠ける点が甚だしく、即戦力になるとはとても言いがたいところであるが、そういう現代人気質を考慮しても、学生が地域やNPOに入り、ワークショップを数多く経験することが、将来の社会を考えても、最も大事なことのようにも考えられる。

大学も競争社会のうねりのなかにあり、どう特色を出していくかに知恵を絞っている。国の大学への予算配分に競争的資金が導入され、そのメニューにも大学の地域連携が推進されている。その煽りを受けてか、地域連携センターのような大学と地域や企業とを結ぶ連携組織も生まれてきている。そういう組織も、参加のまちづくりを推進する中間組織となりえる。そういった場に優れたファシリテーターを配置することによって、組織もそして学生も活性化するものと期待される。

❖注釈❖

【1章】

＊1　木下勇「ワークショップによるむらおこし」『むらと人とくらし』（農村生活総合研究センター）№38、1991年

＊2　国立国語研究所「外来語」委員会、「外来語」言い換え提案　第1回〜第4回総集編、2006年

【2章】

＊1　丸山眞男『日本の思想』岩波新書、1961年

＊2　アレクシス・トクヴィル（1840）『アメリカにおけるデモクラシー』岩永健吉郎・松本礼二訳、研究社、1972年

＊3　ジャン・ボードリヤール（1970）『消費社会の神話と構造』今村仁司・塚原史訳、紀伊国屋書店、1979年

＊4　ノーム・チョムスキー（1991）『メディア・コントロール』鈴木主税訳、集英社、2003年

＊5　中村雄二郎『術語集Ⅱ』岩波新書、1997年

＊6　G・W・F・ヘーゲル（1821）『法哲学(綱要)』。同（1824）『法哲学講義』長谷川宏訳、作品社、2000年。しかし、ヘーゲルの現代的意味は失われるどころか、さらに注目を浴びている。参考に、福吉勝男『使えるヘーゲル』平凡社新書、2006年

＊7　クリストファー・アレグザンダー他（1976）『パタン・ランゲージ』平田翰那訳、鹿島出版会、1984年

＊8　ユルゲン・ハーバーマス（1981）『コミュニケイション的行為の理論(下)』丸山高司・丸山徳次・厚東洋輔・森田数実・馬場孚瑳江・脇圭平訳、未来社、1987年。佐藤慶幸『ウェーバーからハバーマスへ』世界書院、1986年など

＊9　竹内敏晴『劇へ』青雲書房、1975年

＊10　山本周五郎『季節のない街』文藝春秋、1962年。黒澤明「どですかでん」1970年

＊11　金子郁容『ボランティア』岩波新書、1992年

＊12　Hayashi Yasuyoshi & Yu Chao-ching, "An Empirical Study on the Basic Ideas and Methods of Community Rehabilitation and Various Phases of Rehabilitation Activities in Earthquake-afflicted Communities, Building Cultural Diversity Through Participation", *Council for Cultural Affairs*, 2001

＊13　世田谷まちづくりセンター『参加のデザイン道具箱PART1、2、3、4』1993、96、98、2002年

＊14　丸山眞男、前掲『日本の思想』および田中浩『日本リベラリズムの系譜』朝日新聞社、2002年

＊15　篠原一「市民参加の制度と運動」『岩波講座現代都市政策(2)市民参加』岩波書店、1973年

＊16　マックス・ウェーバー（1921）『官僚制』阿閉吉男・脇圭平訳、恒星社厚生閣、1987年

＊17　佐藤慶幸『アソシエーションの社会学』早稲田大学出版部、1982年

＊18　マックス・ウェーバー（1904）『プロテスタンティズムの倫理と資本主義』大塚久雄訳、岩波書店、1989年

＊19　ユルゲン・ハーバーマス（1992）『事実性と妥当性(下)』河上倫逸・耳野健二訳、未来社、2003年

＊20　佐藤慶幸、前掲『ウェーバーからハバーマスへ』

＊21　ユルゲン・ハーバーマス（1981）『コミュニケイション的行為の理論(上)(中)(下)』河上倫逸・藤沢賢一郎・丸山高志他訳、未来社、1985、86、87年

＊22　ユルゲン・ハーバーマス、前掲『コミュニケイション的行為の理論(下)』

【3章】

＊1　高野文彰氏からのeメール、2006年10月16日

＊2　渡辺光雄「環境点検地図理解のために」『農村建築』№99、1991年

＊3　青木志郎監修／コミュニティデザイン研究会編『Field Work Book　集落計画へのワークショップ活用術』静岡県農政部、1995年

＊4　富田祥之亮「むらの生活改革」、新谷尚紀・岩本通弥編『都市の暮らしの民俗学(1)』吉川弘文館、2006年所収には、『昭和27年度生活改善専門技術員中央研修会記録』より紹介されている。

＊5　山崎之子・青木志郎・山森芳郎・木下勇・田中義郎・橋本忠美『手づくりのむら生活改善事例集』農林水産省農蚕園芸局普及部生活改善課、1983年

【4章】

＊1 ローレンス・ハルプリン&ジム・バーンズ（1974）『集団による創造性の開発』杉尾伸太郎・杉尾邦江訳／プレック研究所編、牧野出版、1989年

＊2 市川浩『〈身〉の構造』青土社、1985年

＊3 堀田正彦「ワークショップとはなにか：集団創造の方法と論理」『新日本文学』1983年8月号

＊4 世田谷まちづくりセンター『参加のデザイン道具箱』所収

＊5 Interaction Associates Inc., *Manage Your Meeting*

【5章】

＊1 山本有三『心に太陽を持て』新潮社、1976年

＊2 木下勇・中村攻「飯田市りんご並木再整備への中学生参加にみる、参加と教育に関する一考察」『都市計画』№191、1994年。木下勇・郡山雅史他「りんごにやさしい道づくり」りんご並木再整備報告書、1992年

＊3 子どもの遊びと街研究会『三世代遊び場マップ』1982年。同『三世代遊び場図鑑』1984年（風土社版、1999年）

＊4 木下勇・中村攻「太子堂地区を事例とする参加型地区計画におけるオープンスペース創出過程に関する研究」、横田健一・木下勇・中村攻「住宅密集市街地のまちづくりにおけるポケットパークと近隣住民の関係に関する考察」『ランドスケープ研究』第60巻第5号、1997年

＊5 竹内利美「講集団の組織形態：松本平の庚申講について」『民俗学研究』Ⅷ—3、1942年、山形県飯豊町他『椿講』1980年所収

＊6 山形県飯豊町・東京工業大学青木研究室＋宇都宮大学藤本研究室『椿講』1980年

＊7 老人給食協力会ふきのとう編『老人と生きる食事づくり』晶文社、1989年

＊8 東京都港区総務部職員課『昭和59年度中堅職員研修レポート集 ワークショップまちづくり考—みた、きいた、おもった』1985年

＊9 東京都港区総務部職員課『昭和60年度中堅職員研修レポート集 街遊記みなと見聞録』1986年

【Q&A】

＊1 第三回わくわくワークショップ全国交流会・新潟開催実行委員会『第三回わくわくワークショップ全国交流会in大潟』2000年

【6章】

＊1 スティーヴ・J・ハイムズ（1991）『サイバネティクス学者たち』忠平美幸訳、朝日新聞社、2001年

＊2 中島義明・安藤清志・子安増生・坂野雄二・繁桝算男・立花政夫・箱田裕司編『心理学辞典CD-ROM版』有斐閣、1999年

＊3 ロジャー・ハート（1997）『子どもの参画』IPA日本支部訳／木下勇・田中治彦・南博文監修、萌文社、2000年

＊4 L・P・ブラッドフォード&J・R・ギッブ&K・D・ベネ編（1964）『感受性訓練』三隅二不二監訳、㈶日本生産性本部、1971年。外林大作他編『誠信心理学辞典』誠信書房、1981年。アルフレッド・J・マロー（1969）『クルト・レヴィン—その生涯と業績』望月衛・宇津木保訳、誠信書房、1972年

＊5 カール・ロジャーズ（1970）『エンカウンター・グループ』畠瀬稔・畠瀬直子訳、ダイヤモンド社、1973年

＊6 クルト・レヴィン（1942）『社会科学における場の理論』猪股佐登留訳、誠信書房、1956年

＊7 クルト・レヴィン（1935）『パーソナリティの力学説』相楽守次・小川隆訳、岩波書店、1957年。また、なぜ児童かというと、「児童は大人よりも広範囲におよんで一つの力学的統一体である」（113頁）と説明されている。

＊8 クルト・レヴィン、前掲『社会科学における場の理論』

＊9 ケビン・リンチ（1960）『都市のイメージ』丹下健三・富田玲子訳、岩波書店、1968年

＊10 鈴木成文「集合住宅」、吉武泰水編『建築計画学（5）』丸善、1974年所収

＊11 ジャン・ピアジェ（1952）『知能の心理学』波多野完治・滝沢武久訳、みすず書房、1989年

＊12 クルト・レヴィン、前掲『社会科学における場の理論』

＊13 石井哲夫・時田光人『心理劇の理論と技術』日本文化科学社、1974年

＊14 石井哲夫・時田光人、前掲『心理劇の理論と技術』

＊15 J. L. Moreno (1946), *PSYCHODRAMA*, Fourth Edition, Beacon House Inc., 1972

*16 J. L. Moreno (1953), *Who Shall Survive?*, Beacon House Inc., 1953
*17 桜林仁『生活の芸術』誠信書房、1962年
*18 J. L. Moreno, 前掲 *PSYCHODRAMA*
*19 石井哲夫・時田光人、前掲『心理劇の理論と技術』
*20 桜林仁、前掲『生活の芸術』
*21 カール・ロジャーズ、前掲『エンカウンター・グループ』
*22 ソール・アリンスキー「はえぬきの指導性」、ジェームズ・Q・ウィルソン「計画と政治：都市更新への市民参加」、ハンス・B・C・スピーゲル編（1968）『市民参加と都市開発』田村明訳、鹿島出版会、1975年所収。なお本書は、クルト・レヴィンが設立に尽力したNTL研究所の精選書シリーズの第7巻として発刊された。アメリカの市民参加のまちづくりの台頭とクルト・レヴィンの系譜が関連していることを示すものである。
*23 ジム・バーンズ「テイク・パート：住民参加のプロセス」『プロセス・アーキテクチュア』No.3、1977年
*24 L. Halprin & J. Burns, *Taking Part*, The MIT Press, 1974
*25 張清嶽「ワークショップs：集団的創造性をめざすテイクパート・プロセス」『プロセス・アーキテクチュア』No.4、1978年
*26 ジム・バーンズ、前掲「テイク・パート：住民参加のプロセス」
*27 L. Halprin, "Motation", *Progressive Architecture*, 1965、『プロセス・アーキテクチュア』No.4、1978年所収
*28 ヤニス・クセナキス（1971）『音楽と建築』高橋悠治訳、全音楽譜出版社、1975年
*29 ロビン・ムーア&MIG（1987）『子どものための遊び環境』吉田鐵也・中瀬勲訳、鹿島出版会、1995年
*30 ランドルフ・ヘスター&土肥真人『まちづくりの方法と技術』現代企画室、1997年
*31 ヘンリー・サノフ（1979）『まちづくりゲーム』小野啓子訳／林泰義解説、晶文社、1993年
*32 パウロ・フレイレ（1967）『伝達か対話か』里見実・楠原彰・桧垣良子訳、亜紀書房、1982年。同（1970）『被抑圧者の教育学』小沢有作・楠原彰・柿沼秀雄・伊東周訳、亜紀書房、1975年
*33 パウロ・フレイレ、前掲『被抑圧者の教育学』
*34 パウロ・フレイレ、前掲『伝達か対話か』
*35 カール・R・ポパー（1966）『開かれた社会とその敵』内田詔夫・小河原誠訳、未来社、1980年
*36 パウロ・フレイレ、前掲『伝達か対話か』
*37 アウグスト・ボアール（1979）『被抑圧者の演劇』里見実ほか訳、晶文社、1984年は絶版にて、原著 August Boal, Charles McBride(translation), *Theater of The Oppressed*, Theater Communications Group, 1985 を参照。
*38 Brenda Fajardo & Socrates Tpacio, *BITAW Basic Integrated Theatre Arts Workshop, Theatre Workshop Manual Series 1*, PETA, 1989. Brenda Fajardo, Manuel Pambid, Joven Velasco, *Children's Theater Teacher's Manual*, PETA, 1984
*39 市川浩、前掲『〈身〉の構造』
*40 川喜田二郎『発想法』中公新書、1967年。同『続・発想法』中公新書、1970年
*41 川喜田二郎『雲と水と』講談社、1971年
*42 川喜田二郎、前掲『雲と水と』
*43 川喜田二郎、前掲『雲と水と』
*44 川喜田二郎『ひろばの創造』中公新書、1977年
*45 川喜田二郎『野外科学の方法』中公新書、1973年
*46 川喜田二郎、前掲『ひろばの創造』
*47 川喜田二郎、前掲『ひろばの創造』
*48 川喜田二郎編著『移動大学』鹿島出版会、1971年
*49 川喜田二郎編著、前掲『移動大学』
*50 川喜田二郎編著、前掲『移動大学』
*51 川喜田二郎編著、前掲『移動大学』
*52 川喜田二郎編著、前掲『移動大学』

【7章】

*1 ヘンリー・サノフ（1979）『まちづくりゲーム』小野啓子訳／林泰義解説、晶文社、1993年
*2 佐藤滋編『まちづくりデザインゲーム』学芸出版社、2005年

❖図版出典❖

【1章】

・p.13図1　木下勇「ワークショップによるむらおこし」『むらと人とくらし』(農村生活総合研究センター)№38、1991年

・p.14～18図2～8　村井由紀子イラスト

【2章】

・p.25図2、3　村井由紀子イラスト

・p.33図6、7　村井由紀子イラスト

【3章】

・p.41図1、2　高野文彰氏提供

　図3　高野文彰氏提供、Alan Copeland & Nikki Arai, *People's Park*, BALLANTINE　BOOKS, 1969

・p.42図4　山形県飯豊町・東京工業大学青木研究室＋宇都宮大学藤本研究室『椿講』1980年

・p.44図5　青木志郎監修／コミュニティデザイン研究会編『Field Work Book　集落計画へのワークショップ活用術』静岡県農政部、1995年

・p.47図6　山崎之子・青木志郎・山森芳郎・木下勇・田中義郎・橋本忠美『手づくりのむら　生活改善事例集』農林水産省農蚕園芸局普及部生活改善課、1983年

・p.48図7　わくわくワークショップ全国交流会『第2回わくわくワークショップ全国交流会in北九州』1997年

【4章】

・p.56図1　(上)小野邦雄作図、(下)L. Halprin &　J. Burns, *Taking part*, The MIT Press, 1974

・p.57図2　木下勇「ワークショップによるむらおこし」『むらと人とくらし』(農村生活総合研究センター)№38、1991年

・p.58図3　山形県飯豊町・東京工業大学青木研究室＋宇都宮大学藤本研究室『椿講』1980年

・p.61図6　木下勇「ワークショップによるむらおこし」『むらと人とくらし』(農村生活総合研究センター)№38、1991年

　図7　村井由紀子イラスト

・p.62図8　菅博嗣他作成『子どもたちの森だより』千葉市公園緑地部緑政課発行、2003年1月

・p.64図9　L. Halprin & J. Burns, *Taking part*, The MIT Press, 1974

・p.66図11　(下)木下勇「ワークショップによるむらおこし」『むらと人とくらし』(農村生活総合研究センター)№38、1991年

・p.68図13　Interaction Associates Inc., *Manage Your Meeting*

・p.69図14　青木志郎監修／コミュニティデザイン研究会編『Field Work Book　集落計画へのワークショップ活用術』静岡県農政部、1995年

・p.70図15　村井由紀子イラスト

・p.71図16　青木志郎監修／コミュニティデザイン研究会編『Field Work Book　集落計画へのワークショップ活用術』静岡県農政部、1995年

　図17　村井由紀子イラスト

【5章】

・p.76図2　『造景』№32、2001年4・6月

・p.81図7　岡田順三作図、子どもの遊びと街研究会『街がぼくらの学校だ！』1991年

・p.88、89図8、9　飯田市リンゴ並木竣工記念式典での配布パンフレット

・p.92図12　飯田まちづくりカンパニーの資料

・p.106図6　小金のまちをよくする会『小金デザインガイドブック』2005年

・p.109～111図1　子どもの遊びと街研究会『三世代遊び場マップ』1982年

・p.112 図 2　子どもの遊びと街研究会の広報紙、1984 年 6 月
・p.114 ～ 116 表 1、図 1、6　子どもの遊びと街研究会『ワークショップ　ひろば考』1982 年
・p.118 図 3　子どもの遊びと街研究会『街がぼくらの学校だ！』1991 年
・p.119 図 1　木下勇・中村攻「太子堂地区を事例とする参加型地区計画におけるオープンスペース創出過程に関する研究」『ランドスケープ研究』第 60 巻第 5 号、1997 年
・p.120 図 2　子どもの遊びと街研究会『三世代遊び場図鑑』1984 年
・p.121 図 5　太子堂二・三丁目まちづくり協議会・世田谷区まちづくり推進課の資料
・p.123、124 図 1、5　子どもの遊びと街研究会『街がぼくらの学校だ！』1991 年
・p.126 図 2　大道芸術展実行委員会『まちはおもしろミュージアムガイドブック』1992 年
・p.129 図 2　セカンドハンズ『下の谷御用聞きカフェ台帳』1993 年
・p.131 ～ 133 図 1 ～ 4　山形県飯豊町・東京工業大学青木研究室＋宇都宮大学藤本研究室『椿講』1980 年
・p.134 図 5　山形県飯豊町椿地区「椿地区土地利用計画」
・p.135 ～ 138 表 1、図 1 ～ 3　東京都世田谷区『歩楽里講』1982 年
・p.139 図 1　斉藤啓子作図、日本青年奉仕協会『ひろば』
・p.140、141 表 1　木下勇作図、日本青年奉仕協会『ひろば』
・p.144、148 表 1、2、図 6　東京都港区総務部職員課『昭和 59 年度中堅職員研修レポート集　ワークショップまちづくり考—みた、きいた、おもった』1985 年
・p.150、151 図 1　東京都葛飾区『葛飾区都市計画マスタープラン』2001 年
・p.155 図 1、2　松戸市学校施設施設整備推進協議会『コミュニティの拠点としての学校施設整備に関するパイロット・モデル研究報告書』2002 年
・p.155、156 図 3 ～ 5　平成 13 年度小金中学校 1 年 1 組生徒有志

【6 章】
・p.171 図 2　ロジャー・ハート（1997）『子どもの参画』IPA 日本支部訳／木下勇・田中治彦・南博文監修、萌文社、2000 年
・p.173 図 3 ～ 6　クルト・レヴィン（1942）『社会科学における場の理論』猪股佐登留訳、誠信書房、1956 年
・p.175 ～ 178 図 7 ～ 12　J. L. Moreno (1946), *PSYCHODRAMA*, Fourth Edition, Beacon House,Inc., 1972
・p.179、180 図 13、14　J. L. Moreno, *Sociometry, experimental method and the science of society,* Beacon House, 1951
・p.188 図 15　『プロセス・アーキテクチュア』№ 3、1977 年
・p.190 ～ 192 図 16 ～ 18　L. Halprin & J. Burns, *Taking Part,* The MIT Press, 1974
・p.194 図 19　ロビン・ムーア氏提供
図 20　ダニエル・アイサファノ作図、ロビン・ムーアの講演会資料「コミュニティ参加のまちづくり」子どもの遊びと街研究会、1987 年
・p.195 図 21　ロビン・ムーア＆ MIG（1987）『子どものための遊び環境』吉田鐵也・中瀬勲訳、鹿島出版会、1995 年
図 22　R. Hester & C. Kweskin ed., *Democratic Design in the Pacific Rim,* Ridge Time Press, 1999
・p.196 図 23、24　ヘンリー・サノフ氏を訪問時に著者撮影、1988 年
図 25　ヘンリー・サノフ(1979)『まちづくりゲーム』小野啓子訳／林泰義解説、晶文社、1993 年
・p.197 図 28　Chad Floyd 撮影。『プロセス・アーキテクチュア』№ 3、1977 年
・p.201 図 29　太陽の市場実行委員会『太陽の市場』1981 年
・p.202 図 30　Brenda Fajardo & Socrates Tpacio, *BITAW Basic Integrated Theatre Arts Workshop, Theatre Workshop Manual Series 1,* PETA, 1989
・p.203 図 31　パウロ・フレイレ(1967)『伝達か対話か』里見実・楠原彰・桧垣良子訳、亜紀書房、1982 年
・p.205 図 32　アーニー・クローマ氏の講演資料、2005 年 1 月
・p.209 図 33、34　川喜田二郎『雲と水と』講談社、1971 年
・p.210 図 35　川喜田二郎『移動大学』鹿島出版会、1971 年
図 36　川喜田二郎『雲と水と』講談社、1971 年

あとがき

世の中には、私よりも優れたファシリテーション技術を持っている者が数多くおり、すばらしい成果を出し、また社会と関わっている。その末席を汚すことはしまいと思いながら、本書を書き記した。

筆者が、住民参加のまちづくりに関心を広げるきっかけとなったのは、東京工業大学の学生時代に青木志郎教授（現、名誉教授）の住民主体論に触れて研究室に入り、当時研究室の藤本信義助手（後に宇都宮大学教授）、中村民也技官、小野邦雄技官（現、ナウスジーアシステム）、研究室分室で設計担当の橋本忠美氏（現、農村・都市計画研究所）といった諸先輩からも教わり、農村の現場で住民主体のすばらしさを体感したことによる。小野氏は、川喜田二郎氏のいた社会工学科卒で、ＫＪ法や会合のファシリテーションの極意を親身になって指導してくれた。演劇ワークショップについては、及部克人・武蔵野美術大学教授を介して、当時黒色テント68／71所属の成沢富雄氏や花崎摂さんらから教わり、ＰＥＴＡのアーニー・クローマ氏を紹介いただいた。

その他ここでは書ききれないほど多くの方々の知識や経験から学ばせていただいた。紙面の都合で、本文中に紹介しているお名前で代用させていただき、お世話になった方々にこの場を借りて感謝の意を表したい。なお、本文中に記載がないが、中村攻・千葉大学教授には研究活動面で、植田一豊氏には哲学の読書会等で、モノの考え方を教授していただいた点も、本書執筆の肥やしになっている。

本書の出版企画の話が出てから数年間、粘り強く支援し、編集作業でフォローしていただいた宮本裕美さんはじめ、学芸出版社の支えがなかったら、本書は日の目を見なかったであろう。楽しい挿絵を描いてくれた村井由紀子さんへも最後の仕上げへのご協力に感謝したい。

木下　勇

木下 勇 Isami Kinoshita

千葉大学大学院園芸学研究科教授。

1954 年静岡県生まれ。東京工業大学工学部建築学科卒業。スイス連邦工科大学留学。東京工業大学大学院博士課程修了。工学博士。大学院時代から世田谷区太子堂地区で子どもの遊びと街研究会を主宰、全国各地で住民参加のまちづくりワークショップ、子ども参画の環境点検・地域改善運動に取り組む。専門は、市民参加によるまちづくり、都市計画、オープンスペース計画、農村計画、環境教育、子ども参画のまちづくり等。千葉大学園芸学部助手、助教授、教授を経て、2007 年より現職。2008 年度日本都市計画学会賞（石川賞）受賞。

著書に『遊びと街のエコロジー』(丸善、1996)、『まちづくりの科学』(共著、鹿島出版会、1999)、『まちワーク』(共編著、風土社、2000)、『子ども・若者の参画』(共著、萌文社、2002)、『都市計画の理論』(共著、学芸出版社、2006)など。

ワークショップ
住民主体のまちづくりへの方法論

2007 年 1 月 30 日　初版第 1 刷発行
2017 年 6 月 20 日　初版第 8 刷発行

著　者………木下勇
発行者………前田裕資
発行所………株式会社 学芸出版社
京都市下京区木津屋橋通西洞院東入
電話 075－343－0811　〒600－8216
装　丁………上野かおる
印　刷………イチダ写真製版
製　本………新生製本

 ISBN 978-4-7615-2399-2